NAVIGATING THE SEA OF **BOOKS**

书海同舟

Selected Articles from the 1st, 2nd, and 3rd Sino-American Academic
Library Forums on Cooperation and Development

中美高校图书馆合作发展论坛论文荟萃「2011-2015」

主 编　　郑力人 / 肖　珑

薛　燕 / 朱本军

社会科学文献出版社
SOCIAL SCIENCES ACADEMIC PRESS (CHINA)

目 录

001　序　言（朱　强）

001　导　言（郑力人）

001　第一部分　学术演变环境下的馆藏发展和分享

005　资源建设的多元化及其对图书馆的影响（朱　强）

017　大数据分析在 CASHL 资源共建共享中的应用（肖　珑）

035　高校图书馆电子图书与纸本图书协调发展

　　　——以北京师范大学图书馆为例（杨明博）

051　北美的开放存取和机构库（杨玉蓉　黄　洁）

069　第二部分　特色资源的建设

073　用特色馆藏打造多元文化教育的基础

　　　——以清华大学图书馆特藏为例（袁　欣）

087　民国文献保护与数字化共建共享研究

　　　——以吉林大学图书馆为例（李爱华）

102　美国学术图书馆特藏资源的建设与推广

　　　——以俄亥俄大学邵友保博士海外华人

　　　文献研究中心为例（何　妍）

118 让尘封已久的史料重新发光

——从《丁家立档案》看北美高校特藏及档案管理（王晓燕）

135 第三部分 地区研究资源的建设

139 北美大学东亚图书馆的历史、现状和前瞻

（王 立 郑美卿 司徒萍）

166 亚洲研究和亚洲研究图书馆的专业组织

——欧美澳洲的亚洲研究专业组织（杨玉蓉）

186 地区研究图书馆员的知识构成和队伍建设

（陈 晰 蒋树勇 李国庆）

230 北美地区中国研究的信息服务（柳 瀛 刘 静）

247 厦门大学图书馆区域研究资料中心的工作实践与

发展策略（郑咏青 黄国凡）

257 第四部分 周边国家文献资源的建设

261 吉林大学东北亚研究文献采集的现状与策略（王乃时 姜曼莉）

273 东南亚研究文献收藏现状及地域共享思路研究

——以广东、广西和云南三省区图书馆为例

（褚兆麟 赵晋凯 张晓文）

281 高校读者对东盟文献资源需求的调查分析

——以广西民族大学为例（阮小妹 张 颖）

297 南亚研究文献资源收藏现状

（张雪莲 庄 虹 张冬林）

311 加州大学伯克利分校珍稀日韩文献的收藏、整理及利用（周欣平）

329 北美地区对中亚、西藏和丝绸之路研究的历史及相关资源的收藏

（杨继东）

348 梵蒂冈图书馆馆藏中国周边国家古代写本文献（余 东）

377　第五部分　附　录

381　附录 1：编著者名录（以姓氏笔画为序）

385　附录 2：中国高校人文社会科学文献中心和
　　　北美中国研究图书馆员学会简介

387　附录 3：中国高校人文社会科学文献
　　　中心核心馆一览（2015）

407　附录 4：北美研究型图书馆协会成员一览（2015）

411　附录 5：北美东亚图书馆一览（2015）

413　附录 6：美国地区研究中心名录

序 言

朱 强

中美高校图书馆之间的交流合作由来已久，远的不说，自中国大陆"文革"结束、改革开放以来，双方的交流与合作已有三十多年了。交流的规模和深度不断发展，交流形式也日渐多样，例如人员互访、讲座培训、合作出版建库、共同举办学术会议、交换书刊资料、开展馆际互借文献传递等。在这丰富多彩的种种活动中，彼此了解不断加深，相互合作渐入佳境，促进了各自的发展，也成为中美文化教育交流的重要组成部分。

"中美高校图书馆合作发展论坛"是中美高校图书馆之间的交流合作佳例之一。它起源于 2010 年，由美国康奈尔大学东亚图书馆郑力人馆长和厦门大学图书馆萧德洪馆长倡议，并最终成为一个北美和中国大陆研究型图书馆之间学术交流的平台，由中国高校人文社会科学文献中心（China Academic Social Sciences and Humanities Library，CASHL）和北美中国研究图书馆员学会（Society for Chinese Studies Librarians，SCSL）共同主办。为了保证每次的会议能够开得有成效，"中美高校图书馆合作发展论坛"定位为"精品会议"，历届会议设有主题和分主题，并以邀请方式向相关机构征文和征询参会人员，与会者踊跃发表演讲，紧扣主题，深入研讨。

2011 年，首届"中美高校图书馆合作发展论坛"在发起馆之一——厦门大学图书馆举办，主题为"地区研究与大学图书馆资源建设"，参加者 60 多人，包括北美东亚图书馆馆长、中文部主任、资深研究馆员，以及 CASHL 各中心图书馆的馆长和专家们。此后,第二届会议于 2013 年在兰州大学举办,主题为"中国周边国家文献资源的收集、整理与共享服务",参加者破百人。第三届会议于 2015 年在四川大学举行,主题为"演变中的学术环境和图书馆:资源建设新方向",参加人数再次逾百。三届会议召开以来,会议规模逐渐成形,交流内容逐步深入,论文质量提高,影响亦日渐扩大。

本书即由三届会议中精选出来的发言改写成文,辑录为册。在中美高校图书馆共同面临教育全球化、信息网络化、图书馆数字化带来挑战的时候,这些论文从不同的角度,以发展的眼光,分享了许多优秀案例和经验,也带来不少新的思考与启迪,为下一步行动提供了有益的参考。在此,我代表会议主办方之一——中国高校人文社会科学文献中心,感谢所有的论文作者,也感谢中美双方的几位主编,是大家的共同努力,完成了本书,保留了历届会议的精华,并得以与中美图书馆界的广大同仁分享,为中美高校图书馆之间的交流留下珍贵的记忆。

第四届"中美高校图书馆合作发展论坛"将于 2017 年 3 月在加拿大多伦多大学举办,让我们共同预祝会议圆满成功,也让我们共同期待未来新的会议论文集的诞生。

导 言

郑力人

　　论文集取名《书海同舟》，源于 2011 年至 2015 年，为促进中美图书馆间的学术交流，中国高校人文社会科学文献中心（CASHL）和北美中国研究图书馆员学会（SCSL）[1] 共同在厦门大学、兰州大学、四川大学分别举办的三届中美高校图书馆合作发展论坛。三届论坛共收论文 145 篇，大会发表 68 篇，本论文集遴选 20 篇，荟萃成书[2]。

　　论文集共分五个部分，第一部分以"学术演变环境下的馆藏发展和分享"为主题，由 4 篇文章组成。首篇文章作者朱强从宏观上剖析了在学术环境演变的大背景下，图书馆资源建设上呈现的多元化，如在单馆资源获取方面，可以购买、租赁、采集整合、自建；在多馆联盟建设上可以有全球性、全国性、区域性、学科性的组合；在资源选择上可以采用按刊、按库、按篇、按量、按需或大宗交易的方式。多元化对资源发展政策的制定，纸本数字资源经费的分配，存储的空间和时间，自建或采集资源的加工，数字资源的计量统计，以及移动资源格式标准等都提出了挑战，图书馆需要创新和突破。肖珑的文章介绍了大数据分析在 CASHL 资源共享过程中的应用，实例是应用馆藏分析理论和模型对国内高校外文文科文献整体收藏情况所做出的文献收藏率、文献缺藏率、文献保障率、文献利用率的全面调查和分析，总结出现存问题，提出了以宏观建设来制定长远目标，建立文献资

1　参看附录 2：中国高校人文社会科学文献中心和北美中国研究图书馆员学会简介。

2　参看附录 1：《书海同舟》编著者名录。

源的全国、区域和学科中心，从而提高不同类型和学科的文献资源收藏率和保障水平。杨明博的文章是在调查了北京师范大学教师、本科生、研究生的阅读选择、阅读习惯、电子书和纸本书的入藏量和使用量后得出的结论，即信息化的大环境、读者的需求、优化馆藏结构和空间的要求等都需要电子图书和纸本图书的协调发展。图书馆必须根据纸本书和电子书的不同特点，用户需求的合理结构，学科的特殊要求，以及使用效果的评价来制定可行政策。杨玉蓉和黄洁合写的文章介绍"开放存取"概念在北美的发展和现状，作者以北美高校联盟的 HathiTrust 机构库和宾夕法尼亚州立大学的 Scholarsphere 机构库为实例，探讨了宾夕法尼亚州立大学图书馆对机构库的开发管理规则，分析了"开放存取"概念所面临的包括与现行图书馆管理制度之间的冲突、公众认知、知识产权和版权、可持续性、技术经费、人员配置等种种挑战，肯定了其在教学和科研上越来越显示的优势和积极作用。

　　论文集的第二部分也由 4 篇文章组成，主题为"特色资源的建设"。袁欣的文章介绍了清华大学图书馆以保钓运动为主题的"保钓文献库"，以波士顿大学科学哲学大师科恩所捐赠的文献而建立起来的"科恩文库"和以日本马克思主义经济学家服部所捐赠的文献而建立起来的"服部文库"。清华大学图书馆在扩展"保钓文献库"的纸本资料时，还对 70 余名"老保钓人士"进行了口述访谈，积累了数量可观的音视频资料。袁欣也扼要地枚举了清华大学图书馆的其他重要特藏，特别是 13 万件"文革"资料、4 万多件老照片、2 万多册民国书刊、1 万多册地方志、4 万多件地方文书等。民国文献是中国近代史馆藏的重要组成部分，但已出现严重老化和自然破损现象，如何解决文献保护和使用之间的矛盾，李爱华文章以吉林大学图书馆为实

例，介绍了该馆采取的措施。李爱华还综述了民国文献征
集、整理、出版和数字化进展的概况和所面临的问题，并
就民国文献数字化共建和文献资料共享的方式提出了建议。
海外华人文献资料的收藏和利用是当前海外华人研究的一
个重大课题，何妍的文章首先以俄亥俄大学的邵友保博士
海外华人文献研究中心的实践对"特色收藏"的概念加以定
义，提出特色收藏所面临的机遇和挑战，然后再以个案考
察的方式，笔调生动地介绍该中心如何募集资金，选定负
责人，收集文献资料，建立数据库和网页，开展教学和科
研，成立"世界海外华人研究与文献收藏机构联合会"并
成为该组织的常设秘书处，召开了6届国际会议，推动和
赞助国际学术交流活动，参与刊物的出版，以及与厦门大
学、新加坡国立大学、康奈尔大学共建"海外华人研究联
合数字图书馆"。王晓燕的文章介绍了她所参与的、对藏于
达特茅斯学院的"丁家立档案"的开发。她完整地叙述了该
项目的立项，数字化，数据编目，中英文编译，年谱编纂，
直至纸本出版的过程，也介绍她所工作的宾汉姆顿大学的
"库尔德文化遗产"特藏库，特别强调了新技术系统引进对
特藏资料的整理和数字化的重要作用。

论文集的第三部分以"地区研究资源的建设"为主题。
"地区研究资源"或"区域研究资源"对于北美图书馆，特别
是美国图书馆，不是一个新领域。1958年美国国会通过了
《国防教育法案》，其中的第6款规定联邦政府对地区研究和外
语教学提供赞助，在美国高校建立针对特定地区和国家的研究
资源中心。1960年后，该法案的具体实施由美国教育部负责，
目前建立了有关亚洲、东亚、东南亚、南亚、中亚、中东、非
洲、拉丁美洲、欧洲、东欧、西欧、俄罗斯、加拿大、太平洋

岛屿和全球的 132 个地区研究资源中心 [1]。北美的东亚图书馆 [2] 在教学和科研上与地区研究联系密切，因而第三部分有 4 篇文章涉及北美的地区研究和东亚馆，仅有一篇文章涉及正在发展中的厦门大学图书馆区域研究资料中心。王立、郑美卿、司徒萍的文章将北美东亚图书馆近 150 年的发展史划为四个阶段，并配以地图展示各个阶段东亚馆的地理分布和特点。文章还以图表呈现了东亚馆藏书概况、语种比例、资源分类、经费配置，以及馆员数目等。文章最后揭示了北美高校东亚馆馆藏的重要意义，对未来的发展趋势做了展望。杨玉蓉的文章对北美的亚洲研究学会（AAS）、东亚图书馆协会（CEAL）、南亚图书馆资料委员会（CONSALD）、东南亚研究资料委员会（CORMOSEA），以及中（SCSL）、日（NCC）、韩（KCC）的图书馆专业和学术组织做了详尽的介绍。文章同时也介绍了欧洲和澳洲的亚洲研究组织和亚洲图书馆协会组织。陈晰、蒋树勇、李国庆的文章从近 20 年来招聘东亚或中国研究馆员的 46 则广告中，分析了对地区研究馆员的知识结构和专业水平的要求，包括教育和学术的背景、学位程度、工作资历、语言能力、采编和咨询经验，乃至网编技能。文章还对中国研究馆员的职业发展趋势做了探讨。柳瀛和刘静的文章是基于对北美中国研究图书馆员学会成员的调查问卷的分析而写成的。问卷内容包括他们的工作概况、根据用户需求而产生的工作性质的变化、信息服务方式的多样化趋势和需要的专业培训。由于地区研究在中国起步较迟，郑咏青和黄国凡的文章具有示范意义。厦门大学图书馆的区域研究资料中心成立于 2010 年，重点收藏闽台、东南亚、华侨华人资料。6 年来，该中心开发了

1　参见附录 5：《美国地区研究中心名录》。美国地区研究中心每 4 年重新评定一次。

2　参见附录 6：《北美东亚图书馆一览》。

"东南海疆研究数据库"，编制了《南海导报》电子期刊，组织了有关侨乡、华文复兴运动，台湾文学、南音的讲座，并计划收集福建不同地区的人文风土资料。在地区研究方面，中美图书馆的合作有着广泛的前景。

论文集的第四部分集中于"周边国家文献资源的建设"。与中国接壤的周边国家有 14 个，隔海相望的有 6 个[1]，对周边国家研究资源的收集，实际上已扩大至包括东北亚、东南亚、南亚和中亚的诸多国家。本部分含 7 篇文章。王乃时和姜曼莉的文章介绍了设在吉林大学，拥有近 50 名教授和副教授学术力量的东北亚研究院和东北亚研究中心，以及中心文献采集工作的特点、遵循的原则、采集的策略和存在的问题。褚兆麟、赵晋凯、张晓文的文章调查了广东、广西、云南三省区的省级图书馆和高校图书馆有关东南亚藏书的现状和特点，提出三省区间进行资源整合，确定收藏重点，建立类似广西大学的"中国—东盟经贸专题信息库"和"中国—东盟法律专题信息库"，广西壮族自治区图书馆的"东南亚研究论文库"，"中国—东盟博览会库"和"东南亚风情资源库"，广西民族大学的"东盟文献，壮侗语族文献，壮族文献，亚非语言文献资源库"，以及暨南大学的"华侨华人数据库"等专题库以促进资源共享。阮小妹和张颖的文章介绍了国内高校东南亚语言专业的设置情况和东盟学研究的概况，然后以广西民族大学图书馆的越南语、泰语原版文献借阅统计为样本，调查东盟文献的使用率和需求特点，对高校图书馆东盟文件资源存在的问题提出建议。张雪莲、庄虹、张冬林的文章在介绍了英美两国收藏南亚文献的学术机构和图书馆组织后，详述了设在北京大学、四川大

---

1 与中国领土接壤的有朝鲜、俄罗斯、蒙古、哈萨克斯坦、吉尔吉斯斯坦、塔吉克斯坦、阿富汗、巴基斯坦、印度、尼泊尔、不丹、缅甸、老挝，越南，隔海相望的有韩国，日本，菲律宾，文莱，马来西亚，印度尼西亚。

学、深圳大学、云南大学、云南社会科学院和中国社会科学院的南亚研究机构，并做了评价。周欣平的文章追溯了加州大学伯克利分校日韩文献的来源，此即通过对村上文库和三井文库等的收购，使伯克利成为全美大学中拥有最多日本馆藏的东亚图书馆，而包含在三井文库里的浅见文库，又极大丰富了伯克利的韩文馆藏。周欣平随后详尽地介绍了伯克利东亚馆所藏的日本写本、日本古地图、韩文稿抄本，以及同样包含在三井文库里的嘉业堂中文藏书。伯克利对这一珍贵馆藏进行了整理、研究，出版了书志，数据化了古地图。杨继东的文章首先厘清了中亚的地理范围，解释了美国在中亚学和藏学方面曾落后于欧洲的原因，进而阐述了中亚学在二战后、藏学在 1959 年后如何迅速发展起来，并在藏学研究上达到了西方学术界的领先水平。论文在夹叙夹议中介绍了美国从事中亚学和藏学研究的著名学者，同时介绍了相关的学术机构和资料收藏中心，使读者对美国的中亚学和藏学有个脉络清晰的了解。余东的文章对梵蒂冈图书馆所藏的中国周边国家近 30 种语言的文献做了全面的综述，介绍了梵蒂冈图书馆收藏的历史、有关文献的收藏单位、重点文献（印度次大陆文献、印度支那半岛文献、印尼群岛文献、朝鲜日本文献）情况、编目整理的进展和数据化计划，是使用该馆东方文献极有价值的指南。

论文集第五部分有 6 个附录，分别向读者介绍了论文集的编著者、中美高校图书馆论坛的组织者、中国高校人文社会科学文献中心（CASHL）的 17 个中心馆、北美的 124 个研究型图书馆[1]、美国的 132 个地区研究资源中心和北美 54 个东亚图书馆或东亚部。

1　美国共有约 3,500 所高校图书馆，其中仅有 115 所高校图书馆被接受为研究型图书馆协会（ARL）成员。研究型图书馆协会还包括 9 个非高校图书馆。

中美图书馆交流始于 20 世纪 80 年代，交流方式多种多样，中美高校图书馆论坛的独特之处在于以学术交流为主，参与的图书馆范围广泛（首届 39 个图书馆，第二届 59 个图书馆，第三届 56 个图书馆），参与馆员众多（首届 68 人，第二届 110 人，第三届 110 人），投稿踊跃，主题明确，讨论热烈，本论文集即这一交流的丰硕成果。

第 一 部 分

学术演变环境下的馆藏发展和分享

资源建设的多元化及其对图书馆的影响

朱　强[1]

摘　要：

当前的高校图书馆面临外部社会移动和万物互联、教育教学资源多元化和内部用户使用习惯等需求，本文梳理图书馆资源建设多元化建设的现状、问题和应对资源多元化的实践，指出有四方面值得图书馆重视：数字环境下，很难区分前台与后台、基础工作与服务工作；关注并提前考虑图书馆移动泛在业务环境建设；图书馆多元化的实际工作在倒逼业务的规范化和实践的理论性探索；图书馆界群策群力，加强研究，力争有所创新，有所突破。

关键词：

资源建设　资源建设模式

当今中国图书馆所面临的转型形势比任何时候都要急迫和复杂。一是外部社会"移动"和"万物互联"的大环境需要图书馆做出应对和调整。据中国互联网络信息中心（CNNIC）《第34次中国互联网络发展状况统计报告》2014年6月的数据显示，中国互联网普及率达到46.9%，上网的6.32亿人中手机使用率达83.4%，已超越传统PC整体80.9%的使用

1　朱强，北京大学图书馆馆长，兼任中国高校人文社会科学文献中心（CASHL）管理中心主任、中国高等教育文献保障系统（CALIS）管理中心副主任、教育部高等学校图书情报工作指导委员会主任委员、《大学图书馆学报》主编。其他社会兼职：中国图书馆学会副理事长、高校分会主任委员；2009~2011年，任国际图书馆协会联合会（IFLA）管理委员会（Governing Board）委员；2013~2017年，任国际图联 FAIFE 专门委员会委员。

率 [1]。整个社会呈现出一种由物联网（Internet of Things）和务联网（Internet of Service）的"万物互联网"（Internet of Everything）正在形成 [2]。二是图书馆用户使用习惯要求图书馆做出调整。从 2006 年至 2013 年中国高校图书馆馆均纸质文献资源和馆均电子文献购置费分布的趋势来看：馆均纸本资源购置费相对平稳，大致保持在年均 254.8 万元左右，考虑到价格上涨因素，实际购买的资源量在下降，而电子资源明显呈逐年上升趋势。在图书馆用户方面，电子文献的需求及阅读习惯急剧加大，图书馆纸本文献使用量逐年下降，数字文献使用量却逐年增长。三是教育学界已经明确提出了学习资源应多元化的要求，不仅包含传统图书馆收藏的纸本和电子图书期刊，还包括数据库、探究主题资源、微型世界、教育游戏、电子期刊图书、教学模拟、认知工具、教育专题网站、研究专题、问题解答、教学演示、网络课程、虚拟实验、开放或关联数据等新形态资源 [3]。在这种大背景和趋势下，讨论图书馆资源建设的多元化及其对图书馆的影响，并对未来图书馆资源建设给出一些建设性建议十分必要。

一 图书馆资源建设的多元化现状

1.1 单馆资源建设的现状

单馆资源建设的途径（见图 1），大致包括以下几种：

---

1 中国互联网络信息中心：《第 34 次中国互联网络发展状况统计报告》，载《互联网天地》2014 年第 7 期，第 71~89 页。

2 http://mp.weixin.qq.com/s?_biz=MzA4NzE2MjAyOA==&mid=201242120&idx-=1&sn=3305b95d13fb0994672c201c4879f1f0，访问日期：2016 年 12 月 20 日。

3 余胜泉：《学习资源建设发展大趋势》（下），载《中国教育信息化》2014 年第 1 期，第 3~6 页。

（1）购买。图书馆从资源提供方以一次性买断的形式将资源纳入图书馆资源总库。典型的例子是纸本图书的采购。

（2）租赁。图书馆购买资源使用权，而不是资源本身。典型的如电子期刊、电子书和学位论文数据库、专题全文库的购买。

（3）采集整合。图书馆将外部有用的资源采集并整合到图书馆已有资源库中。典型的如对开放获取期刊（Open Access Journal）、开放获取图书（Open Access Book），及散落在互联网上的网络资源（机构网站、社交媒体）进行采集整合。

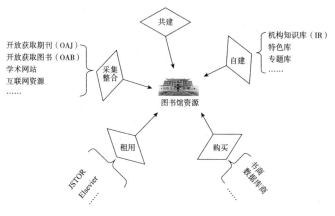

图1　单馆资源建设

（4）自建。图书馆从本地区、本校搜集新资源，或将本馆已有资源按照新型资源体系进行重组，建设专题特色资源库、科研数据库等。典型的例子，如在全球各地比较流行的机构知识库（Institute Repository），主要收集本机构学者的成果，其内容类型远远超出了图书和期刊学术论文的范畴，包括研究报告、会议论文、学位论文、学术博客、学术档案、阅读笔记、科研数据、学术评论、课程大纲、课件、调研报告、实验记录、出版著作、学术报道、机构通讯等。

1.2 多馆或联盟建设现状

除单馆资源建设模式之外，全球范围内出现了若干图书馆联盟（见图 2）。图书馆直接参与同资源建设和服务相关的联盟，通过共建和共享来节约成本，可以将有限的经费用在急需或特色资源建设上。从目前的实践来看，大致有如下一些联盟。

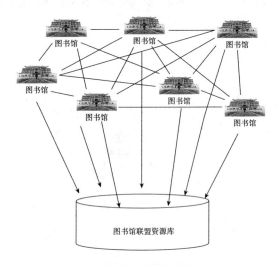

图 2　图书馆联盟资源建设

（1）全球性联盟。将全球范围内不同文献机构收藏的资源进行集中组织和共享。典型的全球性联盟，如谷歌图书（Google Books）和联机计算机图书馆中心（OCLC）。尽管谷歌图书项目由商业化运作的谷歌（Google）公司主导，但是全球范围内有至少 22 所高校和相当数量的出版社加入其"图书馆计划"（Google Books Library Project），包括哈佛大学图书馆[1]、密歇根大学图书馆[2]、牛津大学图书馆[3]、斯坦福大学图书馆[4]等世界知名高校图书馆，加入该联盟的图书馆用户可以直接通过－谷歌图书－搜索引擎检索内容，并可以直接查看全文、购买或借阅[5]。另一个全球图书馆联盟——联机计算机图书馆中心，目前有100多个国家的1.6万多家图书馆加入[6]。单个馆加入该联盟，即可通过馆际互借和文献传递借阅联盟内所有图书馆的资源。

（2）全国性联盟。整合全国范围内图书馆的资源。典型的例子，如中国高等教育文献保障系统（China Academic Libraries & Information System，CALIS），通过技术手段整合了全国1100多所高校的文献资源[7]。图书馆加入CALIS后，可以通过馆际互借和文献传递自由借阅联盟内所有服务馆的资源。美国的HathiTrust项目[8]，目前有超过120所高校图书馆加入。所有加入该项目的成员馆之间通过对本馆资源的数字化和成员馆范围内共享，实现资源使用效益的最大化。

（3）区域性联盟。典型的如中国福建省福州地区大学城建成的"福建省高校数字图书馆"FULINK[9]、广东省高等学校图书情报工作委员会"广州大学城十校图书馆馆际互借服务系

---

1 http://hul. harvard. edu/hgproject/index. html，访问日期：2016年12月22日。

2 http://www. lib. umich. edu/michigan-digitization-project，访问日期：2016年12月22日。

3 http://www. bodleian. ox. ac. uk/dbooks，访问日期：2016年12月22日。

4 https://library. stanford. edu/projects/google-books/stanfords-role-google-books，访问日期：2016年12月22日。

5 https://books. google. com/intl/en/googlebooks/about/index. html，访问日期：2016年12月22日。

6 https://www. oclc. org/zhcn-asiapacific/about. html，访问日期：2016年12月22日。

7 http://project. calis. edu. cn/calisnew/calis_index. asp?fid=1&class=1，访问日期：2016年12月22日。

8 https://www. hathitrust. org/about，访问日期：2016年12月22日。

9 http://www. fulink. edu. cn，访问日期：2016年12月22日。

统"[1]等。

（4）学科性联盟。典型的如中国高校人文社会科学文献中心（China Academic Social Sciences and Humanities Library），既是一个全国性的联盟，又是一个专门针对人文社会科学学科的联盟。通过联合全国范围内70所高校开展人文社科类文献资源的共建，既有效避免了资源的重复建设，又可发挥资源的最大效益[2]。

1.3 资源选订现状

无论是单馆还是多馆联盟，其资源选订大致有如下一些模式。

（1）按刊订购（Title by Title）。这种模式的特点是图书馆拥有完全的自主权，按刊名进行订购。在订购中有两种工作方式：一种是图书馆直接向期刊发行方逐份发送订购请求。这种工作模式对图书馆工作人员的要求比较高，既需要图书馆员综合了解全球范围内不同学科领域学术期刊的总体面貌、本校学科建设发展需求，又需要综合掌握各种语言，同时还需要逐份向全球范围内的不同出版机构发出订购请求并收登入库，工作量巨大。另一种是通过代理商发订，图书馆将订购请求发送给代理商，代理商再向期刊发行方发送订购请求并逐月核定收登。这种代理工作模式虽然可以减轻图书馆资源建设人员的工作强度，但是需要图书馆付出一部分额外的代理费用。

（2）大宗交易（Big Deal）。这种资源选订模式的特点是图书馆以一种定价（这种定价往往将合同期内的涨幅包含在内）、一个通用资源包的形式向资源代理商购买期刊，要么全

1　http://www.gdtgw.cn:8080/，访问日期：2016年12月22日。

2　http://www.cashl.edu.cn/portal/html/article21.html，访问日期：2016年12月22日。

买，要么全不买。这种模式让图书馆将资源采购预算控制在预期范围内，可以降低管理成本，但是这种捆绑式订购会让图书馆牺牲期刊的自主选择权，往往会引进一些使用率不高甚至没人使用的期刊。2011 年的一份报告 [1] 证实了这种情况的存在：调查对象中有 53% 的用户使用过 Elsevier 电子刊，但是实际所使用的电子刊只占 Elsevier 资源包的 5%，其余 95% 无人问津。

（3）按库订购（Aggregation of Titles）。这种模式的特点是图书馆直接订购整库而不必逐刊选订。不过，这种模式的显著缺点是期刊的入库选择权主要掌握在数据库商手中，图书馆只能在数据库商已入库刊表之下进行选择。这种订购模式下，往往存在不同数据库商的库与库之间存在资源交叉重叠而又有所不同的情况。典型的例子，如收录中国学术期刊文章的中国知网（www. cnki. net）、维普（www. cqvip. com）、万方（www. wanfangdata. com），三者之间数据有相当大的重合度，但又有所不同，鉴于整库资源的不可分割性，图书馆不得不为部分重复资源付费。

（4）按篇订购（Pay per View）。这种模式的特点是图书馆不必为整库付费，而只按用户阅读或下载的单篇文章（甚至是页码）进行付费。以中国知网计费标准为例，期刊全文按0.5 元 / 页 ~1 元 / 页，学位论文按硕士论文 15 元 / 本、博士论文 25 元 / 本的标准进行收取 [2]。这种模式需要图书馆在总使用量费用与整库费用之间权衡。

（5）按批量文章订购（Blocks of Papers）。这种模式是对"按文章订购"（Pay per view）的一种补充，将阅读或下载量

---

1 http://www. rin. ac. uk/system/files/attachments/Ejournals_part_II_for_screen_0. pdf，访问日期：2016 年 12 月 22 日。

2 http://vipcard. cnki. net/ec/skwd/skwd. htm，访问日期：2016 年 12 月 22 日。

划分为一个一个数量区段，在区段内是一种定价方案，超出区段是另一个定价方案。这种模式既可避免整体订购而实际使用量小造成的浪费，又可以避免按单篇计价费用高昂的问题。

（6）按需采购（Demand-Driven Acquisition）。这种模式的特点是图书馆不必预先按照图书馆员的判断进行采购，而是按照学者的真实需求进行采购，可以节省不必要的支出。但是，这种模式的缺点是显而易见的：①学者的需求很难预期和收集；②存在眼前需求与长远需求的问题，目前没有使用的需求并不代表以后没有相关需求；③对高校而言，文献资源的建设不仅是辅助教学科研，还承担着引导功能，放任学生提交低水平文献请求并不合适。

二　资源多元化带来的问题与挑战

资源建设在单馆采购、多馆共建和资源选定等方面的多元化给图书馆带来了很多实际问题和挑战。总体而言，大致有如下一些。

（1）资源发展政策和规划的问题。对于资源共建联盟而言，从顶层来规划资源发展可以避免学科范围、地区或全国范围内不必要的重复建设，大大节省单馆资源采购经费的支出。但由于采购经费由各馆实际掌握而非联盟拨付，绝大多数资源共建联盟只是处于协调和建议位置，甚至只在对已有资源的整合上起一定作用，难以对资源的整体发展进行规划。对单馆而言，尽管对采购何种资源有决定权，但在数字化、网络化和联盟化形势下，依然很难制定出比较明确的资源发展政策。

（2）纸本资源和数字资源经费的分配比例问题。更多引进数字资源是一个大趋势，但是在纸本向数字资源转型的过渡时期，纸本资源和数字资源的经费配比多少合适，是个问题。在 2014 年 的 International Alliance of Research Universities（IARU）会议上，笔者曾经做过一个图书馆数字资源经费占比的现场调研。了解到的情况是：剑桥大学图书馆、加州大学伯克利分校图书馆、耶鲁大学图书馆、牛津大学图书馆等数字资源采购经费占到 60%；澳大利亚国立大学图书馆、新加坡国立大学图书馆、苏黎世联邦理工学院图书馆占到 75%；哥本哈根大学图书馆则占到 90%。值得一提的是数字资源采购经费占比高达 90% 的哥本哈根大学图书馆，其人文社科领域电子书的占比却很小，约 20% 或更低。从调研来看，数字资源采购经费占比并无固定的比例，怎么配比需要根据大学本身的性质（人文社科为主还是理工科为主）来确定。对北京大学图书馆而言，近期内我们希望将这个比例按照 1：1 或数字资源稍高一点的标准来配置。

（3）资源的存储空间和时间问题。无论是电子资源还是纸本资源，都存在长期保存的问题。对于纸本资源，笔者通过对北美高校图书馆的考察，发现有两种现象：一种是单馆有高密度的存储空间，对纸本文献进行密集存储；一种是区域内若干高校图书馆共享同一个高密度存储空间。无论是单馆独享还是区域共享，这种高密度存储对纸本资源的组织排架以及自动化会提出更高的要求。对于电子资源、自建或采集整合的资源，长期保存按何种资源层次和类别来组织，也是图书馆必须面临的大挑战。

（4）自建资源和采集资源的加工和组织问题。由于大多数自建资源都在传统图书期刊范畴之外，采用何种资源组织方法、元数据标准规范、数字对象标识、数字权限管理、加工系统平台和加工流程，无一不是图书馆面临的大问题。

（5）订购或租用数字资源的计量和统计问题。对于图书馆远程订购或租赁的、只有访问权而无元数据和全文的资源，在资源访问统计、下载统计、评估标准等方面极不完善，目前缺乏统一的计量标准。除此之外，对所订购数字资源的目录、试用、合同、经费及资源总体情况、服务总体情况进行统计分析和评估，以及与用户的互动等都相当不够，亟须对"数字资源管理系统"进行统一管理。

（6）面向移动的资源格式问题。在移动、互联和用户习惯使用电子资源这个大背景下，通过移动终端传递纸本资源和阅读数字资源，涉及资源格式转换问题。究竟以什么样的标准来加工、转换、组织和揭示，是图书馆要面对的新课题。

三 应对资源多元化问题与挑战的实践

1.1 中国 DRAA 集团采购

前文述及资源选订现状时，我们列举了若干采购模式。但是，就单馆而言，由于资源商处于强势地位，单馆可选择的余地并不多。在中国，为应对资源提供商过高的涨幅及对资源的垄断，由部分高等学校图书馆共同发起成立了一个"高校图书馆数字资源采购联盟"（Digital Resource Acquisition Alliance of Chinese Academic Libraries，DRAA），希望通过联盟的团结合作，开展引进数字资源的采购工作，规范引进资源集团采购行为，为成员馆以最优价格引进数字学术资源的同时，享受最佳服务。

从 2010 年成立至今，该联盟在组织方式、协议方案等方面有一些好的做法和经验，通过集体谈判的形式与数据库商对话，对数据库商恶意的涨价行为进行联合抵制和约束。但是，在谈判（组织方式、参与程度、程序、技巧等）、协议方案（文本的规范化、条款的合法性、生效语言选取、适用法律、权利义务规定等）、定价（成员馆的分级、纸本绑定、平台使用费等）、违约纠纷的处理（拖延支付、服务缺位等）、恶意下载（如何定义、如何判定、恶意下载后的处理等）、售后服务（可获得性、访问下载速度、确切的品种数量等）等方面也还有可以改进的空间。

1.2　全球各高校图书馆在移动服务需求方面的实践

前文引言部分对中国国内移动互联人群的迅猛发展进行了概括。对于未来十年移动的普及程度，有一种形象的说法，认为十年后，全世界的生活方式大概只有两种：一是宅到家；二是走天涯。要么深居简出待在家里，要么海角天涯旅行。并认为，在流动中工作（一边旅游一边工作）的时代即将到来[1]。全球范围内不少图书馆已经开展了移动服务。

比如，新加坡淡马锡理工学院图书馆开发出基于 iOS 和 Android 平台的 TP library 小应用（App）[2]，在该应用上，用户可以根据用户权限进行检索、预约和浏览图书馆最新动态，还可用手机扫描二维码或摇一摇功能参与图书馆的活动。此外，南加州大学图书馆[3]的移动应用（App）可以检索图书馆的目录，下载文献，找到与自己已读过资源相关的文献，查看朋友的推荐等。一些数据库商，如 PUBmed、Refworks、Sciverse Science Direct 等，都推出了自己的移动应用。

1　http://www. nmgin. com/news/finance/3622. html，访问日期：2016 年 12 月 22 日。

2　http://www. tp. edu. sg/home/tpmobileapps，访问日期：2016 年 12 月 22 日。

3　https://libraries. usc. edu/research/instructional-services/mobile-resources-catalog，访问日期：2016 年 12 月 22 日。

四　结语

　　从前文对图书馆所面对的大环境以及图书馆内部小环境的综述来看，有几个重要的方面值得图书馆的工作人员重视：一是数字环境下，很难区分前台与后台、基础工作与服务工作。二是要关注并提前考虑图书馆移动泛在业务环境建设。三是图书馆多元化的实际工作在倒逼业务的规范化和实践的理论性归纳。四是需要图书馆界群策群力，加强研究，力争有所创新，有所突破。

大数据分析在 CASHL 资源
共建共享中的应用

肖　珑[1]

摘　要：

图书馆也拥有自己的大数据。本文概述了中国高校人文社会科学文献中心（CASHL）的发展，介绍了 CASHL 基于馆藏分析理论、资源与服务数据的大数据分析方法，论述了 CASHL 在此基础上构建的高校图书馆人文社会科学文献资源的宏观发展、共建共享之路。

关键词：

CASHL　大数据　馆藏分析　资源共建共享

大数据时代，大数据分析和挖掘方法在各个领域得到不同程度的应用。在图书馆领域，图书馆员也在努力学会使用这样的方法，不断从各个信息系统中提取、整合有价值的数据，深度挖掘，从中获取信息，又将信息提炼为知识，从而为图书馆资源建设和服务的发展提供方向性引导和日常工作

1　肖珑，研究馆员，硕士研究生导师，北京大学图书馆副馆长，教育部中国高校人文社会科学文献中心（CASHL）管理中心副主任，高校图书馆数字资源采购联盟（DRAA）理事、中国高等教育文献保障系统（CALIS）文理中心副主任；兼复旦大学图书馆硕士研究生导师、四川大学公共管理学院硕士研究生导师、国际图书馆协会联合会（IFLA）知识管理专业委员会委员、中国图书馆学会学术委员会用户与研究专委会副主任委员、《图书情报工作》《大学图书馆学报》《情报资料工作》《数字图书馆论坛》等期刊编委。主要研究领域：数字资源建设、用户服务、数字图书馆标准规范、人文社会科学文献资源建设与服务、资源共建共享、图书馆建筑。已出版专著 10 余部，发表中英文论文 70 余篇，在国内外多次学术会议上发表演讲。

的支撑。

图书馆所拥有的大数据，通常包括：书目数据、馆藏数据、文献知识数据、用户数据、用户行为数据、服务数据、内部业务数据等。这些数据经过分析、挖掘，可以用于馆藏分析、资源整合、用户行为分析、用户需求挖掘、知识挖掘、建立新的业务模型等各个方面。从体量上讲，单个图书馆拥有的数据是有限的，未必能说明某种现状、趋势、行为，因而进一步提炼出知识，或用于决策支持的作用也有限。但如果把多个图书馆的数据汇总，数据量达到一定规模，则可以满足大数据"4V"，即数量大（volume）、类型多（variety）、速度快（velocity）、有价值（value）之要求，进行深度分析挖掘与应用，发挥大数据之作用。

教育部中国高校人文社会科学文献中心（China Academic Social Sciences and Humanities Library，CASHL，http://www. cashl. edu. cn/portal/，访问时间：2016 年 12 月 30 日），是为国家人文社会科学教学科研发展提供服务的公共平台，也是高校图书馆联合共建共享的三大公共体系之一。在最近几年的发展中，CASHL 通过自身的积累以及 CALIS、CASHL 等多个途径，获取了国内外高校图书馆馆藏与服务若干方面的大数据，并进行整合与挖掘分析，为自身发展决策提供了强有力的支持，为进一步提供服务奠定了基础。

本文将通过 CASHL 的资源建设发展案例，说明大数据分析方法在图书馆资源共建共享中的应用。其中的部分研究成果来自于 CASHL 的以下合作研究项目："高校人文社科外文文献资源的布局与保障研究"项目、"中国周边国家文献的国家保障研究"项目、CASHL"基于馆际互借与文献传递业务数据挖掘的读者行为模式研究"项目等；合作单位包括北京大学图书馆、复旦大学图书馆、武汉大学图书馆、厦门大学图书馆、中山大学图书馆、北京外国语大学图书馆、浙江大学图书馆、东北师范大学图书馆等。

一 CASHL 及其发展现状

CASHL 是由两个共建共享子项目组成的。第一个项目，是 1982 年"科教兴国"大背景下，由国务院批准、教育部执行的"高校文科图书引进专款项目"（简称"文专项目"）；第二个项目，是 2002 年"繁荣哲学社会科学"的国家战略下启动建设、2004 年正式发布服务的"中国高校人文社会科学文献中心"（CASHL）。2006 年，"文专项目"与 CASHL 整合，对外统称为 CASHL。此后，CASHL 把"建设国家人文社会科学信息资源平台，为国家人文社会科学研究提供最终保障"作为最终发展目标，贯彻"以资源为基础、以服务为根本"的发展方针、"整体建设、分布服务、共知共享、讲求效益"的发展策略，组织国内具有学科、资源和服务优势的高等学校图书馆，有计划、有系统地整体引进国外人文社会科学文献资源，为人文社会科学研究提供了大量文献信息服务。

经过多年的建设，到目前为止，CASHL 已经建成由全国中心（北京大学、复旦大学）、区域中心（武汉大学、吉林大学、中山大学、南京大学、北京师范大学、兰州大学）、学科中心（东北师范大学、华东师范大学、南开大学、山东大学、清华大学、厦门大学、浙江大学、中国人民大学）、服务馆、合作机构组成的服务体系（见图 1），为全国 800 余所高校、上千万师生服务。

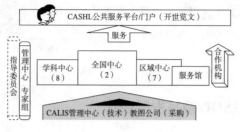

图 1　CASHL 服务体系架构

在资源发展方面，CASHL 引领、组织了高校人文社科文献资源建设，带动了核心资源的发展。到目前为止，累计建设有 200 万种外文图书、可供服务的核心外文期刊和重要外文期刊 2.6 万余种、2860 种电子期刊以及 41 万种电子图书，国内唯一拥有的大型特藏文献有 187 种，并有一定数量的非通用语种资源。

在服务方面，CASHL 构建了服务体系，为全国人文社科用户提供高品质文献信息。目前可以提供书目查询、期刊目次检索、图书借阅、原文传递、代查代检、全文下载、学科深度咨询、参考咨询、特藏提供等服务内容，近年来还逐渐发展出了移动服务、统一认证、本地嵌入等新型服务，以及专为图书馆员提供的"西部馆员交流""馆员国际出版支持"等服务。文献服务量累计全文下载 2400 万篇，原文传递 120 万次，图书借阅 2.7 万种（2010 年至今），平均满足率可达到 95%。

经过多年建设，CASHL 的建设取得了如下成果。

（1）建立了一套覆盖全国的、完整的"共建共享"机制，其共建表现为增强了国家投入经费的建设效益，减少了不必要的重复建设，扩大了文献保障面。其共享表现为对全国高校起到了正面引导作用，在国家投入购买资源之外，各高校图书馆将自有外文图书／期刊也贡献出来为全国服务，盘活了高校的整体文献资源和服务。

（2）站在国家百年大计的高度，建立了中国最大、最全面的人文社科文献保障体系。CASHL 依托有学科优势的高校开展文献保障，提升了高校学科建设和人才培养，开拓了教学科研人员的国际视野；推动了国家人文社科研究的整体国际化水平，提高了国家的软实力。

（3）为国家多个归国人才引进计划提供了强有力的基础支撑。外文文献的多少，是影响海外人才决定去留的关键因素之一，CASHL 项目引进的外文文献起到了基础支撑的作用。

（4）保障了全国人文社科教学科研人员获取资源的公平性和公正性。全国范围内的教学科研人员，都能平等地通过 CASHL 平台获得资源。CASHL 已经成为我国教学科研人员高度依赖、不可或缺的资源获取渠道，已经成为全国高校人文社科领域具有影响力的品牌服务。

二 基于馆藏分析理论的 CASHL 大数据应用案例

人文社会科学是"文献倚赖型"学科，因此 CASHL 发展必然是以文献资源为建设基础的。作为共建共享体系，CASHL 的资源建设不同于单个图书馆，既需要宏观规划，也需要微观精细发展，因此调研分析是前提，而大数据的整合分析挖掘在其中是不可或缺的方法。

2.1 馆藏分析理论及其模型

馆藏分析（collection analysis）是指通过搜集整理大量图书馆的馆藏数据、服务数据，对其进行数量、学科、语种、出版年、区域、主题以及借阅状况等多方面的数据统计与比较分析，归纳出图书馆的馆藏发展趋势和规律，用于指导馆藏建设、优化与完善。

在馆藏分析理论中，常用到以下几个概念模型。

（1）文献收藏率，是指一个国家、地区或机构（如图书馆或者共建共享组织）文献收藏的完备程度，它是一个比率，与某个国家或地区的文献出版种数是分不开的。其公式为

$$文献收藏率 = \frac{一定时期内文献收藏种数}{一定时期内文献出版种数} \times 100\%$$

（2）文献缺藏率，与文献收藏率相关。它是指一个国家、地区或机构文献收藏的缺失程度，它是一个比率，与某个国家或地区的文献出版种数是分不开的。其公式为

$$文献缺藏率 = \frac{一定时期内文献缺藏种数}{一定时期内文献出版种数} \times 100\%$$

上述两个指标中的"一定时期内文献出版种数"主要强调的是学术出版物，其值也主要以同一时期内重要学术机构（如高校图书馆）收藏的数量为准。

（3）文献保障率，是指一个国家、地区或机构（如图书馆或者共建共享组织）供给文献，满足文献情报需求以支持经济建设、社会发展和科学研究的能力。它是一个比率，是与某个国家、地区或机构的读者使用文献情况分不开的。与传统的文献保障率概念不同，现在的文献保障率更强调文献保障的有效性，强调用户的使用。其公式为

$$文献保障率 = \frac{一定时期内可提供文献收藏种数}{一定时期内用户使用文献种数} \times 100\%$$

举例说，A 用户在进行自己的科研工作时，使用了 100 种图书，而 B 机构收藏有其中的 70 种，假定 A 用户使用了 B 机构收藏的全部 70 种图书，则在这个科研项目中：

B 机构的文献保障率 =70 种 /100 种 × 100%=70%

（4）文献利用率，是指一个国家、地区或者机构收藏文献的被利用情况。它也是一个比率，是衡量图书馆馆藏质量高低的一个重要标志，也是图书馆服务读者、发挥职能的标尺。其公式为

$$文献利用率 = \frac{一定时期内用户利用文献种数}{一定时期内可服务文献总量} \times 100\%$$

2.2 CASHL 基于馆藏分析模型的大数据应用案例

CASHL 在资源建设中，应用上述馆藏分析理论和模型，对国内高校图书馆的外文文科文献整体收藏情况做了全面分析，并依据分析结论采取了多项发展措施。

在进行大数据分析之前，CASHL 收集了出版物、图书馆目录和服务方面的上千万条数据，这些数据分别来自：国外各出版商出版书目数据库；OCLC WorldCat 数据库；国外部分一流高校书目数据库（哈佛大学、牛津大学、哥伦比亚大学、耶鲁大学、剑桥大学、普林斯顿大学）；中国台湾地区学术研究机构订购西文纸本期刊资料库；中国高等教育文献保障系统（CALIS）联合目录数据库；中国高校人文社会科学文献中心（CASHL）联合目录数据库；全国高校图书馆进口报刊预订联合目录；国内部分高校书目数据库；各类引文数据库（如 SSCI、A&HCI、CPCI-SSH、SCI、CPCI-S）；用户发表成果目录；等等。

以下是应用这些数据进行馆藏分析的案例。

（1）关于图书文献的收藏和分析。

通过以下模型来分析国内高校图书馆的文献收藏情况。

$$图书文献收藏率 = \frac{一定时期内高校图书馆图书收藏总量}{一定时期内国外高校图书馆文献收藏总量} \times 100\%$$

$$图书文献缺藏率 = \frac{一定时期内高校图书馆文献收藏总量}{一定时期内国外高校图书馆文献收藏总量} \times 100\%$$

其中，在前文所述概念模型中"一定时期内国外文献出版总量"被"一定时期内国外高校图书馆文献收藏总量"代替。其中的原因，对高校图书馆的馆藏分析来说，不能笼统地以"文献出版总量"这个概念为基础，而主要应该考虑"学术出版物出版总量"，但后者的数据获取并不容易，并且学术与非学术也很难界定，因此以国外主要高校图书馆的收藏总量作为替代性参考指标，如表1所示[1]。

表1中，"常用图书"是指哈佛大学、耶鲁大学和牛津大学任何一所高校收藏的图书；"核心图书"是指哈佛大学、耶鲁大学和牛津大学三所国外一流高校均收藏的图书。"缺藏率"按国内高校图书馆和国外三校图书馆的收藏量比较得出，未考虑减除二者当中不重复的品种。"学科平均收藏"是按人文社会科学18个学科计算的。

表1　国内高校与国外一流高校人文社科图书收藏对比分析

单位：种，%

收藏情况 图书的年代和语种	国内高校图书馆收藏量	哈佛大学、耶鲁大学和牛津大学收藏量	国内高校收藏率	国内高校缺藏率
1950~2000 年的常用的图书	728371	3811928	19.1	80.9
1950~2000 年的核心图书	98468	609890	16.1	83.9
1950~2000 年的英文核心图书	94727	456799	20.7	79.3
1950~2000 年的德文核心图书	2097	87990	2.4	97.6
1950~2000 年的法文核心图书	1644	65101	2.5	97.5

1　钟建法：《人文社科外文图书保障体系建设存在的问题与对策》，载《图书情报工作》2010年第7期，第10～13页；张洪元、崔琼：《高校人文社科英文图书缺藏分析与补缺策略》，载《图书情报工作》2010年第7期，第14～17页。

收藏情况 图书的年代和语种	国内高校图书馆收藏量	哈佛大学、耶鲁大学和牛津大学收藏量	国内高校收藏率	国内高校缺藏率
2004~2007 年的常用英文图书	57543	191387	30.07	69.93
2004~2007 年的学科平均收藏	2988	9850.7	30.33	69.67
2000~2007 年的俄德法文图书	10704	174486	6.1	93.9

数据分析表明，1950 ~ 2000 年，国内高校图书馆的图书文献收藏率只有 19.1%，缺藏率高达 81%。经过国家"文专项目"多年的投入之后有所改善，收藏率提升至 30% 左右，缺藏率逐步降低。

（2）关于期刊与数字文献的收藏与分析。

通过以下模型来分析国内高校图书馆的期刊文献收藏情况。分析结果如表 2、图 1 所示。

$$期刊文献收藏率 = \frac{一定时期内高校图书馆图书收藏总量}{一定时期内海外高校图书馆期刊收藏总量} \times 100\%$$

$$数字文献收藏率 = \frac{一定时期内高校图书馆图书收藏总量}{一定时期内海外高校图书馆期刊收藏总量} \times 100\%$$

表 2　大陆高校与境外印刷版期刊出版情况、收藏情况学科对比

单位：种，%

学科类别	国外出版情况（目录）		英美六校收藏情况		中国台湾地区收藏情况		中国大陆高校收藏情况	
	品种数	学科比例	品种数	学科比例	品种数	学科比例	品种数	学科比例
哲学	6296	7.54	3582	6.61	686	9.43	727	8.65
社科总论	6868	8.23	4057	7.48	921	12.66	714	8.49
政治法律	15992	19.15	13032	24.04	867	11.92	1916	22.79
军事	404	0.48	0	0	0	0	0	0

学科类别	国外出版情况（目录）		英美六校收藏情况		中国台湾地区收藏情况		中国大陆高校收藏情况	
	品种数	学科比例	品种数	学科比例	品种数	学科比例	品种数	学科比例
经济	20449	24.49	10319	19.03	1274	17.51	1732	20.6
文教	13714	16.43	7748	14.29	1215	16.7	1265	15.05
语言	2078	2.49	1261	2.33	750	10.31	345	4.11
文学	4924	5.9	4036	7.44	0	0	403	5.11
艺术	5949	7.13	4661	8.6	822	11.3	587	6.98
历史	5591	6.7	4864	8.97	351	4.82	595	7.08
工具书	1227	1.47	654	1.21	390	5.36	96	1.14
合计	83492	100	54214	100	7276	100	8407	100

注：据 2009 年数据，其中中国台湾地区数据为 2004 年，含同时有电子版的期刊。

资料来源：武桂云、龙向洋、金环：《高校人文社科外文印刷版期刊布局及保障初探》，载《图书情报工作》2010 年第 7 期，第 6～9 页。

依据表 2 中的数据，到 2009 年，我国高校收藏的文科印刷版期刊达到 8749 种（含同时有电子版的期刊 3539 种）、纯电子版期刊（e-only，因为品种不稳定、经常变化等原因，此统计不包括集成商数据库的电子期刊）为 10904 种，总量达到 19653 种，与欧美的哈佛大学、普林斯顿大学、斯坦福大学、耶鲁大学、牛津大学和剑桥大学收藏的 54214 种期刊比较，收藏率可达 30%，缺藏率为 63.75%。

在 19653 种已收藏期刊中，包含约 90% 的国外核心期刊，说明随着国家投入的增加（如 CASHL 项目的实施），核心期刊收藏较全，期刊质量还是不错的。

数字文献的收藏情况和分析如图 1 所示，结论显而易见。不过近年来随着国内高校图书馆在数字文献方面的投入越来越多，这个差距也越来越小。

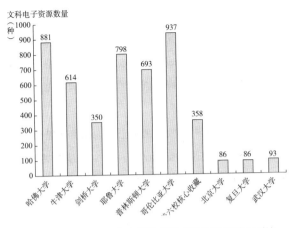

图 1　国内外重点高校文科数字学术资源收藏状况对比

（据 2009 ~ 2010 年数据）

资料来源：李浩凌、廖三三：《高校人文社科外文电子资源的布局与保障研究》，载《图书情报工作》2010 年第 7 期，第 18 ~ 22 页。

（3）关于文献保障率的情况和分析。

文献保障率与前文所述的文献收藏率、文献缺藏率的不同，在于后者是从供给端来进行分析，主观性更强一些；而文献保障率则是从用户端来进行，通过分析用户使用情况来观察文献保障程度，客观性比较强。

在这项数据分析中，采用了如下模型。

$$\frac{\text{学科文献保障率}}{\text{（单馆）}} = \frac{\text{一定时期内该学科可提供文献收藏种数}}{\text{一定时期内该学科用户使用参考文献种数}} \times 100\%$$

$$\frac{\text{学科文献保障率}}{\text{（CASHL）}} = \frac{\text{一定时期内 CASHL 可提供该学科文献收藏种数}}{\text{一定时期内该学科用户使用参考文献种数}} \times 100\%$$

在这项工作中，北京大学图书馆、武汉大学图书馆于 2011 年对本校用户进行了文献保障率的抽样调查——选取经济学、法学、历史学、哲学四个重点学科教师、博硕士研究生 2000 ~ 2010 年发表的论文，将其参考文献汇总，通过对参考文献的图书馆收藏情况进行分析，得出两个图书馆及 CASHL 联合体对用户所使用参考文献的保障情况，即国内高校文科外文文献的保障率，结果如表 3 所示。毋庸置疑，由于这两个图书馆的收藏丰富，这个抽样调查的结果好于国内高校图书馆的平均水平。

在表 3 中，①图书的收藏量按出版物品种数量计算，其保障率依"可提供图书品种数量 / 用户引文涉及图书品种数量"计算；②期刊的收藏量依引文数量计算（考虑到期刊有分年分卷期的收藏情况，未依出版物品种计算），其保障率依"可提供期刊文献数量 / 用户已发表文献的引文数量"计算；③可提供图书或者期刊的数量以本馆收藏或者 CASHL 联合收藏为准，不含通过馆际互借 / 文献传递等方式从其他途径获取的文献；④"本馆收藏量"指北京大学或武汉大学图书馆的收藏情况，CASHL 收藏量则依据 CASHL 联合目录计算。

表 3　国内高校不同学科的外文书刊文献保障率（2000～2010 年）

单位：种（篇），%

	用户已发表文献的引文数量	引文涉及出版物品种数量	本馆收藏量	本馆保障率	CASHL收藏量	CASHL保障率
经济学图书	2035	1525	606	39.74	804	52.72
法学图书	2498	2349	391	16.65	608	25.88
哲学图书	2917	2098	1089	51.91	1356	64.63
历史学图书	1754	1689	317	18.77	628	37.18
图书平均保障率				31.77		45.10
经济学期刊	5166	730	4614	89.31	4810	93.11
法学期刊	1280	663	834	65.16	944	73.75
哲学期刊	786	362	616	78.37	658	83.72
历史学期刊	87	73	54	62.07	63	72.41
期刊平均保障率				73.73		80.75

（4）关于文献利用率的情况和分析。

文献保障率的统计分析，是基于用户利用参考文献的情况，能够说明文献对用户科研的保障程度，但不能说明已经收藏的文献到底利用情况如何。单体图书馆，通常会利用读者对文献的借阅统计来分析其文献利用率；CASHL 作为联合体，则主要依靠其馆际互借和文献传递的统计数据来开展这方面工作。

CASHL 曾经对其上百万的全部期刊文献传递数据进行了统计分析，将其中文献传递所使用过的期刊进行了品种、学科、核心期刊 / 非核心期刊、机构等方面的筛选、合并、统计，从而掌握了 CASHL 期刊的文献利用率，得出的结论不仅可用于期刊订购的重要参考，对资源建设、服务发展更是大有裨益。其分析模型为

$$\text{CASHL 期刊文献利用率} = \frac{\text{一定时期内用户原文传递请求的期刊种数}}{\text{一定时期内可服务期刊总量}} \times 100\%$$

图 2 和图 3 是分析结论的一部分。

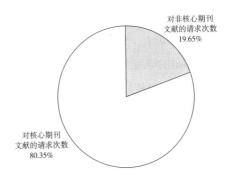

图 2　核心 / 非核心期刊的利用率分析

3. 数据分析的基本结论

通过以上的数据分析，CASHL 对其资源发展现状得出了

以下基本结论。

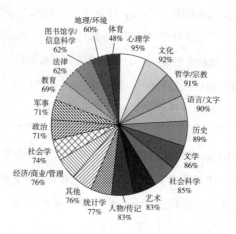

图3 不同学科期刊的利用率分析

（1）经过国家多年的投入、各高校图书馆持续不断的努力建设，已经积累了一定数量的外文文献资源。但从总体来看，由于20世纪50年代以后经济和政治等诸多因素，文献资源建设的缺口较大，无法跟上人文社会科学研究发展的脚步，提供高水平的保障。

（2）外文文献资源有一定程度的收藏，但存在结构性缺失、可持续发展不足的问题。其中，外文图书略有积累，总体缺藏率高；期刊收藏质量较好，但品种不足，可持续发展能力不足；数字出版物综合性品种收藏较好，专业特色资源存在较大差距。

（3）外文文献的保障程度偏低，但联合保障效益渐显。

（4）文献资源的规模化服务能力不足，造成已购文献的效益不能充分发挥。

（5）信息基础设施不足，无法整合各类型资源，实现更大范围内的共享服务。

三　宏观建设是 CASHL 资源发展之道

文献资源的宏观建设，是指一个地区、一个国家乃至国际众多文献信息机构对现有文献资源的规划和协作、协调收集和收藏，形成整体资源，即从宏观上制定目标和规划，进行协调和分工，以指导各文献情报机构的文献收集工作，突出各自优势，形成比较完备的收藏，并将其作为集体的资源共享，从而建立起一定范围内的文献资源保障体制。

CASHL 文献资源的宏观建设，其基本原则是"整体建设、科学布局、分工合作、共建共享"，即把各高校图书馆的人文社科文献资源看作一个整体，由多个资源和服务基础较好的高校图书馆分工负责，通过对不同学科、不同类型、不同载体、不同语种文献的合理布局规划，统筹安排收藏，组织协调服务，同时建立特色馆藏，发挥各自特长，形成高校人文社科外文文献的联合保障体系。

通过大数据分析，CASHL 确定了其文献宏观建设措施，近年来已经在逐步进行和不断完善之中，简述如下[1]。

3.1　从整体和长远发展制定目标

以高校人文社科教学科研的长远发展为基础，以达到世界一流的人文社会科学文献保障水平为核心，制定文献资源的整体建设目标：完整收藏全球出版人文社会科学外文学术文献，全面整合国内高校人文社科领域研究成果，充分利用国家增量投入以及各高校和科研机构的存量文献资源，逐步构建大规模、有特色的文献资源战略体系，针对人文社会科学特点开

1　肖珑、张洪元、钟建法、武桂云、李浩凌、李峰：《建国后高校文科外文文献的发展状况与未来保障研究》，载《大学图书馆学报》2013 年第 2 期，第 5 ~ 13 页。

发先进、实用的文献信息服务系统，形成强大、高效、全方位的公共服务能力，促进和推动全国人文社会科学文献信息资源共享，为我国人文社会科学科研教学提供全面和最终的文献信息资源保障，并努力打造中国人文社会科学走向世界的成果平台。

3.2　开展文献资源的宏观布局

开展文献资源的宏观布局，即建立科学的联合保障和学科分工协调机制。CASHL 全国中心、区域中心、学科中心等充分发挥其在人文社科外文资源上的优势和特色，按照文献类型、学科、地区等科学分工，并由 CASHL 管理中心居中协调，避免资源重复建设，同时具备本地区、本学科和本校特色，在联合保障中彼此互为补充，形成完整的资源体系。

3.3　提高资源的收藏率和保障水平

争取更多资金投入，印本书刊的收藏要尽量按学科、类型分工的协调采购为主，避免重复建设。电子资源与印本书刊引进工作要加强协调，优势互补，取长补短，保障资源布局平衡、结构合理、品种多样等因素并重。同时要兼顾长期拥有和有效利用等多方面保障功能。电子资源亦可以采用多种引进模式，多途径协调，对重要而适用面广的资源，可统一购买高校或部分高校的使用权限，或者采用各成员馆购买一部分资源、集团内各高校共享的模式；对适用面窄、价格昂贵的资源，可以采取支持少数学校购买、面向其他高校用户开展借阅服务的模式，以使资源发挥最大效益。

建立符合人文社会科学特点的收藏体系，即符合全学科保障、文献出版时间跨度长、收藏语种和地域全面、资源类型完整、内容深入和交叉等要求的宏观收藏体系，并能随用户信息行为的发展，具备数字化、自助化、移动化、互动性、个性化等特点。例如：

（1）在文献类型方面，图书是文科教学科研最为依赖的文献，一方面通过协调采购增加新书引进品种，同时通过在国外实体书店、网上书店收购二手书、使用按需出版（POD）服务、引进电子图书、购买重印图书，以及个人 / 学术机构捐赠等方法，开展图书回溯建设，采购具有回溯收藏价值的1950 ~ 2000 年出版图书，以保证文科外文图书保障体系的学术完整性。

（2）在学科的选择上，要遵循学科平等，保证学科门类的覆盖面，既要保证重点和热门专业，也应保持学科间的相对平衡。此外，要视用户需求、出版情况以及收藏缺藏情况，对各学科的投入力度进行协调。

（3）在语种方面，英文文献是出版量最大也是我国读者最常用的外文文献，其使用量远大于其他外文语种，文献建设应以英文文献为重点，同时根据国家战略发展需要，有区别地兼顾其他非通用语种文献，同时逐年增加区域文献。

要突出重点，逐步扩大建设。要重视资源的国家安全和长期保存，建立长期保存机制，保障文献资源安全，真正实现"国家最终保障"的总体目标。

3.4　建立不同类型和学科文献的具体保障目标

图书的文献保障率要提高一倍，达到世界一流大学的平均保障率70% 左右。其中新出版英文图书，年平均收藏率争取达到欧美学术出版物的90% 以上；新出版其他语种图书，年平均收藏率争取达到全球学术出版物的30% 以上。1950 ~ 2000 年的西文图书旧书补藏，收藏总量要比目前存量增加一倍。

争取收藏全部重要期刊，达到 90% 的平均保障水平（其中英文期刊应达到 95%）。

电子资源，要大量购买使用权和可供长期保存的回溯数据，核心电子资源收藏率达到 90% 左右。

加强大型特藏建设，包括档案原始资料、大套文献、期刊合订集、缩微资料、数据库等形式，做到"有出版即有收藏"。

加强周边国家文献资源建设，建立专门的小语种文献数据库；根据国家发展战略，加强美洲研究、欧洲研究、亚洲研究等区域学，以及民族学等跨学科领域研究的文献资源建设，年收藏率争取达到 80% 左右。

以上介绍了 CASHL 基于馆藏分析理论、资源与服务数据的大数据分析方法，概括了 CASHL 在此基础上构建的高校图书馆人文社会科学文献资源的宏观发展、共建共享之路。文中的各项研究开始于 2009 年，自彼时至今，成果不断完成并发表，并成功用于指导 CASHL 的资源与服务建设，效益渐现，在此一并致谢所有的合作团队与个人。

高校图书馆电子图书与纸本图书协调发展

——以北京师范大学图书馆为例

杨明博[1]

摘 要：

传统图书馆是纸质资源占主导地位，文献资源形式比较单一，随着数字信息快速发展特别是进入移动互联网时代，资源从多媒体时代向全媒体时代迈进，人们的阅读习惯和获取信息的方式正在发生改变，电子图书正在凭借多样化的优点给传统的纸本图书带来极大挑战。在用户需求多样化及图书馆经费和空间有限的前提下，图书馆的资源选择更加困难，电子图书与纸本图书协调发展显得尤为重要。本文以北京师范大学图书馆为例，分析 2010 ～ 2014 年中外文电子图书与纸本图书入藏及利用情况，提出电子图书与纸本图书协调的必然性和策略。

关键词：

电子图书　纸本图书　协调发展　高校图书馆

一 引言

纸张的发明使人类真正进入文明时代，纸张的产生不仅改变了精神文明的生产方式，同时也极大地改变了物质生产的

1　杨明博，北京师范大学生态学博士。现为北京师范大学图书馆文献建设部副主任、馆员。

状况，先进的生产技术和经验得以更加广泛地传播。西汉时期发明的造纸术使我国成为纸张的发明地，西汉末东汉初纸本书开始出现，晋朝时期纸本书取代了此前的竹、帛书，从此人类进入纸媒阅读时代。西晋史学家陈寿写的《三国志》一书，1924年其残卷在新疆鄯善县出土，此书是中国，也是世界上第一部纸本书。到了20世纪中叶，随着电子技术的发展，纸张不再是储存信息、传播信息的唯一介质，出现了电子书，即以磁、光、电为介质储存、传播信息的载体。电子书的产生源于人类处理越来越多信息的需要。人类社会的进步，知识内容的丰富，带来了书籍的繁荣，也给人们处理信息带来了不便。于是将人们从烦琐的书本阅读和查找中解脱出来，成为一种迫切需要。1945年1月，美国科学家Vinegar Bush提出称为memex电子书的设想——一种供个人存储、添加信息，同时具有快速运转和灵活性等机械性能的设备。到1967年1月，Andries van Dam开发了超链接编辑系统——一种使文本信息能存储于电脑上并可供检索的系统。到1971年4月，全球最早的数字图书馆建设项目古登堡工程（Gutenberg Project）启动。到1985年1月，桌面出版系统Aldus Pagemaker 1.0诞生。1987年10月，迈克尔·乔伊斯（Michael Joyce）使用Storyspace软件编写的超文本格式、世界上第一本电子书《下午》（*Afternoon*）出版，这本电子书在ACM会议上公之于众并通过5寸的软盘发行[1]。到20世纪90年代，计算机迅速发展，电子阅览器逐渐成熟，电子图书日益增多。随着网络技术的快速发展，电子书的在线订购阅读系统得以开发，电子书进入人们日常视野，它的出现改变了人们的阅读习惯，人们开始畅游于电子书的世界，享受电子书的便利，除了像纸本图书阅

---

1 高虹虹:《论电子图书的现状及未来》，载《文学教育》2013年第1期。

读方便外，电子书还具有图文声像并茂、阅读过程中可随处做笔记加标签等功能，以及通过内容链接，可以让读者进一步发掘更为详细的资料。电子图书的兴起，对出版业、图书馆均产生了深刻的影响。利用教育部高校图书馆事实数据库中的数据，采用分层统计法推算出，我国高校图书馆中文电子图书年度总购置量约为 6.17 亿册，外文电子图书年度总购置量约为 4960 万册，而中义纸本图书年度总购置量为 9961 万册，外文纸本图书年度总购置量约为 209.6 万册[1]。电子图书在图书馆馆藏资源中的作用越来越重要，图书馆已逐渐从纸本为主的资源形式向电子纸本共存的资源方式转变。而且，图书馆纸本图书与电子图书并存的局面将会持续相当长一段时期，合理配置两种资源，处理好两种资源在竞争中发展的关系，一直以来都是图书馆界研究的热点问题。本文从分析电子图书与纸本图书特点入手，以北京师范大学图书馆电子图书与纸本图书馆藏现状及利用为例，从馆藏建设出发研究高校图书馆应如何调整馆藏结构来迎接电子图书带来的挑战，以期建立一个传承文化、服务社会、服务读者的文献保障综合体系。

二 电子图书与纸本图书特点

2.1 电子图书特点

（1）电子图书内容更丰富多样。电子图书具备多媒体功能，融合了文字、图片、视频、音频等多符号，数字技术使电子图书相比传统纸本图书容量更大。

---

1 《〈2014 年移动阅读报告〉发布》，《经济日报》，见 http://paper. ce. cn/jjrb/html/2014-12/30/content_226610. htm。

（2）易于携带，阅读更方便。电子图书载体通常小巧方便，如手机、iPad、Kindle 等终端都具有电子图书阅读功能，易于携带。通过网络下载或很小电子设备就能阅读大量资料，传播速度快，不受地域限制，省去途中的印刷、搬运、发行等步骤。

（3）具有互动功能。电子图书阅读时，读者可以根据自己的兴趣做标记、保存，随时调取保存内容。电子图书能根据读者阅读推送与阅读相关的内容，还能根据自己的喜好插图上色。

（4）低碳环保。电子图书节省保存书本所需空间，节省纸张，可以做到零树木砍伐量，低碳环保。

虽然电子图书具有以上特点，但一些读者仍不喜欢看电子图书，因为电子图书不符合他们的阅读习惯，看纸本图书的体验要比电子图书亲切得多。另外，长时间看电子图书会对眼睛造成损害。在高校中，电子图书在图书馆尚未占据主要地位，纸本图书还是图书馆最主要的藏书种类。再者，电子图书的阅读范围受到盗版行为的影响，在持续不断保护知识产权的努力中，内容所有者提供电子书的各种数字形式，使之只在一定软件或硬件平台上可以阅读，因此，版权保护以及作者、出版者、发行者和读者之间供应链的问题，是电子图书最需要解决的问题。电子图书的阅读平台众多，也将影响读者的使用。

2.2　纸本图书特点

（1）质感好，读者一页一页阅读，更能享受书香气息，且具有一定收藏价值。

（2）纸本图书舒适性比较好，纸质材料在灯光漫反射作用下更有利于缓解视觉疲劳。

（3）便于随时取用。一旦阅读设备受损或影响资源使用时，纸本图书存取更简单些。

（4）可信度更高。纸本图书信息知识权威性更易得到知识产权保护。

纸本图书虽然仍保持着一定优势，但由于纸本图书不便于大量携带，每本书都有一定重量，占据一定空间，使得读者不得不放弃一些阅读的机会，而且，纸本图书不便于复制、修改，特别是图书馆里的藏书，读者勾画也是不允许的，很难做标注。相对电子图书，纸本图书价格较高，特别是有些采用特殊纸张、有价值的图书。纸本图书不便于保存，占据空间较大，再者，因为载体是纸张，对温湿度要求较高，容易因环境影响出现发霉发黄现象，不利于长期保存。

三 电子图书与纸本图书发展现状

3.1 电子图书与纸本图书的出版及发行现状

根据联合国教科文组织公布的统计数据显示，截至 2014 年，全世界出版的新书数量已经达到 243 万余种[1]。从国内外数字出版的发展趋势看，2015 年以前以电子图书为代表的数字化出版事业的前景非常广阔。以纸本图书中最为畅销的小说为例，电子图书将占整体小说图书市场份额的 48%。以美国电子图书销售额为例，根据此前销售额比例预估美国的电子图书销售额将在 2016 年达到 9.7 亿美元，而实际情况是，2012 年就已经达到 15.4 亿美元，高于预期约 60%，时间提前了 4 年。据英国《2013 年出版商协会年度数据》显示，在 2013 年 47 亿英镑的图书和学术期刊总收入中，有近 30% 的收入即 15 亿英镑来源于数字文献服务[2]。海外出版集团电子图书的出版均呈

1　Worldometers：Real time world statistics［EB/OL］，［2014-12-22］，http://www. worldome-ters. info/cn.

2　赵静：《国内外电子图书出版及版权保护探析》，载《图书馆学刊》2015 年第 5 期。

现增长态势，纸本印刷物持续下滑，企鹅兰登书屋从 2014 年及更长期来看，已将战略重心放在教育领域，以加速电子化、服务化来应对巨大的教育领域需求。爱思唯尔已决定将通过按需印刷提供全球纸本图书服务。综合来看，海外电子图书的出版具有联合推动发展的特点，无论是出版商、销售平台还是设备生产商，都具有联动效应[1]。然而，近日发布的《2015 年英美图书出版业发展趋势报告》显示，多数国家 2015 年纸本图书销量保持增长态势，自 2011 年以来，纸本图书的销售因受到电子书快速增长的影响曾出现业绩下滑，这种情况在 2014 年有了转变，例如，美国纸本图书市场在 2013 年为负增长，2014 年则转向正向增长，并于 2015 年继续维持正向增长的趋势，增长幅度也有所上升；英国也是如此，在 2013 年度下降 9.1%，2014 年度则放慢了下降速度，增长率为 −1.9%，到 2015 年呈现正向增长态势，增长率为 2.8%[2]。正如之前图书行业预测的那样，纸本图书不可能在短期内消亡，读者对于纸质图书的阅读习惯在未来很长一段时期还将保持。

3.2 电子图书与纸本图书的全民阅读现状

根据 2015 年发布的全国国民阅读调查分析报告，受数字媒介迅猛发展的影响，我国数字化阅读方式（网络在线阅读、手机阅读、电子阅读器阅读、光盘阅读、Pad 阅读等）的接触率为 58.1%，较 2013 年的 50.1% 上升了 8.0 个百分点。此外，2014 年我国国民人均纸本图书阅读量为 4.56 本，电子图书阅读量为 3.22 本。与 2013 年相比，电子图书的阅读量均有所提

---

1 《海外出版商：我们的策略与数字化布局》，《中国出版传媒商报》2014 年 9 月 23 日，第 002 版。

2 http://www.askci.com/news/chanye/2016/01/13/103548ldd.shtml，访问日期：2016 年 1 月 13 日。

升，纸本图书阅读量有不同程度下降。调查显示，2014年成年国民手机阅读接触率首次超过50%，达到51.8%，较2013年的41.9%上升了9.9个百分点。然而，在阅读方式倾向调查中显示，超过57%的读者倾向于纸本图书阅读，14.3%的读者倾向于"网络在线阅读"，23.5%的读者倾向于"手机阅读"，3.4%的读者倾向于"在电子阅读器上阅读"，1.6%的读者"习惯从网上下载并打印下来阅读"。另外，8.0%的数字阅读接触者表示，在阅读过某一电子图书后还会选择购买该书的纸质版本[1]。通过全民阅读现状来看，电子图书阅读量虽然有所提升，但读者倾向选择纸本阅读的习惯还没有太大改变。

3.3 电子图书与纸本图书校内读者阅读现状

2015年笔者针对北京师范大学读者关于电子图书与纸本图书阅读选择、阅读习惯做了一项调查，参与对象主要是校内师生，教师占27%，本科生占32%，研究生占41%。教师中45岁（含）以下占73%，45岁以上占27%。结果表明，在平时阅读选择中有77%的读者倾向电子图书阅读，在阅读方式接触率上，手机阅读接触率超过40%。如果需要的图书既有电子图书也有纸本图书，57%的读者会选择纸本图书阅读。如果经费有限情况下，78%的读者建议图书馆优先购买电子图书。在平时的阅读习惯中，11%的读者选择阅读整本书，20%的读者选择阅读某些章节，63%的读者只选择相关内容阅读。这说明读者愿意保留传统的阅读方式和习惯，但就阅读便利性来讲，还是喜欢接受电子图书阅读。

---

1 王德银：《坚守与超越：从第十二次全国阅读调查报告透视国民阅读变迁》，载《大学图书情报学刊》2016年第1期。

四 电子图书与纸本图书入藏及利用分析

4.1 电子图书与纸本图书入藏量

北京师范大学图书馆电子图书基本以数据库的形式购买，数据库中的图书存在每年更新替换现象，因此只能计算每年的入藏总量。中外文电子图书 2010 ～ 2014 年每年的入藏总量如图 1 所示。图 1 反映出 2010 ～ 2014 年中外文图书的增长量还是比较大，特别是外文图书增长比较快速。而中外文纸本图书 2010 ～ 2014 年入藏量如图 2 所示。图 2 中反映出 2010 ～ 2014 年中外文纸本图书增长有所缓慢，到 2014 年有下降趋势。

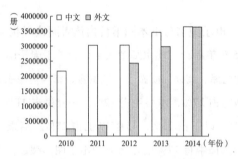

图 1 电子图书 2010 ～ 2014 年入藏量

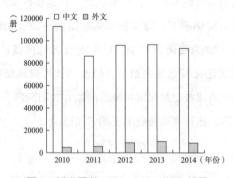

图 2 纸本图书 2010 ～ 2014 年入藏量

4.2 电子图书与纸本图书利用情况

1. 电子图书与纸本图书总体利用情况

本研究仅选取 2010～2014 年一直使用的中外文电子图书数据库，从 2010～2014 年各库的访问量或下载量分析中外文电子图书的利用情况。因为各库的购买时间不一样，所以只能比较每一个库 2010～2014 年自身访问量和下载量的变化，而且各库的计量标准也不太一样，所以各库间不具有可比性，只能从每个库 2010～2014 年的变化来了解电子书的利用情况。超星电子图书是目前国内最大的中文数字图书库，涵盖各大学科门类，图 3 反映了超星电子图书数据库 2010～2014 年按月全文下载情况。总体上看，每年 2 月及 8 月全文下载量较低，1 月、11 月、12 月下载量较高，与师生的科研周期有关。表 1 反映了外文电子图书利用情况，虽然统计指标不太一致，但每个库的五年间基本都呈现不稳定现象。而中外文纸本图书的五年借出量则表现出相对稳定的现象，如图 4、图 5 所示。

表 1　外文电子图书数据库 2010～2014 年使用统计

数据库名称	年					统计指标
	2010	2011	2012	2013	2014	
联机计算机图书馆中心在线图书馆电子书	492	895	982	1024	819	全部获取
早期英文图书在线	2198	2121	1285	898	789	部分获取
斯普林格电子书	——	77721	33934	379857	577254	成功的查阅需求（图书）
我的图书馆	——	11819	6502	1000	2807	部分获取

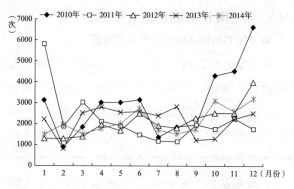

图 3　超星电子图书数据库 2010 ~ 2014 年全文下载量

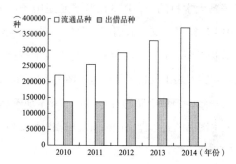

图 4　2010 ~ 2014 年中文纸本图书借出量

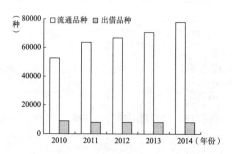

图 5　2010 ~ 2014 年外文纸本图书借出量

2. 不同出版年的电子图书与纸本图书的利用

为了与纸本图书横向比较，按照出版年提取相同年段，以学术性较高的外文图书为例，电子图书分析指标选取全文下载总量、仅有 1 次下载的品种数及 100 次以上下载的品种数。而纸本图书分析指标重点考虑借阅次数、0 次借阅的品种数、10 次以上借阅的品种数。从表 2 对比结果来看，电子图书出版年越新的图书下载量越高，纸本图书则是出版年越老的借阅次数越多，与纸本图书的借阅政策有很大关系，一本书一年能被借出次数有限，而年份越久累积的借出次数越多。无论是电子图书还是纸本图书都有 20% 以上的图书从未被阅览过。

表 2　不同出版年外文电子图书与纸本图书利用情况

	指标	200 年以前	2001~2010 年	2011~2014 年
电子图书	品种数（种）	598	4638	4437
纸本图书	品种数（种）	60704	24980	12621
电子图书	全文下载总量（次）	659	171708	202576
纸本图书	借阅次数（次）	118196	67783	5740
电子图书	仅有 1 次下载的品种数（种）/ 占总数比例 (%)	186/31	1090/24	871/20
纸本图书	0 次借阅的品种数（种）/ 占总数比例 (%)	35667/59	11302/45	10090/80
电子图书	100 次以上下载的品种数（种）/ 占总数比例 (%)	12/2	331/7	403/9
纸本图书	10 次以上借阅的品种数（种）/ 占总数比例 (%)	3211/5	1894	51/0.4

3. 不同学科电子图书与纸本图书的利用

同样以学术性较高的外文图书为例，斯普林格出版社（Springer）电子图书是北京师范大学采购时间最长且使用效果最好的外文电子图书，选取斯普林格出版社电子图书作为外文电子图书研究主体，以斯普林格出版社各学科图书下载量与外文相同学科的纸本图书借出量进行对比分析（见图 6），发现人文社科与法律类图书及商业和经济学纸本图书利用率较高，而地球与环境科学、物理和天文学等理工类学科电子图书下载量较高。电子图书以传播速度快的优势在很大程度上成为理工科师生的首选。因此，在经费紧张、馆藏空间缺少的情况下，可以考虑分学科区别对待的策略。

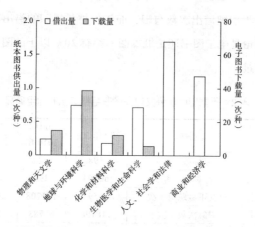

图 6 不同学科电子图书与纸本图书利用分析

五 电子图书与纸本图书协调发展必然性

5.1 信息化环境带来的必然性

信息环境的变化推动着图书馆由实体图书馆向数字图书馆方向发展，数字图书馆以数字资源为基础，电子图书作为一种数字资源，将成为图书馆馆藏资源的重要载体。随着数字图书馆不断升级发展，移动设备终端的不断增多，用户阅读习惯的逐渐改变，电子图书出版量的快速增长，图书馆也将适应信息环境变化带来的一系列转变，信息技术的发展将促使电子图书与纸本图书协调发展。

5.2　满足读者需求的必然性

从全民阅读现状和校内读者的阅读现状来看，读者的阅读习惯已从单一的纸本图书阅读逐渐转变为电子图书阅读，随着各类电子阅读工具性能的不断完善，既方便阅读又能贴近纸本图书感官感受的阅读日渐实现。虽然读者在阅读倾向中还保留纸本图书意愿，但实际使用中已经越来越倾向电子图书。电子图书采访已成为资源采访中重要组成部分，高校读者不单单满足于纸本图书的借阅服务，更希望能不受时空限制地获取各类资源。因此，电子图书与纸本图书已成为满足读者需求的必不可少的资源项目，读者需求也将驱动电子图书与纸本图书协调发展。

5.3　优化馆藏结构的必然性

分学科统计电子图书与纸本图书利用率时发现，人文社科专业的读者对纸本图书需求更高一些，更愿意通过借阅方式获取资料，而理工科读者对图书内容的更新程度要求更高，更愿意通过网络实时获取资源。根据读者学科分布特点，应制定合理的馆藏结构来支撑读者教学科研需求，在纸本图书采访中应尽量考虑人文社科类图书的补充，且人文社科类图书具有一定的馆藏收藏价值，理工科图书将更侧重电子图书，一些工具类图书尽量选择电子图书，逐步完善馆藏结构。

5.4　优化馆藏空间的必然性

近年来，高校图书馆馆藏随着纸本图书资源的扩充，空间陆续出现饱和或过饱和状态，很多高校图书馆纷纷采取增建分馆、建立高密度储藏室等措施，而电子图书依据其低碳环保、节省保存书本所需空间、小巧方便等特点，能够极大缓解馆藏压力，从馆藏空间考虑，也成为协调电子图书与纸本图书发展的必然。

六 电子图书与纸本图书协调发展策略

6.1 根据电子图书与纸本图书特点，制定切实可行的发展政策

电子图书具有价格低廉、体积小、易检索、方便获取、共享性强等特点，纸本图书在此方面显得黯然失色。但我们也要清楚，电子图书在内容、技术、标准以及版权问题上还存在不少问题，而且人们长期以来形成的阅读习惯在短时间很难改变。纸本图书携带方便，不存在没电无法阅读的问题，阅读的舒适性也是电子图书无法比拟的。再加上很多电子书供应商只给图书馆使用权，存在更新替换的现象，变化很大，一旦停止购买或者无法续订，将会失去这部分图书的使用权。因此，电子图书在一定时期内不可能完全代替纸本图书，在制定图书馆资源发展政策时，不能顾此失彼。电子图书与纸本图书作为两种不同载体，目前都是用户需要的资源，应根据电子图书与纸本图书特点，进行符合用户需求的选择，从收藏范围、采访方式、收藏语种、版本、收藏级别、馆藏结构、学科资源比例等方面制定切实可行的发展政策，尽可能实现资源发展方向明确、重点突出、系统完备、符合需求，特色鲜明的馆藏。

6.2 构建基于用户需求的合理资源结构

在电子图书与纸本图书协调发展中，需要做好详细的读者调研，如读者的使用习惯分析，电子图书和纸本图书的使用范围分析。在信息资源剧增的情况下，凭借单馆经费无法完全采购所需图书的所有载体，只能根据读者需求，合理构建资源结

构，协调发展纸本图书与电子图书资源，高校图书馆没有固定和统一的结构比例标准，只能以自身发展和需求为导向，在读者对图书馆资源使用中，逐步调整，以寻求满足读者需求和经费协调的最佳平衡点，尽可能做到资源的非重复建设，最大限度发挥电子图书和纸本图书的使用效益。当然，随着资源泛在化，逐步加大电子图书结构比例已成为现代图书馆资源建设的必然趋势。

6.3 针对学科特点，确定电子图书和纸本图书协调重点

高校图书馆的主要职能是为本校师生的教学和科研服务，提供资源信息保障。科学技术日益发达，通信、计算机科学、生物、医学等领域日新月异，高校科研人员需要快速了解最新数据和科研信息，而纸本图书的出版和发行周期较长，具有一定的信息滞后性。最新出版的电子图书就充分发挥出环节少、发行速度快的优势。往往理工科学生比较偏爱使用学术性强的电子图书。由于经费的限制，不可能每个专业都配置很齐全的图书资源，需要考虑纸本图书与电子图书的互补性，对于偏好电子资源的专业应更多选择电子图书作为资源补充内容，而偏好纸本图书的专业则更多保证纸本资源。对于工具类图书而言，因电子图书具有方便、快捷检索功能，更倾向于选择电子图书。

6.4 电子图书与纸本图书使用效果评价

制定的电子图书与纸本图书协调发展策略并不是一成不变的，需要定期对电子图书和纸本图书的利用情况进行评价，纸本图书的利用评价包括借阅量、借阅频次、学科类别等，电子图书的利用评价包括下载量、浏览量、浏览时长、与已有馆藏资源的重复率以及学科类别等。做好纸本图书与电子图书的使

用评价，建立纸本图书与电子图书合作采购，打通数据壁垒，树立大数据时代的资源建设观念，就可以定期调整协调策略，做到资源采购的科学化、合理化和节约化。

七　结语

电子图书产业的发展，给高校图书馆发展带来了机遇和挑战，图书馆在协调电子图书和纸本图书时，既要看到其发展的趋势，也要依据图书馆定位、读者需求，客观审视电子图书与纸本图书各自特点，合理地、切合实际地构建电子图书与纸本图书结构比例，使电子图书和纸本图书优势互补，共生共存，科学规划，统筹采购，为读者提供更为丰富、便利的资源，促进高校图书馆馆藏建设的可持续发展。

北美的开放存取和机构库

杨玉蓉[1] 黄 洁[2]

摘 要:

本文以北美高校联盟机构库 HathiTrust 数字化图书馆及宾夕法尼亚州立大学创建的大学机构库 ScholarSphere 为例,着重介绍北美机构库(包括大学机构库和联盟机构库)的发展过程和现状,并通过对宾夕法尼亚州立大学图书馆开放存取和机构库的开发管理规则的探讨,分析北美大学图书馆对开放存取的理解和期待与现存图书馆管理制度之间的冲突,讨论开放存取的可行性、所面临的挑战,以及未来发展的趋势。

关键词:

开放存取 机构库 图书馆

一 引言

自 20 世纪 90 年代后期以来,学术界和图书馆,尤其是大学及研究型图书馆,基于信息资源开放和共享的理念,借助日益成熟和完善的网络技术,积极倡导并创建了各种联盟机构库或大学机构库,在建立开放存取资源、促进学术信息的传播和共享方面起到了极为关键的作用。这类有别于传统信息分享和传递的新型学术资源存储和共享模式,改进了原有的图书馆

---

1 杨玉蓉,美国宾夕法尼亚州立大学图书馆亚洲研究馆员。

2 黄洁,美国宾夕法尼亚州立大学图书馆特别项目编目馆员。

信息服务，增进了科研数据的快速分享，并开辟了科研成果发表的新途径。同时，这一新模式也给图书馆的信息管理带来了新的挑战。本文重点讨论北美高校联盟机构库 HathiTrust 数字化图书馆及宾夕法尼亚州立大学（The Pennsylvania State University，简称宾州州立大学）创建的大学机构库 ScholarSphere。以此为例介绍北美机构库，包括大学机构库和联盟机构库的发展过程和现状。通过对宾州州立大学图书馆对开放存取和机构库的开发管理规则的探讨，分析北美大学图书馆对开放存取的理解和期待与现存图书馆管理制度之间的冲突，讨论开放存取的可行性、所面临的挑战，以及未来发展的趋势。

二　文献综述

2.1　开放存取（Open Access）的定义

什么是开放存取？如何对其定义？于 2002 年发表的布达佩斯开放存取先导计划（Budapest Open Access Initiative，BOAI）指出：开放存取，即通过公众网络新技术，在全球电子发行同行评审学术杂志文献，并让所有科学家、学者、教师、学生及其他感兴趣者通过阅读、下载、复印、传递、分发、搜索或者全文链接等方法免费获取这些信息，并为之建立索引。这一切无须受到财力、法律和技术方面的限制。对复制和传递文献的唯一约束及版权的唯一作用就是让作者对其作品的完整性拥有控制力，并能保证其作品受到应有的承认和正确的引用 [1]。随着对这一理念探讨的深入，多年来，专家、学

---

[1] 内容源于 BOAI 官方网站：http://www.budapestopenaccessinitiative.org/read，最后访问日期：2012 年 12 月 2 日。

者和图书馆员发表了不少极有见地的论文，对其定义有了进一步的阐述。维基百科等也有专门词条做出了归纳性综述。总的来说，"开放存取"是有别于传统出版、发行和获取模式的另一种选择，是一种全新的学术信息出版、交流方式。其核心内容就是，在尊重作者权益的前提下，通过日趋成熟的互联网技术，让任何人都可以及时、免费、无障碍地通过公众网络获取学术文献、科研数据和研究成果的全文信息，并可将这些信息用于科研教育及其他一切合法活动。此模式摆脱了人们在获取信息时遇到的各种收费、版权许可规定等障碍。[1-6]

2.2　开放存取的重要性

开放存取的模式由于打破了商业出版者在学术信息的价格和使用权限方面设立的障碍，在学术界、图书馆、赞助机构甚至出版方面都起到了积极作用。对学术界而言，由于此模式便于承载、传送大量数据信息，且出版费用低廉，信息发布

1　Chen, Ming, and Yunfei Du, 2016, "The Status of Open Access Library and Information Science Journals in SSCI," *The Electronic Library*, 34(5):722-739.

2　Cullen, Rowena, and Brenda Chawner, 2011, "Institutional Repositories, Open Access, and Scholarly Communication:A Study of Conflicting Paradigms," *The Journal of Academic Librarianship*, 37(6):460-470

3　Hann, Susan E. , and Anna Wyatt, 2014, "Business Faculty's Attitudes:Open Access, Disciplinary Repositories, and Institutional Repositories," *Journal of Business & Finance Librarianship* 19(2):93-113. Accessed November 21, 2016. Doi:10.1080/08963568.2014.8838 75.

4　Jain, Priti, "Promoting Open Access to Research in Academic Libraries," Library Philosophy and Practice（e-journal）（May, 2012）, Accessed December 12, 2016. http:// digitalcommons. unl. edu/cgi/viewcontent. cgi?article=1811&context=libphilprac.

5　Joshi, Anupama N. , R. M. Vatnal, and Manjunath G. A. , "Open Access Initiatives:A Boon to Academic Libraries," Library Philosophy and Practice（e-journal）（August, 2012）:paper 792. Accessed December 12, 2016. http://digitalcommons. unl. edu/cgi/ viewcontent. cgi?article=1913&context=libphilprac.

6　Wikipedia, 2016, "Open access," Last modified November 18. https://en. wikipedia. org/ wiki/Open_access.

时效性强，它让科研人员和学者发表科研数据和成果的时间缩短，可与同行进行及时分享和交流，从而加快了信息的传播速度，提高了科研效率。同时，由于获取信息途径方便，无须付费，读者群因此扩大，更加多元化，既拓宽了传播范围，提高了科研成果的可见度和影响力，同时也增加了作者的知名度，使其学术研究获得更为广泛的关注[1]。对赞助方来说，由于科研成果的广为传播，其能见度也相应提高，加大了投资回报的机会。而图书馆也因为其费用降低得以订购更多的文献资料，有效地弥补其普遍存在的经费不足，为师生和所有读者提供更多的信息，丰富馆藏文献和信息的类型[2]。上面提到的因开放存取所带来的更广泛的读者群和更高的文献引用率同样对出版商有利。由于获取信息可以不受任何限制，被大量阅读的文献会被列入"谷歌"或"谷歌学术"索引，从而进一步扩大该文献在全世界学术界的影响，发表该文献的出版商的知名度和认可度也同步得以提高。另外，与传统出版方式相比，此模式的出版发行更快捷[3-5]。

1　Teplitzky, Samantha, and Margaret Phillips, "Evaluating the Impact of Open Access at Berkeley:Results from the 2015 Survey of Berkeley Research Impact Initiative（BRII）Funding Recipients, " College & Research Libraries 77.5（2016）:568-581. Accessed December 12, 2016. Doi:10.5860/crl. 77.5. 568.

2　薛华, 2015, "OA—开放存取：一种免费使用的信息资源，" http://lib. fafu. edu. cn/_upload/article/files/ba/23/b501b2cf4d589e9028cb2df1e236/278ecaf7-a190-4404-96a9-a43a68ce327f. pdf, 最后访问日期：2016 年 12 月 2 日。

3　Alam, Intekhab, 2014, "Changing Role of Academic Librarians in Open Access Environment." International Research:Journal of Library & Information Science , 4(4):449-457.

4　Jain, Priti, "Promoting Open Access to Research in Academic Libraries," Library Philosophy and Practice（e-journal）（May, 2012）. Accessed December 12, 2016. http://digitalcommons. unl. edu/cgi/viewcontent. cgi?article=1811&context=libphilprac.

5　Storer, Robert, 2015, "Advantages and Disadvantages of Open Access in Libraries," Accessed December 12, 2016. http://www. sirsidynix. com/news/advantages-and-disadvantages-of-open-access-in-libraries.

2.3 宾州州立大学图书馆对开放存取的态度

在开放存取的运动中，大学和研究型图书馆一直处于引领这个潮流的前列，成为积极的呼吁和倡导力量。图书馆员也积极向教师和管理人员介绍开放存取运动，鼓励他们支持开放存取杂志，创建适合自存档的电子机构库，与更多的读者分享科研。那么，宾州州立大学图书馆是如何看待开放存取的呢？图书馆馆员组织起草了有关支持开放存取的文件，馆员们在讨论初稿时，对于在发表科研文章时是否应该将开放存取杂志作为首选，如何将自己的科研数据和文章存入学校自身知识库等提出了各自的见解。图书馆馆员组织经过多次开会、讨论、反复修改草案，最终投票通过了有关文件，支持开放存取途径发表自己的学术著作和文章。馆员虽有权自主决定在哪里投稿出版，但图书馆鼓励作者尽量争取选择"开放存取"的出版物。

开放存取主要通过两个渠道实现：开放存取期刊（Open Access Journals）和开放存取知识库（也称为开放存取仓储）（Open Access Repositories），而其中尤以机构知识库为主。

2.4 机构知识库

机构知识库是一个独立机构或一些机构联合创办的、以网络为依托，收集、保存、管理及传播其成员的科研成果和学术创新的在线档案知识库，并为其成员提供一系列的资讯服务。它的收集内容非常多样化，既可以是发表了的论文、专著、专利等，也可以是尚未发表的实验数据、阶段性成果、讲座录音等。整个系统的操作和管理均是以其创办机构为轴心、保存的知识资产，也是创建机构成员自己的科研数据和成果。这是它区别于以学科或专题为基点所创建的主题学科库的重要之处。目前，在世界范围内已建立了两千多个机构知识库。不少在教学、科研中发挥着重要的作用。下面介绍的 HathiTrust Digital

Library 便是由多家大学联合创办和管理的机构知识库。[1-3]

三　HathiTrust 数字化图书馆（HathiTrust Digital Library）

3.1　HathiTrust（HT）简介

HathiTrust 数字化图书馆[4]作为由多家大学共同组建的机构知识库，已经度过了 8 个年头。2008 年，美国中西部大学联盟（the Committee on Institutional Cooperation，简称 CIC）[5]的 12 所大学与 11 所加州大学（University of California system）共同创建了数字化知识库——HathiTrust。短短几年中，其合作伙伴已增加到 120 多个。它的主要使命是收集、整理、保存、交流、分享人类知识记录。建立这样一个由多所大学图书馆共管共享的知识库，可以达到几个重要目标。第一，可以利用各馆的优势，将各自所拥有及管理的纸版书籍和其他文献经数字化转换，建立一个可靠且文献覆盖面日益广泛的数字档案图书馆。第二，显著改善获取这些学术资料的途径，为获取纸版书籍困难的人群提供使用电子档案的途径，并优先满足共管和共享此机构知识库的学校成员的需要。第三，创建可靠且易于获取的数字化版本的机构知识库，以便长期保存重要

---

1 百度百科，2014，《机构知识库》，http://baike. baidu. com/view/4970721. htm，最后访问日期：2016 年 12 月 13 日。

2 Hann, Susan E., and Anna Wyatt, 2014, "Business Faculty's Attitudes:Open Access, Disciplinary Repositories, and Institutional Repositories, " *Journal of Business & Finance Librarianship*, 19(2):93-113. Accessed November 21, 2016. Doi:10.1080/08963568.2014.883875.

3 Wikipedia, 2016, "Institutional Repository," Last modified November 28. https://en. wikipedia. org/wiki/Institutional_repository.

4 有关 HathiTrust 内容取自：https://www. hathitrust. org。

5 2016 年该联盟更名为 Big Ten Academic Alliance（https://www. btaa. org/home）。

的人类信息资料。第四，通过多所图书馆共享资源，从而增加储存空间，减少图书馆的长期运营成本。第五，创建并维持这种"有益各方"的方式以缓解只想使用而不做贡献的问题。另外，建立一种既有集中功能，又有独立服务的技术框架。

3.2 服务特色及收藏

HathiTrust 具有长期稳定保存信息、便于获取、重视知识产权、资源共享、节省开支等特点。HathiTrust 为各馆提供查询、获取其文献、信息的服务工具，并与共享成员图书馆共同决定、选择和开发服务工具及服务内容。其强大的技术基础设施促进了学术研究机构之间的新的合作以及开发资源共享手段。知识库最重要的一点是要能够保证所保存的资料文献具有长期、可靠、安全的特性。加入 HathiTrust 的各馆都致力于遵守现行标准和数字化资料保存审查程序，所有内容须建立在永久性和非排他性基础上，并由其寄存机构所拥有。各馆的努力使得 HT 可以为所有成员提供安全、可靠和长久的服务。HT 严格遵循版权法，只提供不受版权限制，或根据所获版权许可程度有区分地提供阅读或下载服务。所有机构会员的用户可注册获取不受版权限制的藏书。读者查询 HT 所保存的文献、信息时，既可在 HathiTrust 主页或 OCLC 版页采用目录检索，比如，通过书名、作者、主题、国际书号、出版社、出版年代查找，也可进行全文检索，包括受版权限制和不受限的收藏。此外，各馆还可选择将 HathiTrust 目录上传到自己图书馆的公用在线目录查询系统供读者检索。截至 2015 年 3 月底，HathiTrust 可供阅读和下载的文献达到了 500 万册[1]。

---

1 HathiTrust Digital Library, "Getting to 5 Million:HathiTrust's Collection of Open Books," Accessed December 14, 2016. https://www. hathitrust. org/blogs/perspectives-from-hathitrust/getting-to-5-million-hathitrust039s-collection-of-open-books.

3.3　加入 HathiTrust 的程序和费用

迄今为止，加入 HathiTrust 的合作者多为学术和研究型图书馆。希望加入的图书馆要申请、签署成员意向书，提交图书馆的馆藏数量和特色馆藏信息等。图书馆也可以以图书馆联盟的形式加入。HathiTrust 的合作伙伴要为在该知识库中所存内容支付基本结构组织费用。HathiTrust 从 2013 年开始，启用了一种新的费用分配模式。各馆所交费用根据各自从 HathiTrust 总收藏中所获得的收益来计算。在这个模式中，需交的费用包括两个方面：第一，各馆支付平均分摊的成本，以支持 HathiTrust 的公共领域费用；第二，各馆还需根据自己有版权限制的纸版收藏文献与 HathiTrust 所收藏的数字化版本的重叠数量支付费用 [1]。

宾州州立大学图书馆除了成为 HathiTrust 重要成员外，还建立了自己独立的机构知识库——ScholarSphere。

四　ScholarSphere[2]

ScholarSphere 是以大学为基础的机构知识库，由大学为其成员所建的数字资料提供一系列以管理与传播为目的的服务。随着机构库的发展和推广，宾州州立大学也在积极探索如何为自己的大学社区提供更好的交流平台和服务，便于学术交流（scholarly Communication）、电子资料存档和其他数据的存储和管理。ScholarSphere 应运而生，为宾州州立大学的教师和学生所拥有的研究数据和学术资料提供了开放存取的途径及长期保存的方法。2008 年在宾州州立大学信息技

1　HathiTrust Digital Library, "Welcome to HathiTrust!" Accessed December 14, 2016. https://www. hathitrust. org/about.

2　有关 Schorlarsphere 内容取自 http://Scholarsphere. psu. edu。

术服务部和图书馆的通力合作下，设立了一个"内容管理项目"（Content Stewardship Program），以便管理、分享数字化科研学术资料。在该项目的基础上，为了进一步满足全校师生员工的需要，宾州州立大学于 2012 年推出机构知识库 ScholarSphere，由大学图书馆和信息技术服务部共同管理。

4.1　管理规章制度

（1）存储内容有明确规定。首先是涉及会面问答形式的社会调查，必须严格按照大学现有的规定事先报批，采访研究成果方可被认可存入 ScholarSphere。若有例外，一经发现，立刻限制公众获取。存储方式分自行存储和代理储存（self-and proxy-deposit）两种。以下将 ScholarSphere 设置账户使用者称为用户。

可存储的内容为宾州州立大学师生员工在学术研究方面所取得的各种数据和成果，如期刊文章、会议报告、数据资料、开放存取的著作以及学生的论文和项目等[1]。但存储数据（datasets）和视听资料受到数据大小的限制。

下述内容不可存储：有个人签名的文档、个人档案和简历、个人资料（如社会保险号码等）以及濒临绝种的动物和受保护考古场址的方位等。

（2）存储规定：存储的内容必须是该作者或科研人员自己的学术研究或成果，包括独立或合作成果；成果信息不能涉及机密、专利或个人隐私；作者或合作者保留所存储的研究成果版权，同时也持续拥有未来使用该成果的权利。

（3）保存措施：图书馆和信息技术部采用通用的国际标准，保障长期稳定地存储资料。同时，保持存入资料的原始形

1　2015 年，我校教师理事会通过决定，支持鼓励教师将科研成果存入 ScholarSphere 并公开获取。

式，并为用户提供格式指导。信息部采用常规检查验证文件真实性、定时检查文件有无损坏或其他变化。这类检查也可根据需求随时进行。

（4）获取和分享：用户储存时即可自行设置阅览权（visibility）、修订权（edit）、下载权。如用户存入资料时未做阅览权设置选择，预设置为公开获取，将准许任何人包括Google获取。用户还可选择准许哪些人阅览、下载、修改，也可设置为私人项（private）。修订权只能给予本校人员。

（5）存储用户：使用者必须拥有宾州州立大学的用户账号和密码，同意ScholarSphere的使用条款后方可根据网上所列步骤完成存储过程。

4.2　特色

使用方便。ScholarSphere是由用户驱动自行储存，用户群共同建立的机构库。非本校的用户可检索机构库并阅读可公开获取的文档资料。但只有本校师生可成为注册用户，设置输入、获取、保存、分享权。注册用户可以存储任何格式的文件，上存资料，之后自己编制可被引用、保存的元数据目录。ScholarSphere致力于确保资料的安全性和长期存储，将已出版和未出版的各式文献，如报告、研习项目、通信、会议论文、研究数据等储存整理。

ScholarSphere的优势是为用户提供细致的指南，引导用户如何一步步注册使用、提交资料、选择文档、编写元数据等。大学的所有教职员工和学生均可注册设置，储存量不限，极大地方便本校用户随时储存分享自己的研究成果和数据。同时，ScholarSphere支持存储数据与期刊出版物链接，提供不同的导出引文工具以方便使用者与他人分享学术研究成果。

ScholarSphere也有缺点，使用权仅限于大学社区，只有大学注册用户能使用。师生员工离校后将不能继续使用，必须在离校之前将数据妥善处理或转出。

五　图书馆面对的发展与挑战

十几年来，学术界及图书馆一直致力于宣传和推广开放存取这种新型的学术信息交流模式。许多学者和图书馆员从不同的角度和层面对此模式进行了较为深入的研究和探讨，提出了不少切实可行的方案。但目前为止，图书馆在让开放存取能够为更多公众所接受，使其更有效地为科研、教学及社会服务方面，还面临着一些主要挑战，在实践中还有一些措施需要完善。

5.1　加强公众认知

尽管目前越来越多的机构，尤其是大学和研究型图书馆积极宣传开放存取的理念，建立了自己独自的或联合型的机构知识库，倡导师生充分利用开放存取的期刊和知识库获取免费信息，并将自己的科研数据及成果通过这些渠道与同行及公众分享，大量论文也指出了开放存取的许多优越性，但在欧洲和美国所做的不少调查仍显示，公众乃至学者和科研人员对开放存取缺乏了解，有些还存在抵触情绪。存入的科研文献和数据远少于实际科研成果[1]。基于这一现状，图书馆需要加大宣传力度。通过为师生、科研人员和读者举办讲座，发放相关资料，个别咨询等措施，增加公众，特别是学术界对开放存取这一新

1　Cullen, Rowena, and Brenda Chawner, 2011, "Institutional Repositories, Open Access, and Scholarly Communication:A Study of Conflicting Paradigms," *The Journal of Academic Librarianship* 37(6):460-470；王宝英、张永杰、马爱芳，2008，《我国高校图书馆对开放存取资源的组织与揭示现状调查—以"211工程"院校为例》，《实践研究》第 31 期，第 582-585 页。

模式的认可度和参与度[1]。

5.2 知识产权、版权的复杂性

开放存取杂志和机构知识库在发表和使用文献上与传统的知识产权和版权所规定的学术文献使用范围及权限存在着关键性的不同，从而在学术界、图书馆和出版界引起了对知识产权及版权的广泛讨论。众所周知，出版商的传统做法是，在发表文章或出版书籍前往往要求作者将其对自己作品所拥有的版权转让给出版商。一旦版权转让后，即使该文作者也不可未经出版商同意而随意再通过其他途径传播或重新发表。这严重限制了作者和读者对文章、书籍的再利用。而许多开放存取的刊物则愿意让作者拥有自己文章的版权或共同分享版权，并让作者在教育、科研中自由使用自己的文章。从一些发表的调查文献来看，绝大多数作者赞同开放存取出版商所采用的新模式。有些传统期刊出版商也为适应新趋势做出了努力。比如，著名学术刊物《英国医学期刊》采取了一种较为独特的方法来处理版权问题。该刊物让作者保持其文章的版权，但将其商业使用权转让给出版商。也就是说，作者授权给该出版商，让其首先发表作者的文章，并拥有所有商业使用权，作者则保留对文章所拥有的其他权利[2]。这些改变不仅对作者有利，而且对图书馆和学术界，乃至整个社会都是有益的。学术界及图书馆应在影响和劝说出版商调整传统版权政策上做出更多努力。积极鼓励出版商使用知识共享许可证，与作者共享版权，从而使学术信息

---

1 王应宽、吴卓晶、程维红、丛宏斌、曾艳婷、武耘、朱明，2012，《国内外开放存取期刊研究进展综述与发展动态分析》，《中国科技期刊研究》第23（5）期，第715-724页。

2 Hoorn, Esther and Maurits van der Graaf, 2016, "Copyright Issues in Open Access Research Journals." *D-Lib Magazine* 12(2). Accessed on December 14, 2016. http://www.dlib. org/dlib/february06/vandergraaf/02vandergraaf. html.

能够再利用，更好地服务于教育和科研。

5.3 职位终身制和职称晋级需求

如上所述，目前世界上已建立了两千多个机构知识库，但大部分尚未发挥出应有的作用，有的甚至徒有其名。很多学者和科研人员并未将自己的科研、教学数据及成果投存在本单位的机构知识库中。不少研究和调查发现，高校中，造成这一状况的重要原因是学校的评审教职终身制的要求。对于教师来说，获取终身教职及职称的晋级都是非常重要的事情。尽管开放存取运动已推行了十几年，但现行的评审条件依然更重视经同行评审的、传统出版形式的著名期刊和书籍。不少开放存取学术期刊在学术领域还未被列为顶级刊物。除了开放存取刊物积极提高自身学术地位外，修改完善评审制度，把发表在开放存取期刊上的文章及存放在机构知识库中的科研成果一并纳入评审体系，根据质量予以公平的比较，才能真正调动教师、学者充分利用开放存取期刊和知识库的积极性。

5.4 可持续性与技术、预算和人员配置

由于开放存取是通过信息数字化，依靠公共网络进行交流和传播的，在网络上存档的这些数据和文献能否长期保存，供读者随时查阅、下载等，一直是学术界和图书馆格外关注和重视的焦点。有的调查报告指出，教师中有疑虑，不确信机构知识库会保留他们的学术研究成果，并保护它们免受剽窃或违反知识产权的指控[1]。有些著名学术刊物对其可持续性也有所质疑。保证开放存取文献的可持续性，需要各主管机构出台相应的政策，保证经

---

1 Cullen, Rowena, and Brenda Chawner, 2011, "Institutional Repositories, Open Access, and Scholarly Communication:A Study of Conflicting Paradigms." *The Journal of Academic Librarianship* 37(6):460-470.

费、技术和人员上的投入[1]。建立和管理机构知识库，需要在技术和软件上做好长期预算，以保证有足够的经费用于后期的系统更新、升级之需。除了经费上的保证外，还需安排具有相关知识和技能的馆员和技术人员共同管理机构知识库，对用户提出的问题给予及时解答，对出现的困难提供及时帮助，使存入学术、科研信息和文献易于操作，让查找资料更便捷、准确。

六　结语

开放存取作为新的学术信息交流模式和出版机制，近十几年来得到了长足的发展。越来越多的学术机构建立了独立的或联合的知识机构库，并积极鼓励学者和科研人员通过开放存取渠道发表科研文章，进行学术交流。开放存取在教学、科研上所显示出的优势和积极作用也为越来越多的人所认可。但毫无疑问，开放存取的推广和应用仍面临着不少挑战和需要解决的问题。图书馆作为开放存取的倡导者和拥护者，需要采取多种方式，继续加大对开放存取宣传的力度，加强与师生及科研人员的沟通，让读者更好地了解和使用开放存取期刊和机构知识库，使开放存取这种新型模式在教学和科研中发挥更为广泛和有效的作用。

参考文献

百度百科，2014，《机构知识库》，http://baike.baidu.com/view/4970721.htm，最后访问日期：2016 年 12 月 13 日。

1　王应宽、吴卓晶、程维红、丛宏斌、曾媚婷、武耘、朱明，2012，《国内外开放存取期刊研究进展综述与发展动态分析》，《中国科技期刊研究》第 23（5）期，第 715-724 页。

王宝英、张永杰、马爱芳，2008，《我国高校图书馆对开放存取资源的组织与揭示现状调查—以"211 工程"院校为例》，《实践研究》第 31 期，第 582-585 页。

王应宽、吴卓晶、程维红、丛宏斌、曾飒婷、武耘、朱明，2012，《国内外开放存取期刊研究进展综述与发展动态分析》，《中国科技期刊研究》第 23（5）期，第 715-724 页。

薛华，2015，《OA——开放存取：一种免费使用的信息资源.》，http://lib. fafu. edu. cn/_upload/article/files/ba/23/b501b2cf-4d589e9028cb2df1e236/278ecaf7-a190-4404-96a9-a43a68ce327f. pdf，最后访问日期：2016 年 12 月 2 日。

Alam, Intekhab, 2014, "Changing Role of Academic Librarians in Open Access Environment," *International Research:-Journal of Library & Information Science* ,4(4):449-457.

Chen, Ming, and Yunfei Du, 2016, "The Status of Open Access Library and Information Science Journals in SSCI, " *The Electronic Library* ,34(5):722-739.

Cullen, Rowena, and Brenda Chawner, 2011, "Institutional Repositories, Open Access, and Scholarly Communication:A Study of Conflicting Paradigms," *The Journal of Academic Librarianship* ,37(6):460-470.

Hann, Susan E. , and Anna Wyatt, 2014, "Business Faculty's Attitudes:Open Access, Disciplinary Repositories, and Institutional Repositories." *Journal of Business & Finance Librari-anship* ,19(2):93-113. Accessed November 21, 2016. Doi:10.1080/08963568.2014.883875.

HathiTrust Digital Library, 2016, "Getting to 5 Million:HathiTrust's Collection of Open Books." Accessed December 14. https://www. hathitrust. org/blogs/perspectives-from-hathitrust/getting-to−5−million-hathitrust039s-collection-of-open-books.

HathiTrust Digital Library, 2016, "Welcome to HathiTrust!" Accessed December 14. https://www. hathitrust. org/about.

Hoorn, Esther and Maurits van der Graaf, 2006, "Copyright Issues in Open Access Research Journals," *D-Lib Magazine*, 12(2). Accessed on December 14, 2016. http://www. dlib. org/dlib/february06/vandergraaf/02vandergraaf. html.

Jain, Priti, 2012, "Promoting Open Access to Research in Academic Libraries," *Library Philosophy and Practice* (*e-journal*) (May) . Accessed December 12, 2016. http:// digitalcommons. unl. edu/cgi/viewcontent. cgi?article=1811&−context=libphilprac.

Joshi, Anupama N., R. M. Vatnal, and Manjunath G. A., 2012, "Open Access Initiatives: A Boon to Academic Libraries," *Library Philosophy and Practice* (*e-journal*) (August) : 792. Accessed December 12, 2016. http://digitalcommons. unl. edu/cgi/viewcontent. cgi?article=1913&context=libphilprac.

ScholarSphere, 2016, "Getting Started with ScholarSphere." Accessed December 7. https://scholarsphere. psu. edu/getting-started. pdf.

ScholarSphere, 2016, "How to Create a Collection in ScholarSphere," Accessed December 7. https://scholarsphere. psu. edu/collection. pdf.

ScholarSphere, 2016, "Help." Accessed December 7. https:https://scholarsphere. psu. edu/help

Storer, Robert, 2015, "Advantages and Disadvantages of Open Access in Libraries," Accessed December 12. http://www.

sirsidynix. com/news/advantages-and-disadvantages-of-open-access-in-libraries.

Swan, Alma, and Leslie Chan, 2012, "Overview of Open Access Publishing," *In Open Access Scholarly Information Sourcebook*, by Alam Swan, and Leslie Chan. Accessed December 10, 2016. http://www. openoasis. org/index. php?option=com content&view=article&id=358&Item-id=263.

Teplitzky, Samantha, and Margaret Phillips, 2016, "Evaluating the Impact of Open Access at Berkeley:Results from the 2015 Survey of Berkeley Research Impact Initiative (BRII) Funding Recipients," *College & Research Libraries,* 77(5):568–581. Accessed December 12, 2016. Doi:10.5860/crl. 77.5. 568.

Wikipedia, 2016, "Institutional Repository," Last modified November 28. https://en. wikipedia. org/wiki/Institutional_repository.

Wikipedia, 2016, "Open access," Last modified November 18. https://en. wikipedia. org/wiki/Open_access.

第 二 部 分

特色资源的建设

用特色馆藏打造多元文化教育的基础

——以清华大学图书馆特藏为例

袁　欣[1]

摘　要：

　　本文从清华大学的多元文化教育历史与现状出发，介绍了清华大学图书馆近年来着力建立的几个体现多元文化的海外特色专藏：保钓文献、服部文库、科恩文库。以这几种特藏文献为例，揭示清华大学图书馆多元文化特藏的突出特点，还着重探讨多元文化特色专藏的建设拓展工作，指出这些反映多元文化的专题特色文献作为大学图书馆特藏资源的出现，既有别于普通的多学科外文文献的收藏，又打破了国内图书馆以中文古籍文献为特藏的观念束缚，在大学图书馆特藏建设领域进行了新的多元文化拓展尝试。本文还从国内外若干大学图书馆的多元文化特藏出发，阐述了多元文化特藏对多元文化教育的基础作用。

关键词：

　　特藏　多元文化　高校图书馆　清华大学图书馆

一　前言

　　海外很多大学图书馆都拥有自己独特的特色馆藏，而且一

1　袁欣，理学博士，毕业于清华大学化学系。现为清华大学图书馆特藏部主任，副研究馆员。

般具有较长的建立和发展历史。很多大学图书馆特色馆藏的建设历史与其建校、建馆的历史相当，例如哈佛大学图书馆、康奈尔大学图书馆、波士顿大学图书馆等。以北美地区为例，不少大学图书馆都建立了亚洲文献的相关特色馆藏，尤其是中国各个历史时期文献的收藏和研究显得格外引人注目，它们还专门建立了中国研究图书馆员学会进行各种形式的学术活动[1]。

随着全球网络化和多元化的交流和发展，越来越多的国内高校图书馆也相继开始发展本馆的特色馆藏。目前国内高校图书馆的特藏文献以中国不同历史时期的文献（包括古籍善本、民国书刊、历史文书等）、本校文库（包括校友文库、机构库等）、本校特色专业文献等方面为主要的建设方向。清华大学图书馆自2008年建立特藏部以来，除了继承发展已有的历史文献专藏以外，还抓住契机，着力建设了一批具有特色的、反映多元文化的专藏，以此促进本校内、高校间、国内外多元文化的教育、研究与交流。

二　清华大学多元文化教育历史与现状

清华大学在建校105周年的历史中，多元文化教育从建校伊始贯穿至今。1908年美国退回部分庚子赔款，让清政府设学育才、资助学生赴美留学。1909年，清政府设立游美学务处，直接资助优秀学生赴美留学。之后由于招考合格、能直接赴美留学的学生人数远远不足，所以在1911年建立清华学堂，1912年改名为清华学校，旨在培养留美预备生。当时开设学校的目的有三个：一是教导学生学习多学科科目，让学

1　郑力人、杨涛：《天禄论丛》，卷首语，广西师范大学出版社，2015。

生可以直接升入美国大学；二是引入美国的风俗习惯和教学方法，让学生到美后不至感到不便；三是成立模范学校，让国内学校学习效法。为尝试人才的本地培养，清华学校于1925年秋设立大学部，1928年更名为"国立清华大学"。在学校的章程中，也明确参照"美国大学及专门学堂为标准"分设学科，实行通修和专修学分制。其初设立十类学科，学制为四年，参考了美国、英国及欧陆各国的通行做法，毕业以修足学分及毕业考试合格为标准。学生在大学毕业以后再择优派遣赴美[1]。

从清华校长的历史来看，从1909年至1929年20年间，清华的主要负责人包括校长、副校长等12人，全部有海外留学经历，其中10人曾经留美、1人留日、1人留英[2]。因此他们的办学理念中多元文化教育既是教育的基础也是教育的途径。在清华大学的老校歌中，"东西文化，荟萃一堂"，"立德立言，无问西东"也体现了清华大学兼收并蓄、东西融会、古今贯通的传统治学理念。

清华建校早期很多课程都是采用英语教学，任教老师也大多是早年海外留学回国的知名学者。例如1925年开始设立大学部时学校聘请的教员中就有后赴英国和欧洲五国游学的朱自清先生，从清华留美预备学校留学美国和西欧的吴宓先生，从清华学校走出去、在哈佛大学获得博士学位的叶企孙先生等学贯中西的大师[3]。同年成立的清华研究院聘请的四大导师王国维、梁启超、赵元任、陈寅恪更是以治学中的博古通今、中西融汇而闻名于世。100余年来，清华大学具有海外留学经历的

1　曹云祥：《清华学校之过去现在及未来》，《清华大学校史选编》，清华大学出版社，1991，第36～44页。

2　清华大学校史研究室：《历任校长一览表（1909~1929）》，《清华大学史料选编》，清华大学出版社，1991，第16～18页。

3　清华大学校史研究室：《1925年秋教员授课表》，《清华大学校史选编》，清华大学出版社，1991，第338～341页。

教师一直保持在50%以上的水平（不包括海外访问学者的经历）[1]，他们的多元文化教育背景，也注定了清华大学一直贯彻多元文化教育的教学理念。

1909年至1930年间，从清华直接招考或毕业后送出的学生有1482人，其中有1289人都能查到明确的留美专业科目，早期清华学生毕业出国率达到近90%[2]。从民国时期近90%的留学率，到改革开放后毕业生60%~70%的留学率，再到现在清华大学毕业生不到20%的直接留学率[3]，虽然大学毕业后直接出国留学的比例在下降，但并非说明我国、清华大学在逐渐封闭，恰恰相反，说明国家和学校的不断开放，让学生们获取西学知识、接收多元文化教育的途径逐步增多，学生除直接出国留学之外仍有多种途径可以感知天下，放眼世界。

现在清华大学积极开展多渠道、多层次、全方位的国际合作与交流，与一批世界知名大学签订了合作与交流协议，建立战略伙伴关系，通过联合学位培养等多种形式，开展学生的国际培养。2014年约5000余人次的学生赴海外交流，其中一些学生被派往哈佛大学、耶鲁大学、斯坦福大学、剑桥大学、牛津大学等世界一流大学。每年有大批世界一流学者来校任教，短期讲学，开展科研合作或参加学术会议，众多的国家和国际组织的政要及跨国公司的总裁来校访问、演讲。学校与世界著名大学和企业开展高水平科技合作。每年选派大批师生到世界各地开展国际学术交流，来校学习的外国留学生人数日益增加。目前清华大学与国外的多所大学建立有50多个校级交换

1　清华大学校史研究室：《本校历年毕业生统计表》，《清华大学史料选编》，清华大学出版社，1991，第50~55页。

2　清华大学校史研究室：《历年留美学生分科统计表　本校历年毕业生统计表》，《清华大学史料选编》，清华大学出版社，1991，第56~71页。

3　http://www.tsinghua.edu.cn/publish/newthu/newthu_cnt/students/students-4.html，访问日期：2015年3月12日。

培养或交流的项目，清华大学优秀在校生都可以申请参加。校内各学院非常重视国际交流，也建立有各自学院级的国际交流项目。例如美术学院的工业设计系、环境艺术设计系、视觉传达设计系、染织服装艺术设计系先后与芬兰赫尔辛基艺术设计大学、意大利米兰理工大学设计学院、韩国 KAIST 大学、憬园大学、建国大学、德国多特蒙德实用技术学院、丹麦寇丁设计学院等相关院系开展国际合作课程。学生在学期间因公出国（境）人数稳步提升，学生国际化培养步入常态化[1]。

三　清华大学图书馆的多元文化特色馆藏

在这样的建校历史和办学理念下，清华图书馆经过百年的发展，不但积累了数百万册的中外文书刊，还建立和挖掘了一批极具特色的特藏资源。我们把这些特藏资源分成两个大类：一类是清华品牌系列特藏，包括清华文库、清华老毕业论文、清华名人手稿、清华原创视觉空间等许多与清华历史、清华校友相关的资源，包括实体资源和数字资源、正式出版物和非正式出版物；另一类是专题特藏，这些特藏又可以按照时间、空间分为时代性特藏、地域性特藏和学科性特藏。其中时代性特藏包括 2 万多册民国时期书刊、4 万多件老新闻照片、13 万多件"文革"资料等；地域性特藏包括 1 万多册地方志、4 万多件地方文书等收藏；学科性特藏包括经济史、哲学等学科方向的特色资源等。在各种专题特藏中，近年来我们抓住各种契机，着力建立和发展了若干富有多元文化特色的专题特藏，为清华大学多元文化教育提供了良好的文献基础，在此择其典型

1　http://www. tsinghua. edu. cn/publish/gjc/909/index. html，访问日期：2015 年 3 月 12 日。

资源管中窥豹，略探一二。

3.1 保钓文献

"保钓运动"起源于 20 世纪 70 年代，由海外留学生掀起"保卫钓鱼岛、统一祖国"运动。周恩来总理曾称赞"保钓运动"为"海外的五四运动"。在清华大学任职的一位教授、也是当年积极参与"保钓运动"的爱国人士吴国桢先生牵线下，2007 年起陆续有周本初等老保钓人士将 30 多年前"保钓运动"热潮时期产生的大量第一手文献资料捐赠给清华大学图书馆，将整个运动当年如火如荼的情形通过这些文献展现在读者面前。在清华大学图书馆领导远见卓识的特藏建设理念下，清华大学图书馆接收了这一捐赠并建立了保钓文献收藏研究中心。目前清华大学图书馆有关"保钓、统运"的专题特藏，已陆续接收 100 多位保钓人士的捐赠，资料类型主要有报纸（包括手抄报）、期刊、海报、文稿、剪报等，实物数量已经达到 14000 多件，成为享誉海内外的特色馆藏之一，吸引了许多境内外读者前来参观、查阅和研究使用。

3.2 科恩文库

这一专题特藏是 2008 年美国波士顿大学的科学哲学大师、物理学专家罗伯特·科恩教授捐赠给清华大学图书馆的、他毕生的专业收藏。他历经 40 多年的收藏当中，科学哲学、社会科学、马克思主义研究及艺术领域类的英文、法文、西班牙文等多文种图书期刊有 22000 余册，其中有 260 多卷的《波士顿科学哲学研究》丛书（*Boston Studies in the Philosophy of Science*）、《维也纳学派文集》（*Vienna Circle Collection*）、350 多卷的 *Syntheses Library* 等科学哲学领域非常知名的系列大套丛书。《波士顿科学哲学研究》丛书包含

　　　　　第二部分　特色资源的建设

了科恩先生主持的"波士顿科学哲学论坛"从 1960 年到 1994 年期间 600 多次研讨会的研究成果，内容涉及科学哲学和科学史等许多方面，包括马赫、亥姆霍兹、罗森菲尔德、弗莱克等知名学者的经典性科学哲学和科学史著作；弗兰克、格伦鲍姆、沃特金斯、希伯特、邦格、费耶阿本德、瓦托夫斯基等著名专家的纪念文集；追思卡尔纳普、汉森、拉卡托斯等专业人士的文集；国际上举行的、重要的科学哲学领域学术会议的会议录；意大利、波兰、日本、希腊、中国、南斯拉夫、以色列等国家的科学哲学和科学史论文集[1]。可以说，这套丛书的出版发行，已成了 20 世纪国际科学哲学发展过程中的里程碑事件。直至现在，这套大型丛书仍在不断出版新书。

3.3 服部文库

这是清华大学图书馆 2011 年建立的一个马克思主义经典文献的专题特藏。由于它是由已故马克思主义经济学家、日本东北大学的服部文男教授捐赠，故被命名为"服部文库"。服部文库所收录的马克思主义各种经典图书和杂志多达 20609 册，涉及日文、德文、俄文等多国语言的原版书刊，具有文种齐全、专业性强、原文版多等鲜明特点，其收录之完整，文献价值之高，在全国高校乃至全国各类图书馆中亦属罕见。

3.4 其他在建专藏

除了以上这些反映海内外人文社科领域多元文化的专题特藏之外，清华大学图书馆还建设有新闻学研究专藏——爱泼斯坦文库，收藏有用一生见证中国发展的著名国际记者、老新闻

---

1 范岱年：《杰出的科学家—哲学家罗伯特·科恩与中国》，《我们的科学文化 2：阳光下的民科》，华东师范大学出版社，2008，第 9 ~ 17 页。

人爱泼斯坦先生毕生收集到的、以中英文双语为主的、有关中国的各种图书及新闻资料；正在建设中的、有关联合国裁军、军控、军备专藏——林国炯文库，前联合国裁军事务首席政务官林国炯先生去世后，其夫人将林博士生前有关联合国裁军年鉴、军控、军备、国际安全、裁军外交、战略研究、生物武器公约、大会决议、裁军委员会决议等各种中英文文献资料与图书资料悉数捐赠给清华大学图书馆，建立了该领域独特的专题特藏；华商特藏——收集海外华人、华侨、华商的各种相关原始文献及再生文献的专题特藏等。

　　这些专题特色文献作为大学图书馆特藏资源的出现，既有别于普通的多学科外文文献的收藏，又打破了国内图书馆以中文古籍文献为特藏的观念束缚，在特藏建设领域进行了新的多元文化拓展的尝试。

四　清华大学图书馆多元文化专题特藏的特点

　　（1）多来自于海外捐赠：保钓专题资料的捐赠来自于美国、加拿大、欧洲，以及我国港澳台地区；科恩文库的捐赠来自于美国；服部文库的捐赠来自于日本；联合国文献捐赠来自于美国；等等。因此，这些文献涉及多语种、多国家，明显带有来源国的很多社会特质和文化特质，是典型的多元文化的体现。

　　（2）收藏者皆为文献收集整理研究的亲历者：因为这些专题文献的收藏者原本都是学术大家，他们一生专注于某些领域的研究，密切追踪全世界范围内这些领域的研究进展状况，这些专题资料本身都不是内容广泛的收藏，而是主题鲜明、特色突出的收藏。例如中国科学院范岱年先生评价，科恩先生是国际科学哲学界中"最受欢迎的演说家，最明晰的评论家，旅行地区最广的国际知名学者，博览群书、文化修养最深的人物之一"[1]。科恩先生发表的论著涉及领域广泛，从物理学、物理学史到哲学和哲学史；从历史哲学到社会科学哲学，到马克思主义和马克思主义的教育哲学；从技术哲学到维也纳学派和法兰克福学派的哲学和历史；等等。值得注意的是，在所有这些领域，科恩教授做的都是前沿性工作，做出了新颖的、创造性的贡献，具有很高的学术水平。科恩文库在反映西方科学哲学领域的前沿研究状况方面发挥了不可或缺的作用，很好地补充和极大地丰富了之前清华大学图书馆的科学哲学领域以中文文献为主的馆藏。

（3）较完整地集中了某个主题的重要文献：能够反映同一主题下多个国家的意识形态和研究状况。以服部文库为例，该文库集中了服部文男先生及其父亲服部英太郎两代人在马恩文献收藏与研究中的丰硕成果。清华大学人文学院哲学系韩立新教授对这批藏书非常了解，专门撰文向学界介绍服部文库的建立及特点[2]，并给出了非常专业的介绍和评价。他指出，服部文库的最大特点是对德、俄、英、日文各种时期、各种版本的《马克思恩格斯全集》的完整收藏，这些全集构成了服部文库的基础。在一个文献库中，能够同时包括如此文种齐全且少有缺失的马列全集，这在国内高校图书馆中极为罕见。第二个特点是对《资本论》及其手稿的系统收藏。既有《资本论》的各种原文版，又有各种不同的翻译版本和一流的研究文献，在这个意义上，服部文库堪称一个《资本论》及其手稿的专业文

---

1 范岱年：《杰出的科学家—哲学家罗伯特·科恩与中国》，《我们的科学文化2：阳光下的民科》，华东师范大学出版社，2008，第9～17页。

2 韩立新：《清华大学"服部文库"的建立及其特征》，载《高校马克思主义理论研究》2015年第1期。

库。服部文库的第三个特点是对国际上与 MEGA 有关的重点期刊和年鉴的收藏，这类期刊和年鉴的总数高达 4972 册。这样一些专业特点鲜明且非常齐全的马克思主义研究期刊收录在同一个文库中，这在世界上也很少见。这些期刊和年鉴的存在，对于清华大学乃至我国有志于马克思主义文献学研究的学者来说，无疑是一个巨大的福音，因为至少省去了去国外查找文献之苦。最后一个特征是对西方人文社科经典珍本的收藏，其中的珍本包括黑格尔和费尔巴哈等德国古典哲学家原版书籍。因此，服部文库是马恩文献的重要专藏，也是多元文化集中反映的典型代表。

五　多元化特色专藏建设拓展工作

5.1　以捐赠为基础，进行有目的、有计划的资源建设

科恩文库中的大型丛书，如《波士顿科学哲学研究》丛书直到现在仍在不断出版，我们以已有的科恩文库的收藏为基础，与相关海外出版社联系，不断补充后续新出版的多卷书，使之尽可能完整无缺。在对服部文库和清华大学图书馆已有老馆藏中马恩文献充分了解的基础之上，我们以《资本论》版本、手稿影印件和研究资料为突破口，提出购买一整套完整的《资本论》初版等计划，即购买马克思恩格斯在世时亲自修订出版的德语、法语、英语、俄语等语种的《资本论》初版，共包含 10 个版本，这将是国内唯一一套各种版本的、完整的《资本论》收藏。再例如保钓文献专藏，目前不但纸本资料馆藏量较大，而且几年来清华大学图书馆专业馆员还不断对当年参加"保钓运动"的"老保钓人士"进行口述访谈，目前访谈了 70 余人，整理出文字资料 50 多万字，采集了数量可观的音

视频资料，极大地丰富了保钓专藏的收藏范围；另外，由于钓鱼岛近年来再次成为领土纷争的热点，所以从 2010 年开始，馆员们就有意识地收集当前与钓鱼岛相关的网络和媒体信息，致力于建设一个全面的"保钓、统运"文献资源体系。

5.2　以资源为基础，切实推动学科发展

通过举办展览、与专业教授座谈、组织召开讲座、举办专题研讨会等形式，切实推动清华大学学科的研究和发展。例如保钓文献专藏，不但在馆内长期设有专题展室，而且还与国家海洋局、国家图书馆一起合作举办全国性巡回展览；多次邀请国内外有关保钓问题的研究专家学者召开国际研讨会；积极参与钓鱼岛古地图鉴定会；面向广大读者，举办保钓历史专题系列讲座；等等，切实推动了该学科领域的研究发展。清华大学人文学院历史系教授培养博士研究生将保钓文献作为博士学位论文的主要切入点；哲学系教授指导博士研究生及博士后对马恩文献进行研究，发表原创性论文几十篇；新闻传播学院、华商研究中心的学者以清华大学图书馆的爱泼斯坦文库、华商特藏文献资源为核心，培养学生了解历史，放眼世界。诸如此类，不胜枚举。

5.3　开展多元化、多层级服务方式

对于不同级别的文献、不同需求的读者，采取了多元化的服务方式。例如，各专藏中对于已编目图书采用部分正常出借、部分馆内阅览的服务方式；专题期刊等纸本资料馆内阅览；各专藏中有些敏感资料应捐赠者的要求暂时不予公开；可公开的资源进行数字化扫描处理，再实现馆内单机电子化阅读、校园网内可访问和公共网络可访问等不同层级的服务方式。为了给专业研究者提供全面了解这些专藏全貌的途径，我

们正在着手整理并计划出版这些专藏目录。

5.4　与专家学者联合开展研究工作

对于这些载体形式多样的专题特藏文献，在整理入藏的过程中，清华大学图书馆还在专家学者的指导下独立开展研究工作，包括制定图书馆界尚无明确规范的若干非书刊文献类型的元数据标准；系统地编制资料目录；针对可以网络展示的资料，组织构建专题网站；以资料为基础，积极申请研究项目。例如，清华大学图书馆以保钓资料专藏为基础建立了专门的组织机构——保钓资料收藏研究中心，以中心工作为基础，成功申请国家社科基金项目，积极开展研究工作，取得了一系列种类丰富、卓有成效的研究成果，例如专题展览、专题网站、研究报告、发表论文、资料图录、口述史成果等。

六　多元文化特藏对多元文化教育的作用

尽管国内高校图书馆还鲜有专门反映多元文化特藏的报道，但纵观许多海外的知名大学图书馆在多元文化的特藏建设方面，已经卓有成效，并在对清华大学、本国乃至跨国学生的多元文化教育方面起到非常重要的作用。

（1）丰富大学文化宝库。哈佛大学是世界一流大学，她的79个图书馆中收藏的反映多元文化的馆藏较多，包括非洲和非裔美籍研究、希腊研究、亚洲研究、伊斯兰教研究、梵文研究、乌克兰研究等[1]。大学教育者可以根据这些多元化特藏文献，把文化的多样性、差异性、复杂性、不确定性贯穿在多元

1　http://library. harvard. edu/find-library，访问日期：2015年3月11日。

化教育过程中，这些多元文化特藏资源给大学的教育发展提供更多的选择性、多样性和创造性，极大地丰富了大学的文化知识宝库。

（2）促进各国文化之间的相互交流与融合。康奈尔大学是美国常青藤盟校之一，她拥有专门的非洲图书馆、亚洲图书馆等专业图书馆。这些图书馆中有关非洲研究的专藏展示了非洲祖先的历史、文化；有关东亚、东南亚、南亚等亚洲研究的相关特藏资源，号称是北美地区最大、最全的亚洲收藏[1]。当前不同文明之间的共处共存是世界文明发展的主流，只有坚持多元文化，取长补短，世界才能更加丰富多彩。

（3）增强民族文化的活力。俄亥俄大学图书馆拥有多元化世界收藏，包括非洲专藏、拉美专藏、东南亚专藏、华侨专藏、马来西亚专藏[2]。它们在多元民族文化视野下的馆藏建设，更好地让受教育者了解其他种族、民族、宗教的文化，从而促进各民族之间多种文化更好地相互理解和共处。不可否认的是，许多接受多元文化教育的学者对本国本民族文化的继承、传播和弘扬都做出了显著的成就。

（4）促进多文化的繁荣发展。新加坡的官方语言是英文和中文，这两种语言在新加坡的文化传播中发挥着非常重要的作用。新加坡国立大学图书馆除了总馆之外还拥有中文图书馆，收藏各类中日文献[3]。发展多元文化特藏，有助于人们增强认同感和自豪感，并增进来自不同文化的人们相互理解从而推动世界多元文化的交流与发展。

---

1 https://www.library. cornell. edu/libraries，访问日期：2015 年 3 月 14 日。

2 https://www.library. ohiou. edu/about/collections/international-collections，访问日期：2015 年 3 月 15 日。

3 http://libportal. nus. edu. sg/frontend/ms/chinese-library-ch/about-chinese-library，访问日期：2015 年 3 月 18 日。

（5）丰富大学德育的文化内涵。北京大学图书馆拥有多种多元文化旧藏，如中德学会旧藏、中法大学旧藏、欧盟文献、美国文献等[1]。通过这些丰富的多元文化资源，吸引学生走进图书馆，接受知识的熏陶和启迪，使学生在扩展知识、开阔视野、自我教化过程中提高素养；通过多元化和人性化的读者服务工作，帮助学生了解历史、了解国情、认识人生，树立正确的世界观、人生观和价值观，塑造完美的人格。

七　结语

清华大学教育历史上，不同文化之间的交流融合在教育者和受教育者之间从未间断过，他们在互相交流、融合中不断发展进步。多元文化特色馆藏的建立和发展，需要图书馆付出大量的人力、物力和财力，需要有相关研究背景的馆员和专家参与，需要多渠道、多角度地开展服务工作和研究工作。清华大学图书馆的多元文化特藏资源特点鲜明，多元文化特藏建设目标明确。积极有效地发展多元文化的特藏资源，可以促进世界多元文化交流，对清华大学乃至国内外学者在该学科领域开展研究工作起到积极的推动作用。

1　http://lib.pku.edu.cn/portal/cn/zy/zzzy/tecang，访问日期：2015 年 3 月 20 日。

民国文献保护与数字化共建共享研究

——以吉林大学图书馆为例

李爱华[1]

摘　要：

　　目前，大量存世的民国文献已经出现老化和自然破损现象，严重影响读者对文献的阅读与利用，民国文献保护与使用之间的矛盾日益凸显。新信息环境下，将民国文献数字化，对民国文献本身是一种较为高效的保护措施，同时，数字化的文献还可以为更多读者提供服务。本文以吉林大学图书馆为例，对近年来该馆民国文献保护措施进行阐述，对当前民国文献数字出版整理进展、面临的困难、数字共建、共享方式等进行分析。民国文献数字化是解决民国文献保护与服务之间矛盾的基本思路。本文重点谈到民国文献保护与数字共建、共享的方式，希望能给收藏民国文献的图书馆带来启示。

关键词：

　　民国文献　数字化　共享　图书馆

　　《民国时期总书目》中对"民国文献"的定义：收录从1911年到1949年9月止这一时期我国出版的中文图书[2]。2011年5月16日，在陕西西安召开的民国时期文献保护工作座谈会上，多数与会专家认为，民国时期文献指的是"形成于

1　李爱华，计算机专业，理学学士，副研究馆员，现为吉林大学图书馆参考咨询部副主任。

2　北京图书馆：《民国时期总书目·序》（1911-1949），书目文献出版社，1995，第2页。

1911 年至 1949 年这一特定历史时期的各种知识和信息的载体。"[1] 民国时期产生的文献种类丰富，数量众多，分布广泛。除国内公藏图书馆和私人收藏大量民国文献外，在北美、东亚、欧洲等海外图书馆、档案馆和博物馆均有收藏，其中还藏有不少国内罕见的孤本、珍本等。以美国为例，美国国会图书馆、国家档案馆、斯坦福大学胡佛研究所等机构所藏的民国时期历史文献和档案早已被学术界所重视，成为研究这一时期历史、政治、经济、文化、人口等问题珍贵的史料。

民国文献有"新善本"的美誉，是我国图书馆文献重要组成部分。民国文献因其特有的文献、史学、文物、经济价值受到社会关注，很多图书馆都在对其进行切实的保护与整理[2]。有人认为，民国文献的价值不在古籍善本之下，国内有很多图书馆把民国这段时期出版的文献称为民国特藏文献或新中国成立前出版的文献（以下简称"民国文献"）。

民国文献数字化处理具有急迫性，换言之，新信息环境下应将民国文献尽快数字化。主要原因是民国图书的保存寿命为 100 年左右，另外，民国时期图书的装帧处于线装向洋装过渡阶段，装帧形式虽为洋装，但装帧技术十分落后，使得民国图书在使用过程中较易破损[3]。民国文献现已经存世 70 年以上，其本身每天都在逐渐地自然破损，所以，现在对民国文献的保护变得非常重要。目前，我国图书馆对民国文献较多地采用再生性保护技术。再生性保护技术包括缩微复制、数码扫描、建立电子数据库、影印出版等方式，但是此类保护技术同时对民

---

1 《国图报告献策民国时期文献保护》，http://www. ce. cn/culture/whcyk/gundong/201105/19/
t20110519_22429601. shtml. 访问日期：2014 年 5 月 23 日。

2 南爱峰：《我国图书馆民国文献开发研究进展探析》，《图书馆工作与研究》2016 年第 5 期。

3 荣红涛：《重视民国文献保护：兼与民国前文献保护比较》，《图书馆理论与实践》2010 年第 9 期。

第二部分　特色资源的建设

国文献本身也具有一定的破坏性[1]。即使再生性保护对文献有损害性，但为了长期保存民国文献，很多图书馆别无选择，只好不得已而为之。吉林大学图书馆（以下简称"吉大馆"）收藏民国文献丰富，据统计共收录图书 31450 种、59321 册[2]。同全国其他收藏民国文献的图书馆一样，馆藏民国文献已经普遍出现了老化和自然破损现象，有的已一触即碎，甚至破碎成纸屑，有的已经再也无法修复和提供读者服务。只要民国文献数字化，就可以重新为读者提供数字服务，也可以进行文献传递和资源共享。

一　吉大馆民国文献的保护措施

民国文献保护是一项学术性很强的工作，涉及化学、图书馆学、档案学等多个学术领域，需要一批专业人才队伍。然而，国内民国文献人才严重匮乏，其思想素质和科研素质无法适应民国文献保护的需要。民国文献专业人才队伍培养主要从三方面着手：学习民国文献保护知识；加强单位之间的合作交流；走职业化和高等教育并存之路[3]。当前，摆在我们面前的是民国文献保护、使用和数字化的矛盾。很多高校图书馆针对民国文献自然破损毫无办法，任其酸化、脱硫、破损，针对民国文献采取不提供读者服务的方式，使民国文献数字化共建、共享工作陷入困境。为摆脱这种不数字化，不提供服务的尴尬局

1　谢雷：《图书馆民国文献保护探析》，《图书馆建设》2012 年第 8 期。

2　吉林大学图书馆：《吉林大学图书馆馆藏建国前出版图书目录·说明》（第一卷），内部未刊油印本，1989，第 1 页。

3　王新才、王珂：《我国高校图书馆民国文献保护对策研究》，《图书情报研究》2013 年第 3 期。

面，民国文献保护与数字化是亟待解决的问题。

　　为抢救、保护民国时期珍贵文献，继承和弘扬优秀文化，2011 年，国家图书馆联合国内文献收藏单位，策划了"民国时期文献保护计划"项目，得到文化部、财政部大力支持[1]。在民国文献进行数字化处理之前，有必要对馆藏民国文献加以保护。可是，现在很多图书馆没有专业的保护队伍，保护水平还处于初级阶段，仅能进行一些诸如防止散页、破损、破碎等初步工作，吉大馆近期采取了以下几方面措施对馆藏民国文献进行保护。

1.1　暂时停止对民国文献的阅览

　　长时间的阅览流通，会使一些阅览次数较多的民国文献破损严重。即使不经常阅览的文献，由于文献印刷已经接近百年，文献本身也不同程度地出现了纸张的老化、褪色、酸化、脱硫等现象，有的纸张甚至开始碎化掉屑。所以，吉大馆决定暂时对校内外读者停止民国文献的阅览服务。暂时停止阅览，可以说是对民国文献的一种保护，是为今后民国文献的全面开放奠定基础。

1.2　对民国文献除尘处理

　　在暂时停止阅览的同时，对于长期无人问津的民国文献，以及尘封已久的民国文献、报纸，为防止灰尘对文献的再次侵蚀，开始对这些民国文献有针对性地除尘予以保护。灰尘长时间落在纸张表面，其侵蚀作用会使纸张变色泛黄，从而逐渐模糊文献的字体，遇到潮湿会产生霉菌。所以，民国文献收藏馆对长时间放置的文献，应适时对其进行除尘处理，防止纸张受侵蚀，可以说除尘是对民国文献的一种简单有效的保护措施。

---

1 《什么是民国时期文献保护计划》，http://www.china.com.cn/guoqing/2014-07/28/content_33077726.htm，访问日期：2015 年 4 月 13 日。

1.3　对民国文献集中收藏

目前，吉大馆已经对民国文献采取集中存放的方式。以前，民国文献分别存藏在新中国成立前书库、样本书库和新中国成立前报刊库等几个存藏点。现在，为集中管理，开始整合民国文献的存放地点，统一存放在一楼特藏书库中，集中保存便于对文献的保护与管理。

1.4　对民国文献重新清点登记

在集中存放的同时，对馆藏民国文献开始重新清点、登记，做到摸清家底，便于今后管理与整理。而后重新对民国文献开始分类、加工、建账等工作，对破损严重的文献开始下架，以便于对文献的保护与修复。

1.5　对民国文献开始修复

对于破损严重已经下架待修复的文献，吉大馆开展有计划的修复工作，如先对散页、开胶、破皮、断线、无书皮、内容不全等易于修复的文献着手修复。散页的进行装订，开胶的用腐蚀性小的胶粘贴或用淀粉人工自熬糨糊，破皮的用牛皮纸糊上封皮，并用毛笔写上书名，断线的重新装订上线，以防止再次散页。对于那些粉碎性的文献，采取先用纸袋包好的办法，以待进一步修复。

1.6　书库将采取恒温恒湿装置

要全方位地保护民国文献，重要的是以原生态的方式保护文献，建立适合民国纸张的存放环境。吉大馆正逐步完善民国文献基础设施建设，改善藏书收藏的内部环境，使民国书库达到避光恒温（22℃）、恒湿（55％）的标准。在条件允许的情况下，计划增加自动加湿、除湿设备和空气过滤器，避免有害气体对馆藏民国文献纸张的侵蚀。

　　民国文献保护工作要持之以恒，常抓不懈。但是，现在国内一些图书馆对民国文献保护工作还不够重视，民国文献没有单独的书库，还存藏在普通的环境中。所以，民国文献的保护问题应引起图书馆界业内同行的关注。

二　民国文献数字整理进展概况

　　要数字化民国文献，必须了解民国文献的数字化和整理出版情况，做到知己知彼，才能有针对性地开展民国文献的数字化工作。

2.1　数字化《民国时期文献联合目录》投入使用

　　目前，国内很多图书馆都参加了民国文献保护计划，并投入了大量的人力、物力开展民国文献的数字整理工作。随着民国文献保护项目的深入开展，公共图书馆已经走在高校图书馆的前列。公共图书馆依托全国图书馆联合编目中心，开始进行《民国时期文献联合目录》的建设，现在已经有很多项目参加馆开始上传馆藏书目数据，经过对数据查重质检后，已经并入《民国时期文献联合目录》系统中。截止到 2016 年 4 月，系统已汇聚国家图书馆、首都图书馆、南京图书馆、重庆图书馆等 16 家文献收藏单位的书目数据 30 余万条、馆藏数据 66 万条。其中 2 万余条包含目次与全文[1]。

　　例如，检索"姚名达"的著作，《民国时期文献联合目

1　《民国时期文献保护计划》，见 http://mgwxbh. nlc. gov. cn/bhjh/mgwxbhjh/，访问日期：2016 年 8 月 23 日。

录》中可以检索到《目录学》《中国目录学年表》《中国目录学史》等十几种著作。现在，只要登录国家图书馆网主页，点击《民国时期文献联合目录》，就可以按书名、作者等方式模糊查询。此目录的投入使用，极大地方便了民国文献研究者的检索与利用，同时为民国文献的数字化奠定了基础。

2.2 海外民国文献征集

数字化的基础是拥有文献，文献是进行数字化处理的物质基础。随着民国文献普查工作的逐步开展，民国文献征集目前取得了可喜的成果。海外文献征集取得实质性进展，已征集到远东国际军事法庭庭审记录 4.9 万页、法庭证据 2.8 万页，日本二战罪行证据资料缩微胶卷 2212 卷，中美关系及合作抗战历史文献 608 卷，民国时期中国与各国外交关系文书 1030 卷，民国时期海外华人华侨文书史料 183 卷，北美地区藏民国老照片 1.6 万余张，我国台湾地区藏抗战老照片 400 余张，等等史料 [1]。这些历史文献、文书史料、缩微胶卷和老照片都是难得的海外民国资源，缩微胶卷和老照片可直接拷贝制作成数字资源，历史文献、文书史料可以整理出版后再数字化。

2.3 民国文献整理出版成果与项目申报

近年来，国家图书馆、南京图书馆、重庆图书馆、中国人民抗日战争纪念馆等单位申报了近百个项目，经评审共立项 51 个。这些项目均得到民国文献保护经费的资助，并得以出版 [2]。目前已出版的民国文献包括《远东国际军事法庭庭审记

---

1 《民国时期文献保护计划》，见 http://mgwxbh. nlc. gov. cn/bhjh/mgwxbhjh/，访问日期：2016 年 8 月 23 日。

2 http://news. xinhuanet. com/newmedia/2014-09/04/c_126954829. htm，访问日期：2016 年 9 月 20 日。

录》《二战后审判日本战犯报刊资料选编》《济南五三惨案史料汇编》《首都图书馆藏革命历史文献书目提要》《民国时期电影杂志汇编》《淮海战役史料汇编》，以及民国时期社会调查、经济调查、司法统计、教育统计、新闻史料汇编等，共38种、1400余册，形成了"民国时期文献资料丛编""对日战犯审判文献资料丛刊""抗日战争文献史料丛编""民国时期珍稀档案、日记、手札系列""革命历史文献资料丛编"等系列。相信依托这些已经出版的民国文献，会挖掘出更多的数字资源。

2.4 台湾民国文献整理出版

在国内民国文献整理开展得如火如荼的同时，台湾民国文献整理也硕果累累。如林登昱等编纂《民国时期经学丛书》，收录了1912年至1949年新中国成立前的经学研究专著900余种，预计分六至七辑影印原版出版，每辑预出60册。除此之外，还有《民国时期哲学思想丛书》《民国时期语言文字学丛书》《民国时期文学丛书》《民国文集丛刊》《民国诗集丛刊》《民国小说丛刊》《民国史学丛刊》等文献相继出版。如果可以同台湾出版机构合作，联合数字化建设这些民国文献是理想的选择。

2.5 影印出版再数字化

《中华民国时期外交文献汇编1911–1949》日前由中华书局出版。该丛书由中国社会科学院近代史研究所中外关系研究室主持编纂，是国家出版基金资助项目和中国社会科学院重大科研课题。本书由中国社会科学院近代史研究所所长王建朗主持，搜集1911~1949年中华民国时期的各类外交文献汇编而成。全稿共10卷、24册，约1000万字，全书大体按照时间为序，广泛搜集，合理编排，精心校订，内容涵盖民国各个历史时期，旨在全面反映民国外交的发展过程。其中有 200 多万字的内容系中国第二历史档案馆在内的多家档案馆所藏未刊文献，以及首次译自英、美等国外交文献集的材料，均系首次刊布或翻译，具有比较高的史料价值。[1] 除此之外，还有许多影印出版的例子，本文就不赘述了。影印出版民国文献，在一定程度上丰富了民国文献的整理，保证了这部分民国文献短时期不会消亡，可以说是对文献保护非常有效的措施，在影印的基础上数字化更是一举两得。

综上所述，这些成果只是近年来民国文献数字化和整理的缩影。另外，在整理成果的基础上数字化，挖掘整理成果的深层内容是不错的办法。

三 民国文献工作面临的困难

民国文献保护工作开展一段时间后，工作面临很多困难，问题接踵而来，很多问题需要及时解决。

3.1 从事民国文献整理工作人员短缺

为方便管理、保存、研究、整理民国文献，吉大馆适时成立了民国文献特藏部，人员都是从事民国文献阅览的一线馆员，对于民国文献的保护与整理缺少经验。目前，全国民国文献整理和数字化队伍，同样需要的是具有专业背景的复合型人才，特别是像吉大馆这样的综合性图书馆，民国文献藏量丰富，类目众多，更需要知识全面的复合型馆员。开展民国文献

---

1 《〈中华民国时期外交文献汇编 1911—1949〉再现民国时期外交历史进程》，见 http://news. xinhu-anet. com/politics/2016-04/12/c_1118597808. htm，访问日期：2016 年 7 月 23 日。

保护以来，全国一些高校图书馆面临同样的困难，缺少专业的民国文献整理人员，特别是熟悉当前民国文献出版情况、数字化进程的馆员。

3.2 民国文献修复保护工作缺少专业培训人员

从事民国文献修复人员匮乏，这是高校图书馆面临的主要问题。吉大馆只有古籍部有专门的修复人员，而且都是经过国家古籍保护中心专门培训的。民国文献一直以来没有专人修复，文献破损，只好请古籍修复人员代劳。虽多次派人参加过民国文献修复培训，可是培训后此人调到其他部门。现在，民国文献修复工作已经有专门人员从事，但工作经验不足。今后，应加强民国文献的修复力量，继续培养适合修复工作的专门人员。

3.3 民国文献保护设施缺少相应的资金

现在，吉大馆藏民国时期文献需要在存放条件上有所改变，特别是民国书库恒温、恒湿系统需要安装，这需要很多资金，吉大馆同其他图书馆一样面临着资金短缺问题。另外，民国文献相应配套设施也需要寻求资金的支持，特别是学校专项经费和特批经费的支持。

3.4 读者缺少民国文献保护意识

民国文献保护与使用是当前一个亟待解决的难题，保护是为了今后更好地使用，只有加强保护，才能使民国文献更好地开发和利用。图书馆应培养读者对民国文献的保护意识，要向阅读古籍文献那样阅读民国文献。阅览民国文献要轻翻页，禁止乱涂乱画、随意拍照等。假如不爱护抢救民国文献，将会如国家图书馆副馆长陈力所言："如再不及时抢救，若干年后，我们的后人，也许能看到甲骨文、敦煌遗书，却看不到民国的书刊。"[1]

现有的从事民国文献整理的馆员应与时俱进，不断适应当前工作发展的需要。在做好本职工作的基础上，不断学习，充实自己，以适应民国文献整理与数字化工作的需要。

四　民国文献数字化共建的方式

未来社会需要合作，只有合作才能共赢和共同发展，特别是今后民国文献收藏馆间的合作将更密切。期待在未来几年，民国文献收藏图书馆间联系将愈来愈紧密，在民国文献保护东风指引下，将开展数字化共建、共享等方面的合作。

4.1　联合开展数字化项目，共建数字资源

由教育部主持的"高等学校中英文图书数字化国际合作计划"（CADAL）迄今已完成255271册民国书刊的在线阅读与检索[2]。吉大馆参加了此项目，已经把馆藏5000种民国文献全文数字化。项目的完成，促进了高校图书馆间民国文献数字化共建工作，提升了民国文献的价值。可以利用馆藏特色民国文献，同其他地区的图书馆合作，开展项目的联合申请和研制开发，这是今后开展民国文献数字化工作的重要组成部分。

4.2　同出版社联合共建数字化

同出版社联合是不错的办法，吉大馆可以同出版社联合

1　翟桂荣：《河南大学图书馆民国文献资源建设的现状、问题与对策》，《图书馆论坛》2008年第5期。
2　郑春汛：《民国文献的价值与保护对策研究》，《图书馆理论与实》2008年第4期。

开发出版民国文献，可以按作者出版。如把馆藏"姚名达"或"钱穆"等人的作品集中，出版《姚名达全集》或《钱穆全集》，假如图书馆收藏不全，可以联合兄弟院校或公共馆凑齐作品联合出版。出版后可以把电子版全文，共享在相应的网页上。另外，还可以挑选流通范围广、读者普及性强、经济价值高的民国文献，联合出版社共建数字化出版，然后在图书馆间共享。

4.3 深层次挖掘民国文献，共建特色数据库

吉大馆应以现有的民国文献为基础，继续深层次挖掘民国文献的特色内容，逐步建立民国特色专题数据库、东北区域民国文献特色数据库、东北区域民国文献特色主题库等。例如，北京师范大学图书馆的"馆藏解放前师范学校及中小学教科书全文库"，收入 2600 多种教材[1]。上海师范大学图书馆在建的"民国教育文献全文数据库"，收入民国教育期刊 140 余种，论文 7 万余篇，民国时期的教材 3000 余册[2]。它们建设中小学教科书和教育文献专题特色库的经验可以借鉴。

4.4 加大民国文献的研发力度，共建数据库

加大民国文献数据库的研发力度，吉大馆可以在原有馆藏书目数据目次库的基础上，继续对原有数据库二次研发，挖掘数据的深层内容，建成全文库。可以利用大学和公共图书馆的资源，联合共建新的数据库，如可以联合北京大学图书馆、复旦大学图书馆、吉林省图书馆、辽宁省图书馆等，共同开发建

---

1 《高等学校中英文图书数字化国际合作计划》，见 http://ebook. lib. bnu. edu. cn:8080/CADAL/Detail. action?bookNo=13072031，访问日期：2015 年 7 月 19 日。

2 《上海师范大学教师教育特色资源数据库》，见 http://www. lib. shnu. edu. cn/html/zlcx/szzy/db_detail. asp?dbid=107，访问日期：2016 年 6 月 23 日。

设民国经济文献数据库、民国地理数据库等，在此基础上资源共享。

五　民国文献共享方式

信息技术特别是网络技术的快速发展，带来整个社会信息环境的变革，不断改变着人类社会的方方面面，也深刻地影响着吉大馆的发展。合作与发展是未来我们共同关注的主题，联合区域内民国文献收藏图书馆，共同开展网上资源共建、共享服务，其前景广泛。

5.1　开展民国文献的文献传递服务

众所周知，CASHL文献传递服务是当前高校图书馆共享信息资源不可缺少的组成部分。民国文献的文献传递，还需要时间来大量数字化民国资源。正如美国国会图书馆亚洲部主任邵东方先生所说："在现今的实际情况下，馆际之间互借历史文献的原件尚存有种种不便，但是通过微缩胶卷和数字库的建立和完善，中美间更大程度上的文献资源共享其实存有很大潜力。"[1]今后，我们可以在民国文献的微缩胶卷和数据库建设上下功夫，以此为基础通过CASHL这座信息平台开展文献传递共享资源与服务。

5.2　区域协作共享资源

今后，区域协作更加重要，区域联盟的作用越来越大。可

1　《中美民国时期文献保护工作研讨会在京召开》，《中国日报》，见 http://www.chinadaily.com.cn/hqzx/2012-06/20/content_15514727.htm，访问日期：2013年5月14日。

以依托现已建成的图书馆联盟，根据各地的实际情况进行区域间资源共享。图书馆联盟（library consortium）是指为了实现资源共享、利益互惠的目标而组织起来的，以若干图书馆为主体，联合相关的信息资源系统，根据共同认可的协议和合同，按照统一的技术标准和工作程序，通过一定的信息传递结构，执行一项或多项合作功能的联合体[1]。吉大馆可以同本地区的高校或科研单位合作，也可以开展跨地区合作，形成新的联盟，联盟中的成员馆要互惠、互利、共建、共享网上民国文献资源。图书馆联盟突破了单一图书馆的发展模式，强调合作协同共享，带来了单一图书馆所不可比拟的群体优势[2]。

5.3　同国外民国文献收藏馆协作共享资源

吉大馆可以同国外民国文献收藏图书馆，如美国、日本、加拿大、俄罗斯、韩国、朝鲜等国的高校图书馆建立协作关系，互相提供文献资源。依照共建、共享、互惠、互利的原则，开展民国文献的国际文献传递服务与馆际互借业务，以此促进国际民国文献资源的共享。

5.4　地区合作脱酸设备共享

文献可以共享，设备同样可以共享。如 2006 年，上海图书馆联合上海其他几家图书馆、档案馆共同向市政府提议，全市成立一个抢救中心，引进一套纸张脱酸设备，供全市所有文化单位共享[3]。上海市图书馆联合引进一套纸张脱酸设备这件事

1　周婕、崔海媛、蔡祯：《自发的地区性高校图书馆联盟发展构想——北京市高校图书馆联合体建设实践》，《图书馆论坛》2006 年第 4 期。

2　王惠英：《我国图书馆联盟研究进展与未来展望》，《图书情报工作》2013 年第 16 期。

3　钱承军：《高校图书馆应重视对民国文献的保护与利用》，《山东图书馆季刊》2008 年第 1 期。

可以借鉴，吉大馆可以联合吉林省收藏民国文献的图书馆购买脱酸设备，省内设备共享，图书馆间受益。

国家图书馆詹福瑞馆长曾说："如果不及时抢救，民国文献将在50年到100年内消失殆尽。"[1] 数字化民国文献是为抢救民国文献，避免民国文献在50年到100年内消亡，只要民国文献数字化，就便于为读者提供服务和资源共享。今后，图书馆与图书馆之间的合作将更密切，馆与馆之间可以利用各自的数字化民国资源，互惠、互利、共建、共享。

六　结语

当前，民国文献的保护与使用是一个亟待解决的问题，保护是为了我们今后更好地使用。只有民国文献收藏馆加强民国文献的保护意识，重视民国文献的整理与数字化，才能使民国文献资源得到更好的开发与利用。民国文献的保护工作是全国性系统工程，需要全国图书馆同行们的共同努力，更需要知识、人才、技术和资金的支持。让我们图书馆同人共同努力，一起完成民国文献的数字化工程，在共建的基础上，实现民国文献的共享。

1　施芳：《文献历史会出现"民国断层"？》，《新华文摘》2005年第8期。

美国学术图书馆特藏资源的
建设与推广

——以俄亥俄大学邵友保博士海外华人
文献研究中心为例

何 妍[1]

摘 要：

本文在介绍美国学术图书馆界如何定义特色收藏的基础上，以俄亥俄大学图书馆邵友保博士海外华人文献研究中心为例，探讨了特藏发展面临的机遇和挑战，并着重论述了特藏馆员如何通过与学者的合作与交流，在合作发展收藏、创建与共享资源、深入教学、科研等方面更好地进行特藏资源的建设与推广。

关键词：

美国 学术图书馆 特藏 特藏馆员 俄亥俄大学 海外华人

近些年来，随着美国高等教育的改革和计算机技术的发展，学术图书馆也随之发生巨大变化。电子资源的兴起、纸本收藏的衰落和网络搜索的便捷，改变了学生的学习方式和对图书馆的需求。许多学术图书馆把大批纸本藏书挪到高密度存储库，进行图书馆空间的改造，目的是为学生们提供更多学习、

---

1 何妍，匹兹堡大学图书馆学和信息学硕士，北京大学历史学博士，乔治·华盛顿大学图书馆中国研究馆员。

第二部分 特色资源的建设

讨论和研究的空间，例如，创客空间（Maker Space）、多媒体实验室（Multimedia Lab）、信息共享空间（Information Commons）、研究共享空间（Research Commons）等。为此，图书馆员的角色和职责也在不断变化中，除了传统的采买、编目、发展馆藏、参考咨询等任务，他们还要承担馆藏的揭示和推广、信息素养教育等更多的责任。与此相应，绝大多数图书馆都进行了机构重组和人员调配。在各种变动中，作为图书馆重要组成部分的特藏部的地位和角色也发生了改变。

本文尝试以俄亥俄大学邵友保博士海外华人与文献中心为例，探讨美国学术图书馆中特藏部所面临的机遇和挑战，以及特藏馆员如何在新形势下发挥更好的作用，促进特藏资源的建设与推广。本文共分四个部分：特色收藏的定义，特色收藏的机遇和挑战，个案研究以及结论。

一 特色收藏的定义

特色收藏（简称特藏）在不同国家、不同类型的图书馆，其定义也不尽相同。在中国，古籍的孤本、善本、珍本，都是特藏的典型代表。孤本往往指独一无二、未见其他副本的书籍。珍本与善本的界定，历来存有争议。一般说来，珍本指比较稀见又很宝贵的书。而一本书虽不稀见，但装帧、校刻精良，具有文物、艺术和学术价值，则称为善本。也就是说，善本未必如孤本和珍本那样，在数量上奇缺，但在内容和外表方面，却往往具有特殊价值。

相比而言，特藏在美国图书馆界的定义则更加宽泛。2009年，美国研究型图书馆协会（The Association of Research Libraries，简称ARL）对特藏做了比较详细的解释，也体现了特藏的范畴不断变化的过程。从欧洲印刷术肇始至19世纪，特藏资源主要以珍本（rare books）为主，当然也包括一些稀见版本书和经由特殊印刷工艺出版的再版书，这样的书被称作"book arts"，具有文物和艺术价值，类似于中国所定义的善本书。之后，手稿和档案逐步成为特藏比较常见的两种文献类型。档案的范围较广，既可以是纸本书、绘画、照片、地图等图表资料，也可以是剧院出版物、小册子、广告、海报和报纸等。除此之外，一些非欧洲语言的特色收藏，以及某一特殊主题、世界某一地区或某一特殊出版机构的出版物，也被纳入特藏的范畴。到20世纪末，特藏材料的介质也进一步增加，包括胶片、影像、音像卡带、缩微胶片和多种类型的交流通信形式的材料。近些年，新信息革命又让一些原生数字（born-digital）材料也纳入学术图书馆的特藏范畴[1]。

尽管特藏的概念不断变化，归根到底，特藏资源必须具备两个特点："独"（unique）和"特"（distinctive）。"独"即珍贵、稀见，这个标准一般可以通过技术手段甄别，比如通过在"Opac"或者"WorldCat"查找副本来判断一本书是否独一无二。但是这个办法也有缺陷，因为私人收藏和未编目的收藏里依然可能存在副本。尤其需要注意的是，"独"并不构成特藏资源的唯一要素，资料的特殊性以及是否符合已有收藏的重点和强项，也是重要考虑因素。也就是说，有些资料即便不"独"、不"特"，但若符合本校已有特藏的重点方向和满足研究服务的需求，依然可以成为特藏的一部分[2]。如本文所用的个案，一个

---

1 "ARL, Special Collections." Accessed December 6, 2015, http://www. arl. org/focus-areas/research-collections/special-collections#. VSQ_QbqxGHc.

2 Alison Cullingford, "Unique and Distinctive?:New Directions in Developing Special Collections," *CILIP Update with Gazette*（2014）. Accessed April 6, 2015. http://search. proquest. com/docview/1641421825?accountid=14709.

有关海外华人的特藏，就是为了配合学校科研的需要和加强已有收藏的重点而设置。它所收藏的某一本书，本身不一定独特，但因为符合海外华人这个特藏的主题，依然可以纳入特藏。

二　特藏的机遇和挑战

随着图书馆界发生的变革，特藏部在美国学术图书馆中的地位越来越重要，从边缘开始走向主流。研究型图书馆学会也明确将特藏发展作为学术图书馆未来发展的重心[1]。那么，特藏地位的提高有哪些原因呢？首先，特藏资源稀有，内容多样，价值很高，它以原始的一手资料为主，能为研究者提供特殊而有用的证据，因此在研究型大学中，直接为研究服务的特藏，理所当然地受到重视。其次，特藏资源是图书馆的永久收藏，往往受到特殊的保护。在过去，如果想利用特藏资料，学者必须到实体图书馆，但现在借助数字化和揭示特藏等项目，特藏的可见性和使用率都大幅提高[2]。最后，由于大批普通纸本资源让位于数字化资源，作为日渐缩水的纸本收藏的代表，特藏的地位更加凸显[3]。对于预算规模很大的学术图书馆来说，各馆间普通纸本和电子资源的馆藏差别不大，而特藏最能突出某一个图书馆的特点，从而提高该馆的声誉和地位[4]。

1　"ARL, Special Collections," *ibid.*

2　Aaron D. Purcell, "Special Collections and Academic Archives," in Aaron D. Purcell, ed., *Academic Archives:Managing the Next Generation of College and University Archives, Records and Special Collections*（Chicago:American Library Association, 2012）; Bradley J. Daigle, "The Digital Transformation of Special Collections," *Journal of Library Administration* 52（2012）. Accessed March 1, 2015, http://dx.doi.org/10.1080/0 1930826.2012.684504.

3　Cullingford, *ibid*, p. 34.

4　Purcell, "Special Collections and Academic Archives."

当然，特藏享有发展机遇的同时，也面临着诸多挑战。尽管数字化项目使一部分特藏的使用更加方便，但是绝大多数特藏资料依然以传统方式保存和管理。特藏资料一般不开架，只能在阅览室使用。特藏的阅读和复制受各种政策的限制，有的资料不能拍照，有的只能使用铅笔手录，珍本、善本往往要求放在特制的书托上小心翻看。另外，很多档案资料缺少详细的查询指南，读者需要依赖图书馆员的帮助，还要在资料提取的过程中耐心等待。烦琐的程序和制度的限制，往往让不熟悉特藏、不懂得特藏价值的学生产生畏惧心理和抵触情绪。最后，有的图书馆管理层认识不到特藏资源的重要性以及特藏部门的服务价值。在图书馆转型过程中，许多领导将精力和重心放到技术服务和行政管理方面[1]。

基于特藏资源的重要性以及目前面临的困难，特藏馆员应该不断调整其角色和职能，除了保持传统角色外，还要承担新型职能，尤其要在推广资源、对外合作、教学研究等方面发挥更重要的作用。在美国的高校，募捐筹款是研究型大学的图书馆馆长工作中的重要一部分，而特藏反映所在学校的研究特长和收藏特色，可以成为图书馆筹款游说的重要砝码。特藏部门通常与职业协会、校友会、图书馆之友协会、工会、艺术机构、慈善部门以及基金会等机构广为联络，一方面有助于吸引募款和捐赠，另一方面也可以通过对外联络扩大特藏资源的声誉。研究型图书馆学会还倡议跨机构的合作和跨收藏的检索，鼓励档案员、博物馆馆员和图书馆员合作，将分散、零碎的特藏资源整合到一起[2]。除此之外，特藏

1　Alison Cullingford, "Influencing and Fund-raising for Special Collections," in Alison Cullingford, ed., *Special Collections Handbook*（London:Facet Publishing, 2011）, p. 161.

2　"ARL, Special Collections," *ibid.*

馆员还可以通过社交媒体、RSS feeds、电子收藏指南、与教授合作开课、参考咨询、举办展览等方式推动特藏的使用[1]。过去特藏部服务的对象主要是以研究为目的的研究生和学者，而现在大学图书馆越来越多地向本科生开放特藏资源，并重视特藏建设、发展与推广，使之与本科生的课程紧密结合。笔者曾对俄亥俄大学图书馆斯科特·西曼（Scott Seaman）馆长进行了一次访谈。在访谈中他就特意强调了向本科生推广特藏资源的重要性。在他看来，"与实物、原始档案的近距离接触，可以帮助学生与历史之间建立起感性联系，进一步理解历史是如何根据一手文献撰写而成，这种体验是浏览网上资料和普通纸质书不能相比的"[2]。

综上所述，以往研究对于特藏的机遇、挑战以及如何建设、发展、推广做了诸多方面的探讨，但是特藏馆员的研究能力在扩大交流以及推广特藏中所能发挥的作用，依然是一个未被充分讨论的话题。大学与研究图书馆学会（Association of College & Research Libraries，简称 ACRL）指出，特藏馆员应该为以原始材料和个人研究为主的学术提供支持[3]，的确，特藏资源具有很高的学术价值，一般被学者、学生的研究广为利用，因此特藏资源的推广应该与科研、教学紧密结合，特藏馆员与学者、教授的合作更是推广特藏资源的最重要的方向。为此，特藏馆员也越来越多地被要求参

---

1 Purcell, ibid, pp. 82-83;Jackie M. Dooley and Katherine Luce, *Taking Our Pulse:The OCLC Research Survey of Special Collections and Archives*（Dublin, OH:OCLC Research, 2010）. Accessed April 21, 2015, http://www. oclc. org/content/dam/research/publications/ library/2010/2010-11. pdf?urlm=162945.

2 何妍:《俄亥俄大学图书馆斯科特·西曼馆长访谈录》,《大学图书馆学报》2015 年第 3 期, 第 36 页。

3 ACRL, *Code of Ethics for Special Collections Librarians*（Chicago, IL:Association of College and Research Libraries, 2003）. Accessed December 1, 2015, http://www. rbms. info/standards/code_of_ethics. shtml。

与到教学与研究当中[1]。

本文即以俄亥俄大学图书馆邵友保博士海外华人文献研究中心为例，尝试剖析作为特藏馆员如何扮演"复合型"角色，将特藏资源与科研相连接，从而更好地建设、揭示和推广特藏资源。

三 个案考察

俄亥俄大学于 1804 年建校，本部设在雅典城，它的主馆阿尔顿图书馆于 1814 年成立，是美国研究型图书馆学会成员馆。1967 年俄亥俄大学成立了东南亚研究中心和图书馆东南亚特藏部，旋即被美国政府指定为美国国家东南亚研究基地。在联邦政府支持下，俄亥俄大学图书馆东南亚特藏部迅速发展，成为世界上最重要的东南亚资料收藏库之一。鉴于俄亥俄大学图书馆东南亚特藏部的实力，1985 年马来西亚联邦政府特别指定其为马来西亚在北美的资讯中心，两年后，又进一步指定该部为马来西亚政府在北美唯一的藏书中心，由马来西亚国家图书馆负责提供各种出版物。

由于俄亥俄大学东南亚收藏的突出地位以及俄亥俄大学图书馆与亚洲图书馆界的密切联系，1993 年，在当时的俄亥俄大学图书馆馆长李华伟博士的努力下，香港银行家邵友保先生慷慨赞助 50 万美元，邵友保博士海外华人文献研究中心（以下简称邵中心）由此正式在俄亥俄大学图书馆成立。从成立之初，邵中心的使命就是广泛搜集、整理和保存有关海外华人的

---

1 Lisa R. Carter, "Special at the Core:Aligning, Integrating, and Mainstreaming Special Collections in the Research Library," *Research Library Issues* 283（2013）.

原始文献资料，其收藏包括政府档案、私人手稿、家谱、碑铭、口述记录，以及重要书刊文献等，旨在通过现代化的图书馆网络与资讯系统方便世界各地的学者使用这些珍贵的资料。因为邵中心收藏明确地以海外华人为主题，所收资料以非欧洲语言文献为主，因此从一开始，就确立了它作为特藏的地位。

这里必须指出，李华伟馆长是美国学术图书馆界最早的成功为图书馆募款的馆长之一。从1978年到1999年，他在任的21年间，俄亥俄大学图书馆的捐赠基金（endowment fund）从2万美元跃升到900多万美元。利用特藏吸引募款，反过来再用捐款来建立特藏，形成良性循环，便是他募款成功的重要策略之一[1]。

邵中心成立不久，招聘收藏的管理者一事便提上日程。当时李华伟馆长与国际收藏中心主任郑莲花女士多方物色人选，终于在1998年，聘来中心第一位主任，即毕业于康奈尔大学，专事海外华人研究的郑力人博士。1999年，邵友保之子、俄亥俄大学校友邵公全博士又资助了以他本人命名的专项基金主任职位（Dr. Daniel K. C. Shao Endowed Curator of the Dr. Shao You-Bao Overseas Chinese Documentation and Research Center）。该主任职位自建立之始，除了要承担发展馆藏、提供参考咨询等与一般馆员类似的职责外，还要具备一些特殊的素质。这主要表现在：第一，邵中心的几位负责人，均具备博士学位和研究专长。从职位设置评估和招聘启事来看，该职位要求候选人具备多门语言和专业科研能力，体现了这份工作对学术背景的要求。第二，该职位还要求候选人具备

---

1 李华伟馆长拥有丰富的募款经验，为此他还专门合著一本书，专门探讨如何募款。参见 Lee, Hwa-Wei, and Gary A. Hunt, *Fundraising for the 1990s:The Challenge Ahead:A Practical Guide for Library Fundraising, from Novice to Expert*（Genaway, 1992）.

组织会议的能力，并要致力于合作出版，体现了该职位对于候选人沟通、合作和交流能力的重视。第三，中心主任还要负责申请基金、筹款等工作[1]。这些对邵中心负责人科研、合作、交流等综合能力的要求，体现了邵中心从建立之初，就将推广资源和扩大中心的影响力作为重点。中心主任通过推广学术交流、合作共建馆藏、创建共享资源以及积极参与教学、科研，在对邵中心海外华人特藏的建设和推广方面取得了比较成功的经验。

3.1　推广学术交流

邵中心主任最重要的工作成就之一是筹办和组织海外华人研究与文献收藏机构国际会议。2000 年，在当时的馆长李华伟博士和中心主任郑力人博士的主持和推动之下，首届海外华人研究与文献收藏机构国际会议在俄亥俄大学召开。会议成立了"世界海外华人研究与文献收藏机构联合会"（World Confederation of Institutes and Libraries for Overseas Chinese Studies，简称 WCILOCS），推举邵中心为联合会常设秘书处，旨在整合集体的力量来促进国际海外华人研究。《人民日报》（海外版）特意对这次会议进行了报道："来自美国、日本、中国、加拿大、菲律宾、新加坡、澳大利亚、俄罗斯等国家和中国台湾、香港地区的学会、报刊、公司、图书馆、纪念馆、博物馆、档案馆、出版社、高等院校、学术中心、研究部门、民间团体及个人的近 50 个海外华人研究机构的 60 多名代表参加了该国际合作会议的活动。"[2] 除此之外，中国台湾地区的《侨协杂志》、中国香港地区的《港澳之友通讯》、东京的《日本

1　*Ohio University Position Description Questionnaire for Curator-Dr. You-Bao Shao Overseas Chinese Documentation and Research Center*, 1997. Ohio University Libraries.

2　《海外华人研究机构联合会成立》，《人民日报海外版》2000 年 4 月 12 日，第 5 版。

侨报》以及美国的《馆藏建设》（*Collection Building*）也都分别对会议进行了报道[1]。首届会议之后，俄亥俄大学图书馆又分别与中国香港中文大学（2003 年）[2]、新加坡国家图书管理局（2005 年）、中国的暨南大学（2009 年）、加拿大卑诗大学（2012 年）、中国的华侨大学和厦门大学（2015 年）召开了第二至第六届会议。在历届会议中，邵中心主任都发挥了重要作用，包括代表俄亥俄大学与合作单位沟通，组建筹委会，积极募款，拟定会议日程以及组织现场会议等。

该系列国际会议的重要意义，在于它打破了学术界与图书馆界之间的壁垒，为学术研究机构和文献收藏机构创造了对话的平台，为教授、学者与图书馆员、档案馆员提供交流观点和共享资源的机会。历届会议的分组，都既包含海外华人研究的主题，也包含图书馆收藏、数字化、编目、开放获取、展览等推广活动的主题。会议的论文摘要和一部分全文在 WCILCOS 的会议网页上登出，第二届、第四届部分优秀会议论文还正式结集出版[3]，每次会后，都有参会学者和馆员撰写和发表会议综

1　Hwa-Wei Lee and Liren Zheng, "First Decade of the Shao You-Bao Overseas Chinese Documentation and Research Center at Ohio University" in Tan Chee-Beng, Colin Storey, Julia Zimmerman, eds. , *Chinese Overseas:Migration, Research and Documentation?*（Hong Kong:The Chinese University of Hong Kong, 2007）, pp. 275-295;Chao, Sheau-yueh J. "A Model of Library Cooperation on Overseas Chinese Studies:The Ohio Experience." ?*Collection Building*?20, no. 2（2001）:45-53.

2　2003 年在香港举办第二届海外华人研究与文献收藏机构国际会议期间，还举办了十周年庆典，俄亥俄州高等教育理事会名誉总监赵光华（Roderick Chu）、俄大校长罗伯特·格利顿（Robert Glidden）、中联办副主任王凤超等人参加了欢迎晚宴。此次会议吸引了120 多位来自 16 个国家及地区的学者。参见:《邵友保喜晤俄州贵客》,《文汇报》（香港）2003 年 3 月 17 日, 第 A28 版。

3　第二届会议论文集参见 Colin Storey, and Julia Zimmerman, *Chinese Overseas:Migration, Research and Documentation*（Hong Kong:Chinese University Press, 2007）;第四届会议论文集参见刘泽彭主编:《互动与创新：多维视野下的华侨华人研究》,桂林: 广西师范大学出版社, 2011 年。

述和总结[1]，这些成果进一步扩大了会议论文传播的范围，从而促进了海外华人研究的发展，以及资料的发掘、共享和利用。

除了举办会议外，邵中心主任还积极了解、接触和参与有关海外华人研究的其他学术团体和机构，并推动邵中心对其他有关海外华人学术会议的资助。例如，1996 年，邵中心赞助新加坡召开的"客家学国际学术会议"；1997 年，邵中心赞助了在美国伊利诺伊大学厄巴纳—香槟分校召开的"当代东南亚华人国际学术会议"[2]。该会议论文集于 2001 年出版[3]。2006 年，邵中心又资助了在南非召开的"世界海外华人研究学会"会议[4]。

值得一提的是，在李华伟馆长和郑力人博士的努力下，会议筹款取得了很大的成功。例如，2000 年在俄亥俄大学的首届会议，邵中心成功申请并得到如下基金会的捐款：蒋经国基金会（The Chiang Ching-Kuo Foundation）、方树福堂基金（Fong Shu Fook Tong Foundation）、方润华基金（the Fong's Family Foundation）、世界华人联合商业银行文化慈善基金会（the

---

1 第一届会议的报道和综述前文提过，不再赘述。2003 年在香港举办的第二届会议综述参见 Chao, Sheau-yueh J. "A Model for Building Transnational Networks on Chinese Overseas Studies:The Hong Kong Experience." *Library Collections, Acquisitions, and Technical Services*?28, no. 2（2004）:129-158；2009 年在广州的暨南大学举办的第四届会议综述参见陈德汉：《参加"第四届海外华人研究与文献收藏机构国际会议—互动与创新：多维视野下的华侨华人研究"实录》，《国家图书馆馆讯》2009 年第 4 期，第 22-24 页；2012 年在温哥华举办的第五届会议综述参见郑力人：《第五届海外华人研究与文献收藏机构国际会议在温哥华召开》，《华人研究国际学报》2012 年第 4 卷第 1 期，第 75-84 页；Chao, Sheau-yueh J. "A Model for Chinese Transnational Migration through the Americas:The Canadian Experience." ?*Collection Building*?33, no. 2（2014）:60-70.

2 Hwa-Wei Lee and Liren Zheng, ibid.

3 Armstrong, M. Jocelyn, R. Warwick Armstrong, and Kent Mulliner. , eds. , *Chinese Population in Contemporary Southeast Asian Societies-Identities, Interdependence and International Influence*（London:Curzon Press, 2001）.

4 "世界海外华人研究学会"的英文全称是 International Society for the Study of Chinese Overseas（简称 ISSCO），它于 1992 年成立，是以学者为主的研究海外华人的学术团体。

Cultural and Charitable Foundation of the United World Chinese Commercial Bank），除此之外，会议还得到邵友保博士的私人捐助以及俄亥俄大学校长办公室的资助。2003 年，第二届会议由俄亥俄大学图书馆与香港中文大学在香港联合举办。会议获得了邵友保博士、校长 Robert Glidden、陈延骅基金会（D. H. Foundation）、菅春贵先生（Haruki Kan）的赞助 [1]。

邵中心的成立本来就得益于一笔巨大的捐款，而后来邵中心举办会议多次募款成功，也再次证明了特藏馆员具备募款能力，对于特藏的推广和发展起到了那么重要的作用。

3.2　合作共建馆藏

邵中心的海外华人特藏，在搜集资料方面，可谓"上穷碧落下黄泉"。海外华人的出版物比较分散，由于地理位置的阻隔，邵中心在中国大陆采购中文出版物面临很大困难。邵中心成立之初，从 1993 年到 1998 年，李华伟馆长聘请了南开大学的来新夏教授担任邵中心顾问，并请他专门在中国搜集有关海外华人的研究资料，包括专著、报刊等。在来教授的帮助下，邵中心定期获得国内最新出版的海外华人资料，还收到很多关于海外华人研究的免费出版物 [2]。

郑力人博士上任不久，为进一步解决搜集资料的难题，积极与国内研究机构和图书馆建立联系。2001 年，邵中心与暨南大学图书馆华侨华人文献信息中心正式签署为期五年的合作协议，其中一项最重要的内容就是信息共享和采购互助：邵中心负责每年两次向暨南大学华侨华人文献信息中心提供有关华

1　何妍：《李华伟博士访谈录：李馆长与俄亥俄大学邵氏中心 20 年》，《华人研究国际学报》第六卷第二期，2014 年 12 月，第 75 页。

2　何妍：《李华伟博士访谈录：李馆长与俄亥俄大学邵氏中心 20 年》，《华人研究国际学报》第六卷第二期，2014 年 12 月，第 73 页。

侨华人研究方面的外文书目，而暨南大学华侨华人文献信息中心则协助俄亥俄大学邵中心采购有关华侨华人的中文书刊，购书范围以中国大陆出版物为主 [1]。2008 年，第二任邵中心主任郭根维博士就任之后，又与暨南大学华侨华人文献信息中心续约 5 年，继续通过暨南大学图书馆获取国内资源。

邵中心与南开大学、暨南大学的合作，解决了采购方面的难题，为发展邵中心的特藏发挥了重要作用。除此之外，邵中心还利用与日本中部大学、中国台湾"中央"图书馆、东南亚海外华人学术团体长期以来建立的合作关系以及国会图书馆提供的东南亚地区的采买服务，获取了东南亚、日本和中国台湾当地出版、难以获取的有关海外华人的出版物。由于对外学术咨询与交流的不断扩大，邵中心还常常收到来自世界各地的有关海外华人资料的捐赠。

3.3 创造、共享资源

除了采买、搜集和保管资料外，邵中心还自建信息资源，最重要的是创建了与海外华人相关的开放获取数据库，包括《海外华人学术成果数据库》《海外华人报纸期刊数据库》《海外华人在世界人口的分布》《海外华人研究学者与图书馆员数据库》《东亚研究图书馆员与学者数据库》[2]。数据库的建立也得益于邵中心的对外合作，在郑力人博士的联络之下，深圳图书馆为邵中心赠送了免费的数据库软件系统（ILAS），暨南大学图书馆曾先后派两名馆员到俄亥俄大学图书馆交流访问，协助录入数据。

1　《中国暨南大学图书馆华侨华人文献信息中心与美国俄亥俄大学图书馆邵友保博士海外华人文献研究中心合作协议》，藏于俄亥俄大学邵氏中心。

2　数据库网址：http://cicdatabank. library. ohiou. edu/opac/index. php. Accessed December 19, 2016.

作为世界海外华人研究与文献收藏机构联合会的秘书长，中心主任还要负责创建和更新联合会网页[1]。网页除了发布和更新与海外华人研究相关的会议、出版等信息外，还包括开放获取的信息资源，比如"海外华人研究的机构目录"（Directory of Institutes related to Overseas Chinese Studies）和"海外华人研究相关的学者、图书馆员／博物馆员／档案馆员名录"（Directory of Scholars and Librarians/Curators/Archivists in Overseas Chinese Studies）。这些服务也再次体现了联合会的宗旨，为学者与图书馆员、学术机构与资料收藏机构搭建了相互交流的平台。网站上其他资源还包括与海外华人相关的数据库、网上展览、口述史、博客和资源网站等。2015 年，在郑力人博士的号召下，邵中心与康奈尔大学图书馆、厦门大学南洋研究院以及新加坡国立大学图书馆合作，共建了"海外华人研究联合数字图书馆"[2]。由于这几家学术机构均以海外华人研究见长，各自都创建或购买了有关海外华人的特色数据库，这样的资源共享为从事海外华人研究的学者提供了便利条件。

3.4 参与教学、科研

推广特藏资源的另一个重要途径是将特藏与教学、研究紧密结合。为了达到这个目的，邵中心主任还为本科生、研究生开设专业课。郑力人博士和郭根维博士在俄亥俄大学的国际研究中心、历史系、地理系都讲授过以海外华人为主题的专业课。比如郑博士教授的"东南亚的海外华人"是研究生的讲习课，高达 5 学分。除此之外，他们还为研究生开设"独立研究"的课程，担任学位委员会委员。俄亥俄大学国际研究中心

1　参见：http://www. verseaschineseconfederation. org. Accessed December 19, 2016.

2　https://overseaschineseconfederation. org/jdlocs/. Accessed December 19, 2016.

专门设置了"海外华人"研究的辅修专业，邵中心为此提供了重要支持，因为它不仅为学生提供必要的选修课，而且提供了课程论文所需要利用的收藏[1]。这恰恰体现了特藏为教学、研究服务的重要意义。另外，邵中心主任积极从事海外华人方面的研究，参加学术会议，发表学术论文，并担任海外华人研究相关刊物的编委成员，比如《华侨华人历史研究》《华侨华人文献学刊》以及 *Chinese America:History & Perspectives-The Journal of the Chinese Historical Society of America*。这些学术兼职和科研活动，为邵中心的对外宣传和合作，扩大邵中心馆藏的介绍和使用，发挥了积极作用。邵中心的参考咨询面向全世界。

四　结论

综上所述，在图书馆界发生巨大变革的时代，特藏部的地位日渐提高，同时也面临诸多挑战。本文首先对特藏资源的定义进行了梳理，分析了推广特藏方面所遇到的一些阻碍，然后以俄亥俄大学邵友保博士海外华人文献研究中心为例，尝试建议如何通过特藏馆员的科研活动和对外交流，更好地建设和推广特藏资源。

研究表明，图书馆员从事科研，一方面有利于业务提高和职位晋升，另一方面还有利于加强图书馆与学者之间的互动[2]。通过个案考察，我们可以看到，邵中心通过组织、合办学术会

1　"The Services provided by the Shao Center," Ohio University Libraries.

2　Marie R. Kennedy and Kristine R. Brancolini, "Academic Librarian Research:A Survey of Attitudes, Involvement, and Perceived Capabilities," ?*College & Research Libraries* 73, no. 5（2011）:432.

议，促进了馆员与学者、图书馆与科研机构之间的合作，从而有利于馆藏发展、共享和推广资源，进而辅助教学与科研。邵中心主任的学术背景，有助于深入理解邵中心特藏资源的内容、价值，更好地获取、揭示、创造、推广有关海外华人方面的资料，从而增加特藏资源的知名度，提高其使用率。见微知著，特藏馆员发展馆藏的同时也可以创造资源，为学者提供服务的同时也可以建立合作，而要做到这些，深化科研素养、提高合作交流的能力，则是很有必要的。

让尘封已久的史料重新发光

——从《丁家立档案》看北美高校
特藏及档案管理

王晓燕[1]

摘 要：

北美高校图书馆因专业设置不同而各有侧重，馆藏甚丰。但对很多学者来说，更具吸引力的仍是各馆所拥有的特色资源。美国各高校图书馆特别是研究型图书馆视特藏与档案为镇馆之物，投入相当的人力、物力，拾遗为宝。所有收藏，除涉及隐私或国家机密外，均可公开使用，馆员们更以能为研究者提供一手资料为荣。尽管如此，各校特藏与档案馆所拥有的资料，特别是国内学者们相当关注的现当代史料因收藏量大而未来得及整理者甚多。在大量珍藏尚未详细编目以及数字化的现阶段，如何让尘封已久的史料与读者见面，如何通过各种努力，特别是结合教学需要进行重点开发，使其收事半功倍之效，作者试图从收藏者与使用者的不同角度来近距离观察北美几所高校特藏档案馆，以求窥一斑见全豹。

关键词：

特藏与档案开发　馆藏数字化与教学　数字人文

1　王晓燕（Julie Wang），纽约州立宾汉姆顿大学图书馆亚洲与亚裔研究馆员，东亚馆藏负责人。美国南康州大学图书馆与信息管理科学硕士，北京师范大学中国语言文学学士。

一　隐鳞藏彩：有待开发的文献保藏

与国内图书馆和档案馆是两个独立的单位不同，北美各高校的特藏及档案馆常常与校内其他分馆如科学图书馆、人文图书馆、医学图书馆等并列，从属于大学主图书馆。如此架构，各校可在资源的收藏与管理、开发与发现等诸多方面统筹管理，既便于资源与资金的综合利用，又使实际运作行之有效。

长期以来，眼光独到的特藏与档案馆员们尽其所能将各种与本校研究方向有关的书报、其他印刷品以及各种信息载体延揽其中，同时不断利用各种渠道继续搜集并扩展收藏。如今斯坦福大学的胡佛研究所各种有关中国近当代档案已使其成为做相关研究之重地，而像哥伦比亚大学的张学良日记、康奈尔大学所藏的胡适档案等也都是独一无二的人物档案，成为相关研究必不可少的原始文献。各高校对本校学生与教授档案的收集保存尤为重视，除收藏各种相关学籍管理、课程设置、科研成果外，档案专员还与校友办公室联手，持续不断地保持与毕业生的联络与沟通，使他们对母校的浓厚情感由事业有成、生活顺利而不断加温并产生报恩情结。很多校友不但在有生之年力所能及地为学校捐款，还常将个人的收藏或研究资料等实物捐献给母校图书馆。相当多的校友及其后人在考虑处理遗产时也常将其母校图书馆作为藏书与藏品的捐献首选。同理，作为研究者，凡开展对某历史事件或某个人的研究项目时，事发时期的报纸，特别是地方报刊、学校年鉴、学生入学登记、毕业论文及毕业证书、校刊、俱乐部活动记录等都是不可多得的一手资料与切入口。

如此海量的收藏范围与源源不断的捐赠，各高校特藏与档案馆往往因为资金及人力有限而力不从心。大批文献只能先经过简单整理，初步建立大宗档案条目，然后加以保护性地收藏，束之高阁。

二 事半功倍：配合教学与研究的开发整理

海量的特藏及档案一旦入库，若无人查询使用，便如石沉大海。遍布北美高校图书馆特藏及档案馆的库房中积压了无数珍宝。当数字化技术手段出现时，我们有无可能利用新科技对特藏档案进行全面开发整理？若能，又该从何处入手？多年来各馆特藏馆员和档案馆员付出相当的努力，为馆内各宗收藏撰写查询辅助（Finding Aid），为使用者提供寻找线索的工具。这样的努力无疑给研究者带来福音，很多大宗档案可利用全国性的数据库（如 OCLC 的 WorldCat）和区域性的数据库（如加州在线档案馆[1]）进行查询。在此基础上，能否再上一层楼？

近年来大家对"读者驱动性的购买"（PDA）已经不陌生。这是一项节省资金同时可让图书使用最大化的尝试。实践中，我们发现这个方法在特藏档案的开发与推广上同样可行。从笔者亲历的一个项目可以说明特藏及档案数字化的顺序同样可以随读者需求而启动。

丁家立[2]这个名字对很多人来说也许比较陌生，但若时间回到 19 世纪末 20 世纪初，此人可以说是开中国现代化教育先河的重要推手之一。丁家立所处的年代，正值清政府与列强缔结天津条约、开放西方来华传教的禁区之际。1882 年，他与一批刚刚毕业的热血青年不远万里来到中国山西太谷宣教。与其他狂热的宗教传播者不同，丁家立始终抱着教育至上的理想

---

1 加利福尼亚州在线档案馆，见 Online Archive of California. http://oac. cdlib. org/。

2 丁家立（Charles D. Tenney, 1857-1933），出身于牧师家庭，毕业于美国常青藤大学之一达特茅斯学院（Dartmouth College）。之后又进欧柏林学院（Oberlin College）学习神学。

主义色彩，希望从教育入手帮助中国改变贫穷与落后的状况。后来他辞去传教士的职责专事办学，并因其出色的工作而得到李鸿章的赏识。之后，他被聘为李鸿章的家庭教师并由此结识了一批上层名流，其中包括盛宣怀。中国第一所官办的西式大学——北洋西学大学堂[1]，便是由丁家立设计、盛宣怀筹款，于1895年经光绪帝御批而兴办的。丁家立也因此被聘为学堂的总教习。离开北洋西学大学堂后，丁家立暂时回美协助清政府管理协调在美留学生事宜。1909年，又转入美国外交界，被派遣到中国担任外交官十余年直到退休。终其一生，丁家立在中国生活工作了四十几年，按理应该笔墨颇多有不少记录，但北洋西学大学堂的办学过程历经起伏，不断的战乱加上几次大火以致原始档案所剩无几，关于丁家立本人的记录更是少之又少。

远在美国的达特茅斯学院（Dartmouth College）劳耐尔图书特藏馆（Rauner Library）收藏着校友"丁家立档案"（以下简称丁档）。这宗档案包括丁家立所写的文章、译文及演讲稿等，很多是手写稿。如此重要的第一手资料藏在深闺多年人未识。打破沉默的是达特茅斯学院历史系教授、清史学者柯娇燕（Pamela K. Crossley）。2010年柯教授邀请中国人民大学牛贯杰副教授来做访问学者。二人在商讨研究题目时谈到达特茅斯学院的这位中国通。他们随后找到刚调任东亚研究馆员的谢念林协助查找校友档案，才将这尘封已久的丁家立档案挖掘出来。一方面，这位学者如获至宝，撰写的一篇论文引用了很多丁档中的资料，收获颇丰[2]。另一方面，丁档在教学中得以使

---

1 后改为"北洋大学堂""北洋大学"，也即今天的天津大学。——笔者注
2 牛贯杰在柯娇燕教授指导下撰写的论文题为"精神世界与世俗生活的纠结：近代在华西人大心理张力与内在冲突—以美国人丁家立为例"。该论文收录在《丁家立档案》一书中。——笔者注

用。柯娇燕教授作为清史专家特别是研究新清史的主力，开设的清史课颇得学生喜爱。研究清史必然涉及清末革新派的重要人物李鸿章，而丁档所存 12 篇文章中居然有两篇是专门写李鸿章的，因其能近距离接触李鸿章而对其有非常传神的描述。柯教授以为应当让修她课的同学也有机会接触到这份极有价值的文献，以便更直观地感受历史。谢念林馆员与笔者在 2011 年于夏威夷参加东亚图书馆年会一起早餐时聊起此事，引起笔者的极大兴趣。两人商谈后一致认为应当尽快将丁档数字化上网。除此之外，还可以做些辅助性的工作，譬如，国内的学者应当对发掘出来的档案同样感兴趣。但基于语言障碍，相当多的人在获取内容上尚有困难。若能把档案译成中文则可大大便利国内学者，由此引出一个历时近三年的合作项目。因为配合教学需要，所以此项目的计划书很快便得到了达特茅斯图书馆的支持。该馆数字化委员会组织人力将档案进行扫描。我们则开始翻译工作，同时笔者还负责查档以编撰丁家立年谱。

　　丁家立档案数字化的项目自 2012 年 2 月立项至当年 10 月全部完成数字化。原稿 139 页经过 OCR 处理后转录成英文文本，数据编目工作也同时完成。英文档做完后先行上线，柯教授立刻将"丁家立档案"列于她所教授的"1800 年以来的中国历史"的重要原始文献，在该课程的 LibGuide 专门介绍。与此同时，此项目的二期工程即中文翻译和丁家立年谱工作也紧锣密鼓地进行。2013 年在圣地亚哥举行的北美中国研究馆员学会上，谢念林与笔者就此项目做了报告，引起了与会的广西师范大学出版社社长的兴趣，决定列项出书[1]。其后又有乔治城大学东亚研究馆员叶鼎加盟，加快了翻译的进度。柯娇燕教

---

[1] 笔者注:《丁家立档案》作为"学林天下"丛书之一，已经由广西师范大学出版社于 2015 年出版。

授对丁档出书的工作非常支持，并为此书撰写了前言。这宗档案不仅对研究丁家立本人有重要价值，对了解和研究晚清民国历史及当时在华西人的生存状况也都有重要的学术意义。笔者也因此项目与丁家立"结缘"，至今仍在继续研究并在校内外做有关丁家立研究的报告。

丁家立档案项目规模虽小，但整个运作过程很具启示作用。一份深埋的普通档案由学者专家发现并考量其历史价值、图书馆专业人员跟进数字化，再配以进一步翻译及撰写人物年谱，在实现了该档案综合使用的基础上，又大大提高了原始档案的附加值。

三　蓄势待发：小宗特色资源的集合优势

时至今日，我们已不再将过多时间花费在争论纸质与电子版的孰优孰劣上。两种资源并存但图书资源向数字化发展已为大势所趋。千禧后的一代更习惯于经过网络及使用电脑、手机等各种电子接收工具来获取知识。这种信息传播流通的方式与搜索接受的行为是不可逆转的。若干年后，纸质书仍会在书架上整齐排放，但书库在未来的年轻人眼中会变成博物馆。

早在 2004 年，《连线》(*Wired Magazine*) 杂志的主编安德森 (Chris Anderson) 先生提出过一个"长尾效应"(Long Tail Effect)[1] 的市场学理论。在他的网页上，我们可以看到一个正态曲线，左边凸起的部分为头，随后曲线陡然低落，下面形成看上去很平缓且拖得很长的曲线部分为尾。安德森的本意是用此曲线描绘我们的文化与经济已经越来越偏离对主流产品和市场的重视，开始向分布在长尾上的小众需求游走。他提醒

1　见安德森关于"长尾理论"的个人网页（http://www. thelongtail. com/about. html）。

人们不要小看这些小宗的产品，因为叠加效应完全可以和大宗市场一争高下。此理论一出，很多人看出它在其他领域里的应用。笔者工作的图书馆的前任馆长麦德尔（John Meador）先生在 2010 年访问北京师范大学图书馆及 2013 年在长春举行的"中国高校图书馆发展论坛"[1] 会上作为特邀嘉宾讲演时，都提到过这个理论在图书馆战略调整中的意义。各图书馆从纸质向数字图书馆过度的进程中，最初的注意力往往集中在对核心馆藏的数字化工作上。各馆相继投入人力物力去比较各种不同数据库的内容以及购买或订阅费用，努力探索如何使其与本馆馆藏系统兼容与对接，然后花大力气进行培训，等等，也就是过度地重视了"头"。这个大头如今已经完全被出版商及数据库开发商包揽并逐渐兼并，譬如 JSTOR 对过刊大面积涵盖式的数字化，EBSCO 对现行期刊库电子书籍库的兼并及统一界面开发，Sciehce Direct 对科技刊物数字化的大权独揽，等等，都使得图书馆的影响力减弱。与此同时，各馆的丰富特藏及档案，作为小众资源，则密集独立地排列在一条平缓的长尾上。依照"长尾理论"，这些小特藏一旦开发出来，所聚积起来的叠加效应不仅不比大数据库差，而且会让图书馆与使用者双赢。所以，我们的重点需要适当调整，根据各馆不同情况尽快将已有的特藏分批、有序地数字化，以更吸引人的展示效果及对使用者有针对性的服务，使这些尘封已久的文献史料尽快拂尘掸灰，复以光亮。

2011 年，两位澳大利亚图书馆馆员曾利用 OCLC 馆藏分析软件对该国各大图书馆的藏书大数据做了一个量项分析（Genoni & Wright, 2011）。他们抽取六种不同类图书馆的馆

1　见 Mr. John Meador, Jr. 作为特邀嘉宾在 2013 中国高校图书馆发展论坛上提为 "A Survey and Critique Trends among Academic Libraries in the U. S. A." 的讲演（http://www.sal. edu. cn/2013/）。

藏数据进行比对，希望看出该国各主要图书馆的藏书在多大程度上有重复。可以看到，比对澳大利亚8所最具影响力的研究型图书馆共计500多万种藏书中，重复率达到49.9%，各自独特的书目占50.1%.而其他公共图书馆间对比收藏的重复率更高。以上调查只限于图书，各馆的期刊重复率会更大。这样的数据分析无疑从另一个角度补充说明了长尾理论在图书馆实践中的重要性，也更说明开发各校特藏与档案文献等资源的紧迫性。

　　笔者在研究丁家立档案的过程中需要查证其父当年参与创建的一座女子学院——西部女子学院（Western College）。这座创建于19世纪中叶的女子学院，20世纪70年代末被并入位于俄亥俄州的迈阿密大学（Miami University, Oxford OH）。这样一座已经不复存在的学校，其档案却保留完好。全部档案经档案馆员详细编目后先将目录数字化上线[1]，许多老照片也已录入在线数据库，可以在网上直接看到。研究者如我般有幸通过这宗数字化的纪念档案观察到这座已不复存在的学校曾经的轮廓。其实，类似这样的档案在北美各大学特藏及档案馆比比皆是，看似不起眼，每宗却有其独一无二的特色，几乎每宗都是无价的线下绝版。这些珍藏，唯有数字化与网络化方能使其复活并与人共享。一旦开发形成规模，综合效益会非常可观。

四　分存共展：在同一平台检索展示特藏信息

　　若想有系统地对特藏及档案进行数字化保存，基础建设要

1　迈阿密大学，"西部女子学院纪念档案"（Western College Memorial Archives），见 http://spec. lib. miamioh. edu/home/western/。

跟上，所谓工欲善其事，必先利其器。关于这一点，笔者所在学校是如何做的呢？

纽约州立宾汉姆顿大学（Binghamton University, State University of New York），1946 年建校，隶属纽约州立大学系统，是美国东部最好的公立大学之一，连续 17 年被《美国新闻周刊》列为美国最好公立大学前 50 名；2014 年，该大学被《普林斯顿评论》评价为全美性价比第十名。该大学有本科生 13412 名，研究生 3283 名。作为研究型大学图书馆，图书馆有三个分馆，藏书 240 万册，电子书 117 万册，订阅 234 个数据库，并拥有 93414 册期刊。

宾汉姆顿大学图书馆领导一向对特藏及档案特别重视，很早便已经使用 OCLC 的 CONTENTdm 作为数字档案的存储工具。2011 年馆里又有前瞻意识地引进了艾利贝斯（Ex Libris）的 Rosetta 数字资源保存系统，为大学数字资源存储开发及持续生存奠定了坚固的基础。使用 CONTENTdm 的重点在于文献保藏，随着现代科技的迅猛发展及不断更新，我们的理念也在与时俱进。数字化存档的过程不但要从技术上考虑到不同格式的备份及存储，而且要在保存原始格式的同时使其能与不断更新的系统相匹配。文献保藏固然重要，能够让数字资产保存系统与馆里在线查询系统连接起来，便于使用者统一查询阅览下载才是更理想的状态。当时图书馆负责引进 Rosetta 系统的部门负责人在艾利贝斯系统年会上介绍经验时就提出，"知识保藏与发现并非新概念而是新的形态"，"数字保藏说到底是个管理问题"，"没有存取保藏亦无用，数据的存取才是关键"，等等 [1]。这正是我们希望用 Rosetta 代替 CONTENTdm 的关键，

---

1 见宾汉姆顿大学图书馆负责技术引进的系统负责人在以色列举行的艾利贝斯系统年会上所做的关于 Rosetta 引进报告：Edward M. Corrado, *Rosetta in an Academic Library*, 2011https://igelu. org/wp-content/uploads/2011/09/corrado_rosetta_igelu2011. pdf。

即将特藏档案数字资源也放在图书馆所用艾利贝斯的 Primo 发现系统下，共用一个检索界面，统一查询资料。

作为北美高校研究型图书馆中第一个吃螃蟹的，其两个系统更新换代的过程起起伏伏，几年的摸索如今已收获喜悦。将历年存在 CONTENTdm 中的数据全部导入 Rosatta 后，根据现有的人力与现有的专长人才，有重点地加快对特藏数字化的速度。由 Metadata 馆员为每个项目量身定制输入模式。譬如宾汉姆顿大学发布的《每日新闻》（Dateline）信息量大，更新速度快。为保存这些反映学校历史点滴的记录，图书馆已经将该报编目并有系统地进行数据抓取，将这些每日生成的原生数字资源直接存入 Rosetta。类似的项目如大学校刊、学生校报等的收集与存储已经成为例行模式，直接由助理操作存档。又譬如宾汉姆顿大学摄影师每日所拍摄学校各种活动的照片已经积累数十万张，这些档案也在有序地进行转移存储。已经存入 Rosetta 的各种特藏与档案都可以通过图书馆在线发现系统（Find It）与其他资源统一检索。图书馆还联络各系教授，旨在推动教研人员利用图书馆的资源保藏系统作为保护他们个人研究项目，包括研究数据的后盾。此举一可整合宾汉姆顿大学的研究资源，二可为学者提供知识共享的平台。

五　机不可失：独特的收藏与独特的管理

如前所述，北美大学各特藏馆多年以来不遗余力地将各种有价值的历史资料囊括已有并加以保存。须知很多文献资料是需要通过长时间的沟通交流才会在特定的情况下有所斩获的。以笔者工作的宾汉姆顿大学特藏馆为例，全盘接收"库尔德文化遗产博物馆"便是近年来的一大收获。

库尔德人作为西亚的一个游牧民族，因为人口少且无固定领土，不断游离于土耳其、伊拉克、叙利亚以及伊朗等国间，长久以来被世界所忽略，北美学界专事库尔德人研究的学者及图书馆拥有的资料寥寥无几。几年前，有人将韦娃·萨伊波博士[1]介绍给我馆，双方开始建立联系。韦娃是库尔德族文化遗产基金会主席，在曼哈顿拥有一座私人图书馆兼博物馆。在纽约，各种博物馆、书店及不同特色的文化机构林林总总，这个不太引人注目的库尔德文化资料博物馆独树一帜。

20 世纪 70 年代末，韦娃在哥伦比亚大学攻读博士学位期间正值婚姻破裂，心情沮丧，住在公寓对面的一位库尔德小伙子带着鲜花和糕点来安慰她，二人因此相爱并结婚。韦娃通过丈夫接触了很多库尔德人，开始对这个拥有 4000 万人口的古老民族及其独特的历史文化产生了极大兴趣。80 年代初，刚结婚五年的丈夫因病早逝。此后韦娃开始在布鲁克林的家里筹建库尔德文化遗产基金会，全面收集整理库尔德人的书籍资料及各种有关民族文化的实物，她的家也成了库尔德移民聚会的地方。近年来中东局势紧张，库尔德人夹在战火中间，他们的态度和行动引起了外界的关注，很多学者甚至国会议员为研究了解库尔德人的情况都会到馆中拜访韦娃。2010 年，韦娃·萨伊波博士去世。遵照她的遗嘱，孩子们将其全部收藏捐献给宾汉姆顿大学图书馆。我们接手时，恰值 Rosetta 系统的引进，加上特藏馆员中有位土耳其裔在职博士对库尔德文化有相当了解。利用此优势，馆里立即动手将刚刚收进的库尔德特藏加以梳理，数字化工作也同步展开。韦娃的捐赠包括 3000

1　韦娃·萨伊波博士（Dr. Vera Beaudin Saeedpour, 1930-2010），美国人，1973 年获得哥伦比亚大学教育学博士学位；库尔德文化遗产基金会创始人，库尔德文化的宣传倡导者，活动家；收集整理了大量库尔德文献并成为北美最著名的库尔德文化保护传承的活动家。——著者注。

多册图书，还有图片、地图、乐器、民族音乐录音、民族服装、装饰品、艺术品以及日常用品等。目前，除库尔德独立运动领袖个人文件及用品等因为比较敏感尚未公开之外，其他资料已经分批数字化。很多实物照片从不同角度拍摄存档，所以读者可以在网上通过三维视角近距离观看独具特色库尔德民族服装、首饰等。另外，借助那位有特长的馆员，馆中还专门设置了一个库尔德民族生活文化展览。

韦娃在80岁高龄去世时，《纽约时报》对她进行过专门报道（Martin，2010）。用韦娃的话说，"我在这里与世界对话"。的确，她与库尔德丈夫的传奇，可以说拯救了一个几乎被遗忘的民族文化史，因此她本人常被人尊称为库尔德文化的母亲。今天，当库尔德人成为所在地区抗击恐怖主义势力的一支主要力量时，有关库尔德人的研究开始引起更多学者的重视。我馆目前正在申请资金进一步开发网上博物馆以提高该特藏的展示功能。2013年，我馆曾申请到一笔研究经费，开始做移民美国的库尔德人的口述历史工作，目前这项工作正在由库尔德留学生与馆员一起配合进行（de Rouen & Green，2016）。值得告慰韦娃在天之灵的是，她多年努力收集保藏的库尔德文化遗产已经在宾汉姆顿大学图书馆得到了很好的承继及发扬光大。

六　宾至如归：为使用者提供便利

尽管我们相信每一份珍藏无论埋藏多久都会有物尽其用之时，但对文献的保护及数字化典藏的所有努力，若不落实在具体使用上也不过是事倍功半。在这个过程中，协助发现、主动宣传以及热情服务就会变得异常重要。笔者这几年在撰写丁家立年谱查档的过程中，就亲身体验并享受到了这些优质服务。

欧柏林学院（Oberlin College）与中国山西的渊源可以追溯到 19 世纪末。大批欧柏林学院满怀理想的毕业生相继去了中国，著名的"中国宣教团"将宣教点放在了山西太谷。后来的"山西教案"导致 19 名传教士殉职。但欧柏林人知难而进，用纪念殉道者的捐款设立欧柏林—山西基金会，常年资助当年由教会保送到美国留学、学成归国的孔祥熙办铭贤学堂。欧柏林与山西千丝万缕的联系，直到"文革"期间才中断。近些年，这些关系又逐渐恢复。因此，欧柏林档案馆中的山西档案十分丰厚且保留完好，成为研究学习中国近代史、传教史、教育史等不可多得的第一手材料。2010 年，在美国梅隆基金会的资助下，欧柏林学院图书馆与学院艺术史及东亚研究系的教授相配合，建立了线上档案，其中包括欧柏林的山西档案[1]。为满足国内学者对外国传教士研究的需求，时任东亚研究馆员还专门编写了更详细的中英对照档案指南[2]。

因工作原因，笔者完全用业余时间从事丁家立研究。由于欧柏林学院在线档案馆所做的细致工作，使笔者有可能远距离地直接接触到一些相关的原始文件。笔者感兴趣但尚未数字化的文献资料，也因为该馆提供的查询辅助工具，而使笔者比较清楚地了解各宗档案的基本内容，进而在与档案馆员交流时可以有的放矢地沟通。在查档期间，笔者曾与十几位东亚馆员和档案馆员通信、通电话，他们的热情、耐心与专业精神让笔者感到宾至如归。随便举两个感人的服务案例，如欧柏林学院东亚馆员得知笔者的需求后一直记在心上，她自己也在编写山西传教资料索引，当时很多相关资料尚未上线，她凡看到有宣教团早期的文献便来信告知。另一次，笔

---

1 见"山西：欧柏林与亚洲在线档案"，http://oberlin. edu/library/digital/shansi/。

2 见陈晰编《美国欧柏林大学档案馆藏来华传教士档案使用指南》（汉英对照），广西师范大学出版社，2015。

者查到密歇根大学（University of Michigan）档案馆里保留一封丁家立的信件后，因为时间太紧，因该信件很短，只有一页纸，经与大学东亚馆员联系，该馆员竟然亲自去档案馆调出档案，拍照后将电子档及时发了过来。

宣传应当说是服务的另一种形式。除了尽快把所有保藏编目、撰写查询辅助后数字化上网外，馆员们还要主动出击不断高调宣传方可吸引更多学者与同学们的注意，以便尽可能地引入资金而加快特藏与档案数据化的进程。宾汉姆顿大学"林克[1]档案"（Link Collection）的整理过程便是一例。林克先生是20世纪初的美国发明家，毕其一生致力于发明，建树非凡，也帮他盈利甚丰。他在二战期间发明的飞行模拟器，可使空军在地面培训飞行员，避免了很多无谓的牺牲，也挽救了无数年轻军人的生命。这项发明技术至今还在军工与民用方面延续应用。林克长期在宾汉姆顿居住，与本地社区息息相关。林克家族及林克基金会自1975年起陆续将他们夫妇所藏的近两万多件包括书籍、照片、通信、法律文件等捐献给宾汉姆顿大学图书馆。事实上，这些赠品最开始只是寄存在特藏馆里。肩负着林克基金会的托付与信任，馆里在高度重视的同时开始帮助整理宣传。无疑，这样的努力一步步获得林克家族的认可，陆陆续续将各种文献捐出来，并开始注入资金帮助特藏馆做目录及对文件的各种保护处理。林克档案是我馆开始启动数字化工作以来的第一批档案。我们在不间断地数字化的过程中，不断利用各种途径进行宣传，举办各种讲座并与地区博物馆配合搞展览。最近，利用基金会的资助，特藏馆的整整一面墙被改造成非常现代的展示台。该展览用计算机自动调控将林克档案用大屏幕循环展示，使新来的教授和同学在不经意

---

1 爱德华·林克（Edwin A. Link, 1904-1981），出生于美国印第安纳州，著名的军工发明家，

间便了解到这个特藏，也给有进一步研究飞行模拟工程、模拟器发明史、二战空军史、军事工程史等感兴趣的同学开启了一扇强大的视觉窗口。

七　结语

在西蒙斯学院（Simmons College）任教的劳拉·桑德斯教授，在谈到研究型图书馆的战略规划问题的一篇文章（Saunders，2015）中指出："图书馆界面临极大的挑战并亟须做出回应。我们需要分清轻重缓急来加以调整，以便满足各种需求。在这样的形势下，图书馆一面要观察图书信息行业自身的发展趋势，一面也要紧密关注整个的高校教育以便决定哪里是重点。"如其所言，当北美各大图书馆的特藏与档案面临挑战时，我们面对挑战的一些应对体会是：其一，领导需要有前瞻性，譬如我馆有对特藏资源长期保藏及发现的长远眼光及敢为人先的果断，重视特藏并及时引进新系统。其二，特藏档案开发的先后需要配合学者研究及教学的需要，譬如丁家立档案项目中柯娇燕教授的慧眼识珠及鼎力相助。其三，各馆在特藏及档案开发中要充分果断地利用各自现有的特殊人才，譬如我馆在职博士对整理库尔德档案所发挥的不可或缺的作用。其四，若为资金人力所限尚不能大规模开发，搞好宣传与服务好读者也会收到意外的惊喜。

总之，在网络、数字化、大数据等科技不断变革的浪潮中，我们的生存法则是：随着人类文明的进步，不断调整知识与馆藏结构；随着人类文化的进步，不断推动知识共享的理念；随着科学技术的进步，不断调整展示人类知识的形态。无论是图书馆馆员、特藏馆馆员，还是档案馆馆员，作为人类知识的保护、保存及助人发现知识的专业者应当永远在探索的路上先行一步。

参考文献

Corrado, Edward M. (2011). *Rosetta in an Academic Library*. Presented at IGeLU Conference & ExLibris Systems Seminar. Haifa, Israel, Sept. 11 (https://igelu. org/wp-content/uploads/2011/09/corrado_rosetta_igelu2011. pdf)

Green, Jean L. (2011). *Gift of the Kurdish Heritage Foundation*. LibraryLinks, Binghamton University Libraries, Fall.

Genoni, Paul, & Wright, Janette. (2011). Australia's National Research Collection:Overlap, Uniqueness, and Distribution. Australian Academic & Research Libraries, 42 (3), 162-178.

Martin, D. (2010, June 13). *Vera B. Saeedpour, 80, Built a Kurdish Archive in New York*. New York Times, p. A28.

Mills, Alexandra. (2015). *User Impact on Selection, Digitization, and the Development of Digital Special Collections*. New Review of Academic Librarianship, 21 (2), 160-169.

Mulligan, Bern. (2011). *How Do You Spell Digital Preservation? R-o-s-e-t-t-a*, LibraryLinks. Binghamton University Libraries, Fall.

Meador, John M. (2013) *A Survey and Critique Trends among Academic Libraries in the U. S. A.* 中国高校图书馆发展论坛，中国长春，6 月 18 日。

de Rouen, Aynur, and Jean Green. (2016). *From Brooklyn*

to Binghamton:The Vera Beaudin Saeedpour Kurdish Library & Museum Collection at Binghamton University. The Reading Room（2016）:7.

Saunders, L.（2015）. *Academic Libraries'Strategic Plans:Top Trends and Under-Recognized Areas.* The Journal of Academic Librarianship, 41（3）, 285–291.

谢念林、王晓燕（2013），《数字化资源的扩展：丁家立手稿的中译及资料整理计化》, *Society for Chinese Studies Librarians Newsletter,* Issue 5, August。

第 三 部 分

地区研究资源的建设

北美大学东亚图书馆的历史、现状和前瞻 [1]

王 立 郑美卿 司徒萍 [2]

摘 要：

文章介绍了北美东亚图书馆的发展历史和现状，对其馆藏特色及未来的发展做了探讨，并提出构想和建议。

关键词：

北美大学 东亚图书馆 学术资源 知识管理

一 前言

北美地区在较大规模收藏东亚图书方面，距今已有 150 多年的历史。在这期间各种东亚文字书籍的收藏和管理经历了从无到有、积少成多、不断发展完善的过程。美国及加拿大逐渐成为海外收藏东亚文献资源最丰富的地区。北美大学的各东亚图书馆是东亚文献收藏的主力，不仅为保存东亚的各类学术

---

1 本文曾在 2011 年 10 月在厦门举行的"首届中美高校图书馆合作发展论坛"上宣读，经修改补充后在《国际汉学》2015 年第 3 期上发表。这次收录之前又做了一些资料更新和文字修订。

2 王立，布朗大学东亚图书馆馆长，高级研究馆员；毕业于北京大学；美国西肯塔基大学人文学硕士·爱荷华大学宗教学博士，图书馆与信息科学硕士。郑美卿，麦吉尔大学图书馆东亚研究馆员；毕业于中国人民大学；美国俄亥俄州立大学东亚语言文学硕士，加拿大多伦多大学图书馆与信息科学硕士。司徒萍，亚利桑那大学图书馆研究馆员；毕业于北京外国语大学；美国亚利桑那大学西班牙语语言学硕士，亚利桑那大学图书馆与信息科学硕士。

资源做出了重大贡献，更为各个大学的有关学术研究与教学服务发挥了至关重要的作用。进入 21 世纪以来，北美大学各东亚馆藏在图书馆事业发展和国际文化交流中继续扮演着不可替代的角色。本文将在概括总结有关馆藏文献现状的基础上，对北美地区特别是各大学东亚图书馆的历史发展分四个阶段进行回顾[1]，对北美大学东亚图书馆馆藏的现状、地位和意义进行简要的论述，并对今后的发展方向做初步的探讨和展望。

二 北美东亚图书馆的建立与发展

众所周知，以中国为首的东亚文明在出版印刷方面有着辉煌的历史。据西方学者估计，到 19 世纪末，中国出版的图书比世界其他国家出版的总和还要多[2]。北美地区较大规模收藏东亚图书的历程，始于 19 世纪下半叶。在此之前，只有少数到过中国的传教士和旅游者有过零星收藏。1867 年美国国会通过国际书籍交换法后，中国清政府的同治皇帝在 1869 年首先向美国国会图书馆赠送了 933 册中文线装书[3]。这一批书籍，不仅是国会图书馆东方文库之祖，很可能也是全北美第一批中文馆藏，由此拉

---

1 下述关于北美东亚馆藏发展历史及现状，参考了一些图书馆的介绍网页、CEAL 报告、统计数据以及其他有关资讯和综述文章等。主要有：American Council of Learned Societies，*East Asian Libraries:Problems and Prospects:A Report and Recommendations*〔New York〕:1977；Tsuen-Hsuin Tsien（钱存训），"Trends in Collection Building for East Asian Studies in American Libraries，" *College & Research Libraries* 40（September 1979）:pp. 405 – 415；Eugene W. Wu（吴文津），"Organizing for East Asian Studies in the United States，"（*Journal of East Asian Libraries*，No. 110，Oct. 1996）: pp. 1-14;周原：《美国大学中的东亚图书馆》，载《天禄论丛》2010 年，第 239-259 页。除文中尽量注明资料来源外，特向所有原编著者致谢。

2 Kenneth S. Latourette，*The Chinese:Their History and Culture*，3rd revised ed.（New York:Macmillan, 1946），pp. 770-771.

3 Tsuen-Hsuin Tsien，p. 405.

开了大洋彼岸收藏东亚文献的序幕。北美东亚图书馆的发展历程大致可分为以下四个阶段:(1)初始收藏阶段(1869～1919年);(2)奠定基础阶段(1920～1945年);(3)兴旺成长阶段(1945～1979年);(4)继续发展阶段(1980年至今)。

2.1 初始收藏阶段(1869～1919年)

代表这个时期收藏中文图书的图书馆及学术机构主要有美国国会图书馆(Library of Congress)(1869年)、耶鲁大学(Yale University)(1878年)、哈佛大学(Harvard University)(1879年)、加州大学伯克利分校(University of California at Berkeley)(1896年)、哥伦比亚大学(Columbia University)(1901年)、康奈尔大学(Cornell University)(1918年)等。如前所述,在接受了清政府1869年赠送的中文书及日本政府1875年的赠书之后,国会图书馆的东亚馆藏由书籍扩展到图片、期刊、地图等种类。1928年,国会图书馆成立了中国文学部(Division of Chinese Literature)。自此,机构名称几经更迭。1931年名称改为中日文学部(Division of Chinese and Japanese Literature)。1932年又改名为东方部(Division of Orientalia),馆藏增加了地理、语言等科目。1942年更名为泛亚部(Asiatic Division),1944年再次改名为东方部(Orientalia Division)。直到1978年才定名为现在的亚洲部(Asian Division)[1]。目前东亚馆藏有约108万册中文图书、118万册日文图书、28万册韩文图书以及其他语种的文献资料[2]。

---

1 参见卢雪乡《李华伟博士与国会图书馆》,载《公共图书馆》,http://www.publiclib.org.cn/library/periodical_show/1441.html,访问日期:2012年8月3日。

2 CEAL Statistics Committee, "Council on East Asian Libraries Statistics 2010-2011:For North American Institutions," p. 54; http://www.lib.ku.edu/ceal/PHP/STAT/20102011/cealstats2010_11.pdf,访问日期:2012年7月23日。

另一方面，从 19 世纪末期到 20 世纪初期，美国各大学因仿效欧洲对东方语文的研究，中文教学开始列入大学课程内，中文图书也陆续被各大学收藏，开始了早期在北美洲收藏有关中文和东亚学术文献的历程。

耶鲁大学是美国最早开始教授有关东亚研究的大学。1877 年耶鲁大学开始聘用第一位中国语言文学教授卫三畏（Samuel Wells Williams）。1878 年，耶鲁大学第一位中国毕业生容闳（Yung Wing）赠送母校一套《古今图书集成》。容闳是近代第一个系统接受美国新式教育并获学位的中国人。日本人朝河贯一（Kan'ichi Asakawa）从 1906 年到 1948 年从事中日馆藏的收集工作。其后几十年耶鲁大学的东亚馆藏迅速发展，它的主要目标是为教学与研究服务，收藏重心是中国与日本的有关资料。韩文资料在近年来也有所发展。1879 年，哈佛大学设立了中文讲座，并开始收集中文书籍。中文课的开设与中文资料的捐赠，奠定了北美最初收集东亚馆藏的基础。由于当时中美两国商业往来频繁，加州大学伯克利分校于 1890 年设立了东方语文讲座。1896 年，傅兰雅（John Fryer）赠送给伯克利其私人中文藏书，由此开始了该校最早的东亚馆藏。1947 年正式建立东亚图书馆。2008 年更名重组后的加州大学伯克利东亚图书馆（C. V. Starr East Asian Library）对公众开放，成为美国大学校园第一座有独立建筑的东亚图书馆。该馆的宗旨是以提供人文、艺术、社科等科目为重点的东亚文献资料来支持本校及加州其他大学的教学与科研。到 2011 年有中、日、韩东亚馆藏超过 100 万册[1]。哥伦比亚大学的东亚馆也有逾百年的历史。1901 年，哥伦比亚大学设立了丁

---

1 "Council on East Asian Libraries Statistics 2010-2011:For North American Institutions," p. 54.

　　　　第三部分　地区研究资源的建设

良（Dean Lung）中文讲座。同年，清朝总督李鸿章代表慈禧太后赠送哥伦比亚大学 5044 册图书。这些书在 1902 年运到美国，由此成为哥伦比亚大学第一批中文馆藏。1902 年，夏德（Frederick Hirth）成为哥伦比亚大学的第一任中文教授与中文图书馆馆长。哥伦比亚大学东亚图书馆（C. V. Starr East Asian Library）到 2011 年有约 91 万册中、日、韩、藏、蒙、满文等书籍，近 7500 种期刊[1]，收藏重点是人文与社会科学，中文馆藏在文学、历史、地方志、家谱、电影研究等方面尤为突出。1908 年，一位在芝加哥菲尔德自然史博物馆（Field Museum of Natural History）任职的汉学家劳费尔（Berthold Laufer）从远东带回大批中、日、满、蒙、藏文书籍。1918 年，康奈尔大学接受了校友查尔斯·华生（Charles Wason）赠送的 9500 册有关中国的图书、550 册手稿，以及其他类型的文献，成立了以华氏命名的中文图书馆。此前，康奈尔大学在 1870 年已开始讲授中文和有关中国的课程。到 2011 年，东亚馆藏包括中、日、韩、藏、满等文字的图书，总数量超过 70 万册[2]。

随着国会图书馆和几个大学接受官方或私人赠送的书籍与资料，从此奠定了北美最初收集东亚馆藏的基础。虽然这个初始阶段的收藏带有一定的偶然性，有些大学尚未有专门的部门与人员来管理资料，图书馆也没有为东亚资源提供财政预算，然而这些大学在随后的年代都为北美的东亚馆藏发展起到了带动作用。20 世纪初叶，美国大约有东亚图书 20 万册，分藏在美国大约 10 所包括纽约公共图书馆在内的机构中。这一时期的收藏，主要由

1　"Council on East Asian Libraries Statistics 2010-2011:For North American Institutions," p. 54.

2　"Council on East Asian Libraries Statistics 2010-2011:For North American Institutions," p. 54.

赠送或交换而来，而不是有计划地收集或采购。当时能够阅读东亚资料的人极其有限，仅有少数具有相关知识的人员对馆藏加以保管利用以及著录。在当时的图书馆内，尚没有适用于东亚文献系统的分类编目，以及使用标准的罗马拼音的制度。

初始收藏阶段北美东亚图书馆藏地理分布情况如图1所示。

图1　北美东亚图书馆藏地理分布（一）（初始收藏阶段：
1869 ~ 1919 年）

2.2　奠定基础阶段（1920 ~ 1945 年）

两次世界大战之间，北美东亚图书馆开始得到较有系统的发展。在这个阶段，更多的大学成立了颇具规模的东亚馆或设立了图书馆的东亚部。东亚研究课程的设置与东亚馆藏的管理趋向正规化。馆藏主要是为了辅助大学的教学，或辅助博物馆对艺术品的研究。有目的性的馆藏采购比上一阶段有明显的增加。东亚馆藏采用新的分类与编目方法，使这类馆藏的管理系统化、制度化。此时期的东亚馆得到更多学术团体的支持，或基金会以及私人的赞助，聘用了一定数量的有专业知识的东亚馆员。代表这个阶段的大学图书馆有夏威夷大学（University of Hawaii）图书馆（1925 年）、麦吉尔大学（McGill University）图书馆（1926 ~ 1936 年）、普林斯顿大学（Princeton University）图书馆（1926 年）、宾夕法尼亚大学（University of Pennsylvania）图书馆（1926 年）、哈佛燕京学社（Harvard-Yenching Institute）及哈佛燕京图书馆（Harvard-Yenching Library）（1928 年）、西北大学（Northwestern University）图书馆（1933 年）以及芝加哥大学（The University of Chicago）图书馆（1936 年）等。

这一时期所设立的图书馆中，最重要的是 1928 年成立的哈佛燕京图书馆。虽然哈佛大学在 1928 年才正式成立东亚图书馆，为配合教学，它从 1879 年开始小规模地收集中文资料，以配合当时设立的中文讲座。馆藏从中文开始，后增加日、韩、藏、蒙、满、越等文字。收藏的资源以社科人文类为主，也包含各种科目的自然科学。哈佛燕京图书馆是西方最大的大学东亚图书馆。目前的总藏书量在 130 万册以上。哈佛燕京图书馆现有中文资源将近 80 万册，还有日文、韩文、越南文、藏文、满文、蒙文资料。英语及其他西文资料超过 5 万册。中文的收藏包括经典、哲学、地方志、考古、历史、艺术史等。重点收藏的种类有地方志、丛书、学术期刊等。哈佛燕京图书馆在裘开明先生的主持下，采用了新编的《汉和图书分类法》和附有罗马字拼音的排印卡片目录，该方法为当时其他东亚图书馆所采用。

葛斯德（Gest Chinese Research Library）中文研究图书馆于 1926 年在麦吉尔大学成立并举行了隆重的开馆仪式，中文图书馆的馆藏全部是由葛斯德从中国购买的书籍。其中医学与佛教方面的书籍占很大比重，也收有古典文献，以及数学、天文等学科。馆藏中有许多珍本与孤本。1936 年由于各种原因，整个图书馆的大约 12 万册图书迁至普林斯顿大学。加拿大皇家博物馆 1929 年采购了慕学勋（Mu Hsueh Hsun）藏书约 4 万册，其后增购 1 万册，慕氏藏书在北京编目后，于 1935 年运回多伦多。这些馆藏成为加拿大汉学研究中心的重要资源。

夏威夷大学图书馆的东亚馆藏从 1920 年夏威夷大学建立日文系开始。1930 年，夏威夷大学建立了以中文、印度文、日文为主的东方学院。1962 年，新建的东西方中心（East-West Center）吸收了东方馆（Oriental Library）的馆藏，并把范围扩大到收藏包括韩文以及南亚、东南亚各国的资料。1970 年东西方中心的馆藏与另外两个馆藏合并为夏威夷大学图书馆亚洲馆，目前的馆藏量在 70 万册左右（中、日、韩馆藏 30 万册左右），期刊 2000 种左右[1]，成为太平洋一带规模最大的东亚馆藏。普林斯顿大学的东亚图书馆是以上述葛斯德东方图书馆的馆藏为基础的。1936 年麦吉尔大学的中文图书馆关闭后，其全部馆藏转移到普林斯顿大学，不过当时尚未正式并入它的大学图书馆。普林斯顿大学图书馆的东方图书部成立于 1950 年。第一任馆长是胡适。第二任馆长为童世纲，在任长达 26 年。普林斯顿大学东亚图书馆珍本和古籍的收藏量在北美名列前茅。目前的总藏书量超过 70 万册[2]。宾夕法尼亚大学东亚文献的收集始于 1926 年，当时中国政府赠送给宾夕法尼亚大学一部分中文书。从此之后东亚馆藏开始发展，在人文及社会科学方面较强。芝加哥大学东亚图书馆于 1936 年成立，现有中、日、韩资源 70 万册以上，也包括藏、满、蒙文等资料；英语及其他西文资料超过 60 万册[3]。中文的收藏包括经典古籍、哲学、地方志、考古、历史、艺术史等，重点收藏

1　"Council on East Asian Libraries Statistics 2010-2011:For North American Institutions," p. 54.

2　"Council on East Asian Libraries Statistics 2010-2011:For North American Institutions," p. 54.

3　"Council on East Asian Libraries Statistics 2010-2011:For North American Institutions," p. 54.

　　　　第三部分　地区研究资源的建设

的种类有地方志、丛书、学术期刊等。

这一时期（1920～1945年）涌现出的几个主要的东亚研究学术团体对于东亚馆藏起到了一定推动作用。20世纪30年代成立了美国东方学会（American Oriental Society），每年一度年会，并成立远东研究促进委员会，出版《远东研究简报》（*Notes on Far Eastern Studies*）。1941年在美国东方学会基础上成立了远东学会（Far Eastern Association），后改名为亚洲学会（Association for Asian Studies，即AAS）[1]。亚洲学会下设东亚图书馆委员会（Committee on East Asian Libraries），后又设立东亚图书馆理事会（Council on East Asian Libraries，即CEAL）[2]。

到二战结束时，北美的东亚图书馆增至大约20所，总藏书量超过100万册，由此奠定了东亚研究与东亚馆藏迅速发展的基础。这些为管理和获取东亚文献提供了有利条件。

奠定基础阶段北美东亚图书馆藏地理分布如图2所示。

图2　北美东亚图书馆藏地理分布（二）（奠定基础阶段：
1920～1945年）

1　http://www.asian-studies.org/，访问日期：2012年7月23日。

2　http://www.eastasianlib.org/，访问日期：2012年7月23日。

2.3 兴旺成长阶段（1945～1979 年）

二战结束之后，西方研究东亚的中心逐步从欧洲转移到北美。东亚图书馆的发展在北美突飞猛进，不仅馆藏数量迅速增大，发展东亚馆藏的方针与性质也有了很大改变。战后，美国感到东亚语言人才缺乏，以及对东亚文化了解的贫乏，大学纷纷开设有关东亚的政治、文学、经济、社会、教育等科目。为配合教学，图书馆也丰富了在这些领域的馆藏。这个发展阶段，又可分为以下两个高峰期。

1. 兴旺成长阶段（高峰期）I（1945~1949 年）

二战刚结束后（1945～1949 年），迎来东亚馆发展的第一个高峰期。斯坦福大学（Stanford University）、华盛顿大学（University of Washington）、加州大学洛杉矶分校（UCLA）、密歇根大学（University of Michigan）等几所重要的大学都成立了东亚馆，它们的馆藏随之迅速发展。其后自 1960 年开始又一次迎来东亚馆的发展高峰。在北美有将近 40 所大学成立了东亚馆或设立了东亚部。现将第一个高峰时期发展的主要东亚馆简介如下。

斯坦福大学在 1945 年成立胡佛研究所（The Hoover Institution）及东亚图书馆。现在的东亚图书馆是在二战后的胡佛研究所东亚藏书的基础上发展起来的。馆藏的宗旨是将重点放在发展 20 世纪研究美国与中国、日本等亚洲国家的关系方面的资料。为了适应 21 世纪新形势发展的需要，2001 年胡佛研究所的东亚馆藏成为斯坦福大学图书馆系统内的东亚图书馆。华盛顿大学早在 1937 年由洛克菲勒基金会资助最初的东亚馆藏。不过，随着 1946 年远东学院（Far Eastern Institute）的建立，初期的东方研修室藏书（Oriental Seminar Room Collection）也发展为远东图书馆。随后的几十年馆藏稳步发展，自 20 世纪 90 年代开始增长尤其迅速。到 2011 年有 60

种以上全文数据库，中、日、韩、藏、蒙、满等文字的资料超过 58 万册[1]。加州大学洛杉矶分校东亚图书馆成立于 1948 年。馆藏的基础是当时亚洲语言系主任从中国以及日本购买的近万册书籍。中文资料占东亚馆藏的半数以上。中文资源的收藏重点是考古、宗教、历史、民间文学、古典文学以及艺术等。近期着重收集地方志及年鉴。到 2011 年馆藏总量（中、日、韩及其他语文）约 63 万册[2]。密歇根大学于 1936 年成立远东研究所，并开设以东亚研究为中心的课程。1947 年，在卡内基公司（The Carnegie Corporation）和洛克菲勒基金会（The Rockefeller Foundation）的资助下，成立全美第一个日本研究中心。1961 年，中国研究中心宣告成立并获得福特基金会（The Ford Foundation）的五年资助。1959 年，该馆正式称为亚洲图书馆，1960 年以后，成为美国中西部最重要的东亚馆之一。韩国研究中心于 1995 年成立后，密歇根大学成了全美首家拥有三个东亚研究中心的高等教育机构。1994 年建立了全美第一个面向东亚研究的多语种网站。到 2011 年中、日、韩文书籍的馆藏达 78 万多册，期刊 1500 多种，以及大量的其他文献资料[3]。

2. 兴旺成长阶段（高峰期）II（1960～1979 年）

20 世纪 60 年代，由于东亚图书馆的快速成长，导致东亚馆专业人员的缺乏。芝加哥大学的图书馆系在 1965 年召开特别会议，检讨有关区域研究和图书馆所面临的问题。芝加哥大学图书馆系与本校的东亚系合作开设训练东亚图书馆的

---

1 "Council on East Asian Libraries Statistics 2010-2011:For North American Institutions," p. 54.

2 "Council on East Asian Libraries Statistics 2010-2011:For North American Institutions," p. 54.

3 "Council on East Asian Libraries Statistics 2010-2011:For North American Institutions."

专业人才。至 20 世纪 70 年代末，芝加哥大学培养了 30 多名该领域的硕士与博士研究生。这个时期，美国政府也开始重视美国以外的区域研究工作。1958 年，联邦政府特别通过国防教育法案之 Title VI 项目，支持外语教育和对国际区域的研究，使得东亚图书馆得到更多来自政府的财政支持[1]。1975 年，美国学术协会理事会（American Council of Learned Societies）由福特基金会提供资金，研究东亚图书馆的现状与问题后，提交了研究报告和建议。报告指出，二战后，全国性的东亚研究经历了爆炸式的发展。由此提出三项必要措施：（1）已设有大规模东亚研究项目的大学应加强东亚馆藏。在这方面，管理者应负起责任。（2）应建立地区性的或全国性的联合机制来促进东亚馆的建设。（3）应建立完整的书目数据库，文献应易于识别与获取。美国联邦政府在 1969 年资助芝加哥大学举办了 6 个星期的暑期训练班，给予在职东亚馆工作人员以专业培训[2]。

对这方面的重视和各界联手努力使得北美地区在 1960 年后迎来又一次东亚馆的发展高峰期，有将近 40 所大学成立了东亚馆或设立了东亚部。从地理位置上看，东亚馆分布在美国的东部、中西部、南部、西南、山地、西海岸等各个地区，以及加拿大的一些地区。这些有代表性图书馆的大学包括以下大学：

（1）东部：布朗大学（Brown University）、匹茨堡大学（University of Pittsburg）、马里兰大学（University of Maryland）、弗吉尼亚大学（Virginia University）、罗格斯大学

---

1 见 Office of Postsecondary Education, U. S. Department of Education：http://www2. ed. gov/about/offices/list/ope/iegps/title-six. html，访问日期：2012 年 7 月 23 日。

2 American Council of Learned Societies, *East Asian Libraries：Problems and Prospects：A Report and Recommendations*（［New York］：1977），p. 14.

（Rutgers University）、宾夕法尼亚州立大学（Pennsylvania State University）、达特茅斯学院（Dartmouth College）；

（2）中西部：伊利诺伊大学厄巴纳—香槟分校（University of Illinois at Urbana-Champaign）、威斯康星大学（University of Wisconsin）、明尼苏达大学（University of Minnesota）、爱荷华大学（University of Iowa）、印第安纳大学（Indiana University）、俄亥俄州立大学（Ohio State University）、堪萨斯大学（University of Kansas）、圣路易斯华盛顿大学（Washington University, St. Louis）、欧柏林学院（Oberlin College）；

（3）南部和东南部：北卡罗来纳大学（University of North Carolina）、杜克大学（Duke University）、得克萨斯大学奥斯汀分校（University of Texas at Austin）、佛罗里达大学（University of Florida）；

（4）西南部和山地：亚利桑那大学（University of Arizona）、科罗拉多大学（University of Colorado）、杨百翰大学（Brigham Young University）；

（5）西海岸：俄勒冈大学（University of Oregon）、加州大学圣塔巴巴拉分校（UC Santa Barbara）、加州大学圣迭戈分校（UC San Diego）、南加州大学（University of Southern California）等。

这些新兴的东亚图书馆藏一般都属于中小型规模，尽管馆藏资源不够丰富，资金、人力资源也很短缺，但由于各校及图书馆的支持，特别是东亚图书馆员的专业努力，发展大都很迅速，颇有各自的特色。如布朗大学东亚馆建立于1961年，是在以哈佛大学汉学家查尔斯·贾德纳（Charles Sidney Gardner）捐赠的3万余册"贾德纳藏书"文库基础上发展起来的。现有中、日、韩文藏书近19万册，其中15万多册中文图书包括很多古籍善本，以清代典籍、文、史、哲、宗教、考古、艺术史、社会科学等方面的文献为侧重。此外，还在作家冰凌藏书捐赠的基础上建立了"中国当代作家签名文库"，包括 100 多位作家的上千册著作。该馆独特的中国传统书柜组成了北美唯一的东方风格的藏书房。这使布朗大学的东亚馆成为最具特色的中型东亚馆藏之一。匹兹堡大学东亚馆人员编制较齐备，多年来发展得颇具规模。现有东亚图书约 44 万册，其中中文图书 28 万多册[1]。该馆在馆藏建设、文献传递、读者服务以及国际专业交流等方面经常发挥领先作用。亚利桑那大学于 1959 年成立了东方学系（Oriental Studies Department），后更名为东亚系（East Asian Studies Department）。1964 年亚利桑那大学图书馆开始采购和收集有关东方学方面的中日文资料，现有中日文馆藏图书 20 多万册。在 20 世纪 60 年代，亚利桑那大学的东亚馆藏是洛基山脉唯一拥有中日文东亚学资料的馆藏，主要侧重于语言、文学、历史、哲学、佛教等方面的文献。

在加拿大，西部的英属哥伦比亚大学（University of British Columbia）和东部的多伦多大学（University of Toronto）都建立了较为完善的东亚馆，此外，阿尔伯达大学（University of Alberta）、麦吉尔大学、蒙特利尔大学（University of Montreal）设有规模较小的东亚馆藏部。英属哥伦比亚大学的亚洲图书馆在 1960 年成立。它在收集亚洲研究的文献与资源方面，是加拿大规模最大的机构。到 2010 年，其收藏量超过 61 万册，包括中、日、韩、藏、印地、波斯等文种的大量电子期刊、缩微制品、多媒体视听制品等。多伦多大学的东亚图书馆在 1961 年成立，当时的馆藏数量在 6 万册左右，

1　"Council on East Asian Libraries Statistics 2010-2011:For North American Institutions," p. 54.

其中大部分来自 1935 年从北京运到多伦多的慕学勋藏书。其后多纳加拿大基金会（Donner Canadian Foundation）捐助了 2 万加元以加强日文馆藏。1979 年得到韩国研究基金会的资助，建立起韩文馆藏。1987 年郑裕彤（Cheng Yu Tung）捐献了 150 万加元来扩建东亚馆。1991 年正式命名为郑裕彤东亚图书馆。目前该馆藏书量（中、日、韩及其他文种）约 51 万册，并收有大量电子文献[1]。

兴旺成长阶段北美东亚图书馆藏地理分布情况如图 3 所示。

图 3　北美东亚图书馆藏地理分布（三）（兴旺成长阶段：
1945 ~ 1979 年）

2.4　继续发展阶段（1980 年至今）

20 世纪后期是既持续发展又充满变革的新时代。1979 年中美建交，随之中国大陆改革开放带来出版业的繁荣与图书出口渠道的畅通，为北美图书馆进一步提高中文藏书提供了良机。20 世纪 80 年代采用的图书馆自动化技术大大加速了文

1　"Council on East Asian Libraries Statistics 2010-2011:For North American Institutions,"
　　p. 54.

献的便捷获取。中日韩联机编目系统也在 80 年代建立和发展起来。首先美国的研究图书馆组织（Research Libraries Group）以 RLIN（Research Library Information Network）为基础开发了具有中日韩文字功能的线上联合编目系统。其后，OCLC（Online Computer Library Center）也推出了中日韩编目系统。几年前，两系统合并成为 OCLC 中日韩文联合编目系统。20 世纪 90 年代的 10 年是经历深刻变化的 10 年。电子计算机和互联网的广泛应用，给图书馆包括东亚馆带来新的生机。网络技术的发展使图书馆得以突破地域和时间的限制，极大地提高了服务效率与质量。各个东亚馆之间的馆际合作加强，资源共享的项目不断增多。部分东亚馆开始提供电子化的图书资源。

进入 21 世纪以来，东亚图书馆经历了既是持续发展，又是充满变革的时期。各馆电子文献的馆藏有了突飞猛进的发展。中日韩的电子书、电子期刊、数据库等产品大量涌进电子文献市场，使得各东亚馆的电子类馆藏达到了空前的规模。东亚馆采用新的网络技术，增加了新的读者服务项目。一些大型东亚馆还参加了"谷歌［数字化］图书"（Google Book）项目，为东亚书籍的数字化做出极大贡献。近几年来，受经济衰退的影响，图书馆的经费与人员有所减少。很多图书馆经历了前所未有的重组与整合。从采购到编目都采取了外包（out-sourcing）、题类订单计划（approval plan）等新形式。另一方面，由于图书馆空间的日益缩小，图书的保藏形式也有了某些变化，例如，使用哈佛仓储形式（Harvard Storage Model）或智能收藏及提取方式（Automated Storage and Retrieval System）来替代传统的书架摆放形式。全美地区和专业图书馆联盟（consortium）的资源分享也有了进一步发展。如美国东北部以八大名校常春藤联盟（Ivy League）为主建立的联合"直通借阅"（Borrow Direct）服务，现又扩大到麻省理工学院、芝加哥大学、斯坦福大学、杜克大学、约翰斯·霍普金斯大学等，成为"加强常春藤联盟"（Ivy-Plus）。这种合作方式使读者能在本馆较快地直接借阅到其他大学的文献资源，实际上极大地丰富了各校自身的馆藏获取能力。

1980年后建立的东亚馆藏主要有亚利桑那州立大学（Arizona State University）、爱默蕾大学（Emory University）、宾汉顿大学（Binghamton University）、加州大学圣迭戈分校（UC San Diego）、加州大学河滨分校（UC Riverside）等。

继续发展阶段北美东亚图书馆藏地理分布情况如图4所示。

图4　北美东亚图书馆藏地理分布（四）

（继续发展阶段：1980年至今）

三　北美大学东亚图书馆馆藏的现状、地位和意义

3.1　北美大学东亚图书馆的现状及发展原因

如上所述，在经历了100多年的发展历程以后，美国和加拿大现有将近50个具有一定规模的大学东亚馆或图书馆的

东亚部（在 CEAL 统计范围内），另有超过 30 所大学设有较
小规模的东亚馆藏。这些图书馆的东亚藏书总量约 2000 万
册，年度采购预算在 1500 万美元左右。其中美国国会图书馆
的亚洲馆藏书约 250 万册，占其总馆藏的 9%。加州大学伯克
利分校的东亚馆藏约 100 万册，占其总馆藏的 10%。哥伦比
亚大学的东亚馆藏约 91 万册，占其总馆藏的 8%。可见东亚
馆藏在图书馆总体发展方面已具有一定的规模和地位。在北美
地区，除了主要分布在这些大学图书馆和国会图书馆以及一些
博物馆中图书馆的东亚馆藏外，某些公共图书馆，例如纽约市
公共图书馆，也有一定规模的东亚图书。总的看来，北美大学
的东亚馆藏，已成为亚洲以外最大的东亚文献资源基地。北美
东亚图书馆藏书册数增长概况如图 5 所示。

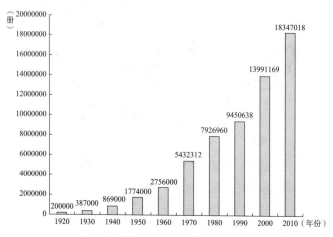

图 5　北美东亚图书馆藏书册数增长概况（1920～2010 年）
资料来源：CEAL 数据库及其他参考资料。

　　不难看出，北美地区东亚馆藏逐渐丰富的主要原因在于以
下几个方面：首先，丰富悠久的东亚文明与文化使得西方学者
产生强烈的研究兴趣，由此而产生了千方百计采购和获取这些

资料的强大动能，以致促进了对中、日、韩等文献资料的需求不断增长。其次，在不同的历史时期，美国政府、亚洲学会、各大基金会、各大学、研究机构以及学者、收藏者个人对这一地区研究的支持与赞助使得东亚馆藏的不断增长成为可能。再次，美国先进的图书馆信息管理理念不断探索实践，革命性的新科技的持续更新和采用，文献采访、获取与传输的编目检索系统的及时补充与完善，使得东亚图书馆成为图书馆发展中的重要组成部分之一。成立于 1958 年的北美东亚图书馆理事会（Council on East Asian Libraries，CEAL）联合协调各个东亚图书馆，在资源分享、标准制定、技术革新、专业培训、交流经验等方面都起了领导作用（见图 6）。CEAL 每年在亚洲学会（Association for Asian Studies，AAS）年会之前举办专业年会，与会者通常达一二百人。最后，各图书馆的专业馆员在资源获取、管理编检、文献保藏、读者服务等方面都发挥了重要作用，对东亚馆藏在北美的发展、传播、利用做出了重要贡献。他们总体上业务素质高，语言优势强，敬业精神佳，在大洋洲彼岸管理推介东亚馆藏方面扮演了不可替代的角色。

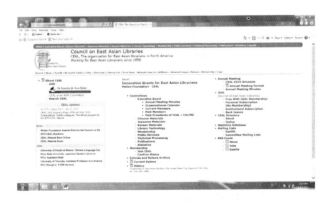

图 6　北美东亚图书馆理事会（CEAL）主页
网页链接：http://www.eastasianlib.org/。

3.2 北美大学东亚图书馆资源概览及简析

通过对 CEAL 统计资料的简要分析，可以进一步说明北美大学东亚图书馆的特点和作用。有关 2013 年文献资源、财政资源、人力资源等方面的更新概览如表 1 所示 [1]。

表 1　北美主要东亚图书馆资源概览（2013 年）

文献资源（中、日、韩文及其他语言）
纸本图书（56 馆）：19754544 册（其中中文 10408336 册）
电子书（56 馆）：4961284 册
连续读物（52 馆）：12770486 种（含纸本等 118171 种，电子类 346721 种）
电子期刊（52 馆）：346721 种
缩微资料（56 馆）：1008122 种
图像地图（56 馆）：49681 份
音像制品（56 馆）：168027 种（包括录音、录像、电影、DVD）
电子资源（51 馆）：21597 种（其中 3209 种数据库，光盘 57046 种）
财政资源
采购经费（56 馆）：18495211 美元
美元电子资源采购经费（51 馆）：3038801 美元
人力资源
全部人员（53 馆）：441.18FTE [全时工作当量]（其中专业图书馆员 78.53FTE）

资料来源：CEAL 统计数据库（2013 年），http://ceal. lib. ku. edu/ceal/。

从北美东亚图书馆藏书的各语种比例来看，以 2010 年为例（其后历年变化不大），累计藏书册数（不含电子书）合计：18347018 册；其中，中文 9797700 册，占 53%；日文 5765673 册，占 32%；韩文 1352099 册，占 7%；其他语种 1431546 册，占 8%（见图 7）。从北美东亚图书馆藏书的各语种文献采购经费来看，2010 年图书采购经费合计 14671901 美元；其中，中文 5966591 美元，占 41%；日文 5979780 美元，

1　由于统计数据库参数的动态性以及检索条件和方式的多样性，所列资料仅供参考。

占41%；韩文1825715美元，占12%；以及其他语种899815美元，占6%（见图8）。

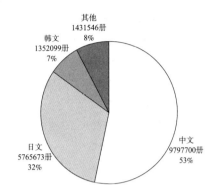

其他
1431546册
8%

韩文
1352099册
7%

日文
5765673册
32%

中文
9797700册
53%

图7 北美东亚图书馆藏书的各语种比例（2010年）

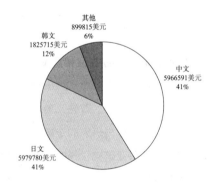

其他
899815美元
6%

韩文
1825715美元
12%

日文
5979780美元
41%

中文
5966591美元
41%

图8 北美东亚图书馆藏书的文献采购经费分配（2010年）

如前所述，2013年北美东亚总馆藏中的中文图书有10685901册，约占全部图书19754544册中的54%。而其中12个中文藏书超过30万册的大型图书馆的中文图书馆藏合计达6452865册，占北美地区全部中文藏书的一半以上（见表2）。

表 2　北美大型中文馆藏一览（2013 年）

排序	图书馆	册数
1	国会图书馆	1128643
2	哈佛燕京图书馆	815532
3	加州大学伯克利分校图书馆	560785
4	普林斯顿大学图书馆	544927
5	耶鲁大学图书馆	527148
6	芝加哥大学图书馆	487747
7	密歇根大学图书馆	452208
8	哥伦比亚大学图书馆	450336
9	康奈尔大学图书馆	412697
10	斯坦福大学图书馆	402298
11	加州大学洛杉矶分校图书馆	338617
12	英属哥伦比亚大学图书馆	331927
	合计	6452865

资料来源：CEAL 统计数据库（2013 年）。

3.3　北美大学东亚馆藏的地位和意义

北美大学东亚馆藏在发展中展示了突出特点，在国际东亚学术研究中具有重要地位和意义。首先，各个东亚馆藏的侧重点与其所在大学所设立的课程与研究的专题方向基本一致，学术资料馆藏建设与各大学东亚研究学科的发展密切相关。这样对于研究提供了有的放矢、及时的文献支持。其次，有些大中型东亚馆收集有较多的古籍、善本和档案特藏，而且由于基本上没有受到意识形态方面的束缚，各类资料兼收并蓄，馆藏品种非常丰富。不少北美东亚馆收藏有善本甚至是孤本，极为珍贵。这是对东亚境内馆藏的非常有益的延伸与补充。再次，各大学东亚馆不仅为本校的东亚研究提供必要的资源与信息服务，也为其他领域的有关研究人员提供资讯。因此，北美的东亚图书馆在过去几十年的快速发展，为北美的区域学教学与研究做出极大贡献。完全可以说，没有东亚馆的存在，就没有今天海外中国学的研究成果。特别是近年来北美的东亚图书馆馆员加强与国内同行的交流，对促进中国的海外中国学研究积极奉献。他们尽力收集、保藏、利用巨大数量的、宝贵的东亚文献资源，为东西方文化交流、传介东方文明，尤其是历史悠久的中华文化做出了特殊的贡献。

四 全球信息化时代的趋势与东亚图书馆的展望

4.1 21世纪北美东亚学术图书馆的发展趋势

进入21世纪以来，东亚图书馆和其他学术研究图书馆一样，面临着一系列全新的课题——新环境、新资源、新读者、新特点。所谓新环境就是高等教育领域风行的新的教育模式和教学方法，包括远程教学，采用网络化、互动式教学手段和持久不断终生学习的需求。所谓新资源就是越来越多的新兴学术资源，如各类电子产品、多媒体制品、网络资讯的不断涌现与爆炸式增长。所谓新读者就是新一代的读者群体。他们习惯于网络阅读，几乎离不开手机通信，以致即时交流成为一种时尚。广大学人广泛使用诸如 iPad、iPhone、eReader 等各种高科技多媒体产品进行阅读、通信以及交流。所谓新特点就是指新的研究特点。在人文、社科研究领域，特别是东亚研究，虽然传统的研究方法仍然占有一定地位，但越来越多的学者涉及交叉学科、对新领域采用新视角的专题研究也很引人注目。研究者对原始资料的需求有很大的增长。

4.2 全球信息化时代对获取学术资源的挑战

在以日新月异的高科技发展为基础的全球信息化时代，图书馆工作面临着巨大的挑战。其首要原因在于数字化、网络化信息冲击学术资源的生产和市场，使得知识管理成为图书馆馆员和信息工作者的一项重要任务。与此同时，信息技术的更新主导图书馆的发展方向和服务方式。东亚图书馆员必须在急剧变化的新趋势下，及时调整工作重点和方法以适应时代的需求。特别是对于东亚图书馆来说，多元化新媒体的学术资源的便捷获取、利用与评估成为必须的任务。而令人担忧的是，近年来由于经济不景气，北美图书馆经费、馆场空间和人力资源的短缺问题越来越严重。由之而来的东亚图书馆的经费削减、馆场合并和人员裁撤等问题都成为不得不面对的事实。另一方面，身处全球信息化时代，图书馆馆员和图书馆的职能作用也一同发生了很大变化。东亚图书馆馆员必须进一步以改革创新的精神把握时代的机遇和自身职业发展的方向。

4.3　改革创新的机遇与展望

首先，要认清信息技术的发展主导图书馆转型的走向，以应对东亚图书馆管理模式的更替。当今计算机智能和数字化技术及通信科技的飞速发展，使得文献资料的传播和获取以及图书馆职能发生了巨大变化，许多图书馆都尽量调整转型战略，以利于生存和发展。在这种急剧变革大环境下，东亚图书馆管理服务模式也从传统的文献收藏流通型向知识管理保障、资源创制与共享，以及多功能服务型转换。近年来西方出版领域很多专家预测英文电子书产量到 2020 年将与纸本书同样多，甚至会超过后者[1]。东亚馆藏尤其是中文电子书近年来也发展神速，越来越多的北美东亚图书馆采进电子书和数据库及多媒体

1　Tom Holman，"Digital to Dominate by 2020，" http://www.thebookseller.com/news/digital-dominate-2020.html，访问日期：2012 年 7 月 23 日。

资料，其管理模式的侧重和服务方式也需要做相应的改变和调整。

其次，要确立以读者为中心的全方位服务理念。传统的服务方式与内容主要是面对面的服务和读者到图书馆寻求服务。图书馆员的职责是帮助读者检索、识别、提取文献资源并指导读者如何使用文献资源等。在新的图书馆环境中，读者服务已上升为头等重要的任务之一，服务项目扩展到主动向外（outreach）服务、网上咨询、手机聊天、短信等即时虚拟服务形式，通过各种技术支持和网络教学，帮助读者掌握使用新兴的数字工具来查找、获取资讯。在很多大学图书馆，专业馆员都主动和各个系、所、研究中心联系，参与其教学研究项目，推介馆藏文献资源，直接提供信息咨询服务。

再次，要不断提高图书馆员的专业素质，组织东亚馆员的在职培训，拓展研究领域。为了适应变幻发展的学术信息环境和新技术潮流，东亚图书馆员必须不断努力提高专业素质，参加各种不同类型的培训。如近年组织的一些培训活动，包括在北京举办的 2014 年国家图书馆古籍鉴定与保护高级研修班，2015 年北美图书馆中国影视讲习班，在上海举办的 2016 年当代中国研究和地方文献讲习班，以及 2011 年在台湾"中央图书馆"举办的汉学研究资源及服务研习班，等等。另一方面，馆员参与东亚领域的资源与技术方面的研究很有必要。如各东亚馆馆员在本校或通过专业组织提出一些研究课题，制定研究方案，开展文献资源调查、数字化项目等。同时，要充分利用专业协会等渠道，让东亚馆员之间进一步互通信息，交流经验，互相学习。2010 年在美国成立的中国研究图书馆员学会（Society for Chinese Studies Librarians），为海内外的中国研究图书馆员提供了一个开展学术活动、交流专业经验、共享信息资源、促进合作的平台，为推动以文献资源研究为主的中国研究的发展做出了贡献[1]。

复次，要积极参与协调开发全球数字化图书馆和其他项目。开发全球数字化图书馆是 21 世纪图书馆资讯发展的重点之一。北美东亚图书馆要积极参与，以弥补各个东亚馆资源与人员的不足。目前已建立一些古籍珍本和专题稀见资源的数字化馆际合作项目。如哈佛大学与麦吉尔大学合作制成数字化的明清妇女著作集，加州大学伯克利分校中文拓片数据库收集了 1500 多件拓片，以及"文革"数据库，等等，都为进一步丰富东亚文献数字化学术资源打下很好的基础。而且，还需要发展东亚方面的电子出版（e-publishing）、机构知识库（institutional repository）；建立东亚文献与探讨东亚研究的开放获取（open access）服务；提高馆际互借的效率与范围，加快文献传递速度，扩展服务范围；等等。

最后，要推进北美学术图书馆和各方面的国际交流与合作。近年来，北美大学图书馆的馆长与馆员们与中国和世界其他地区进行了各种合作与交流活动，极大地推动了校际、馆际、国际的了解与互助。如 2010 年在中国长沙举办的"国际图书馆东亚文献合作暨华文报刊数字化研讨会"；由伊利诺伊大学厄巴纳—香槟分校图书馆、美国国会图书馆和中国国家图书馆联合举办的"放眼全球，行诸全球"（Think Globally，Act Globally）的中美图书馆文化交流项目，从 2008 年开始已进行了多次活动，使中美图书馆员和图书馆使用者从交流中受益[2]。美国华人图书馆员协会（CALA）和中国大学图书馆举行过多次中美图书馆实务论坛。美国馆员们还多次参加过中国图书馆学会、上海图书馆主办的图书馆国际论坛等会议。特别

---

1 中国研究图书馆员学会网页：http://www.scsl-web.org/。

2 参见：http://www.library.illinois.edu/China/programinchina/May2011/index.html。

是 2011 年中国研究图书馆员学会（SCSL）和厦门大学、中国高校人文社会科学文献中心（CASHL）等联合主办的"首届中美高校图书馆合作发展论坛"对于拓展学术研究和专业交流起了很好的先导作用。继而 2013 年 7 月在兰州大学举办了"第二届中美高校图书馆合作发展论坛"，2015 年 6 月在四川大学又举办了"第三届中美高校图书馆合作发展论坛"。可以期待，今后这类交流活动将会得到进一步推广，以多方位展开中美图书馆和东亚馆员之间的合作，深入探讨不断演变学术环境中的图书馆资源建设的新方向。

五 结语

　　100 多年来，东亚图书馆文献资源在北美的发展比任何其他区域的都快得多。进入 21 世纪，北美大学东亚馆藏与服务继续在图书馆事业的发展中扮演重要的角色。今天，随着国力的提升，中国新闻出版业作为文化软实力的基础，已经走向世界。世界对获取中文学术文献资源的需求变得更加迫切。作为炎黄子孙，在海外保管和传播中华文化资源是中国图书馆研究馆员义不容辞的光荣责任。尽管面临各种新的挑战，我们有信心继续努力，不断改进东亚馆的知识管理、技术更新和读者服务，以更开放的思维、更有效的合作，把握机遇，携手共进。这样，我们就可以在全球信息化时代进一步增强获取资讯、知识和智慧的能力，共创东亚图书馆和国际文化交流的美好明天。

亚洲研究和亚洲研究图书馆的专业组织

——欧美澳洲的亚洲研究专业组织

杨玉蓉[1]

摘　要：

　　许多西方国家都有着悠久的亚洲研究历史。20 世纪 70 ~ 80 年代，日本技术和经济的崛起掀起西方对日本的兴趣，近几十年来中国经济的发展更是带动了全球的中国热，亚洲研究在国际研究中居于越来越重要的位置。欧美国家的亚洲研究更加广泛深入，研究队伍不断壮大。原有的亚洲研究组织在扩大，新组织在涌现。那么国际上，亚洲之外，到底有哪些亚洲研究专业组织，以及亚洲研究图书馆组织呢？本文将概括介绍地处亚洲之外的亚洲研究组织和亚洲研究图书馆专业组织，即北美、欧洲和澳洲的亚洲研究学会及相关的图书资料协会。

关键词：

　　亚洲研究　专业组织　区域研究　图书馆

一　简介

　　最近几十年来，亚洲研究在国际研究领域居于越来越重要的位置。20 世纪 70 ~ 80 年代，日本经济技术崛起，日语

1　杨玉蓉，宾夕法尼亚州立大学图书馆亚洲研究馆员。云南大学民族史博士，美国夏威夷大学图书馆与信息科学硕士，云南大学外语系英语专业文学学士。

和日本研究在欧美的亚洲区域研究中渐渐成为主流。90年代，苏联解体，冷战时期结束，对苏联的研究开始冷却。随之而来，从20世纪80年代至21世纪初，中国市场和制造业的崛起令世界瞩目。全球许多国家，尤其是西方国家原本就有悠久的汉学研究历史，近年中国经济的发展更是带动了全球的中文热、中国热。那么，国际上到底有哪些与汉学研究有关的专业机构、组织呢？事实上，不少地区和国家汉学研究机构往往归属于亚洲研究之中，从亚洲研究专业组织着手，更有利于阐明汉学研究机构的历史渊源、作用。

第一届中美高校图书馆合作发展论坛的论题为区域研究（Area Studies），也称地区研究。在亚洲地区和国家的研究人员针对亚洲区域的研究自然是极为重视，专业组织众多，并且硕果累累，本文不赘述，将主要探讨区域研究专业组织范围定位于亚洲之外的专业组织，包括北美的区域研究组织、亚洲区域研究专业组织，同时解析与亚洲研究相关的图书馆研究组织，旨在为国内同行们介绍当前主要的亚洲研究组织，尤其是图书馆专业组织；明确各组织的使命、目标、作用及其相互间的关系；促进同人利用专业组织这个平台与各地同行通过各种渠道和方式进行交流学习。

本文将重点介绍在北美的亚洲研究学会及相关的图书馆专业学会组织，具体包括北美的区域研究组织、北美的亚洲研究组织、北美的亚洲研究图书馆组织、美国图书馆学会、北美的主要区域图书馆组织。同时也介绍一些欧洲的亚洲研究组织和欧洲的亚洲研究图书馆组织。最后简单地介绍澳洲的亚洲研究组织和亚洲研究图书馆组织。由于非洲和拉美国家（地区）尚未建成统一的或持续活动的专业组织，在此就不做调查研究。文中的专业组织、学术机构在第一次出现时，有标准中译名者在首次出现后采用中译名；无标准中译名者，在第一次全称出现后采用英文或其缩略语名称。

二 北美的区域研究组织

当代区域研究组织活跃于世界各地，尤其盛行于北美和欧洲，其中专业组织的规模和活动又以北美为最。美国有多个区域研究组织，区域研究广泛，涵盖对世界各地区的研究。主要有：African Studies Association、American Association for the Advancement of Slavic Studies、Association for Asian Studies（AAS）、Committee on Atlantic Studies Association for the Advancement of Baltic Studies、Caribbean Studies Association、Center for European Studies International Studies Association、The Association for Israel Studies、Latin American Studies Association、Middle East Studies Association，等等。同时，许多专业学科组织内附属区域组织，如 American Political Science Association 附属有英国政治组、德国政治组、意大利政治组等国家和地区专业组织[1]。American Anthropological Association 下又设有东亚人类学社会，以及中东部、拉美及加勒比人类学社会等多个学科或区域分会[2]。

三 北美的亚洲研究学会

办公机构设于美国密歇根大学的亚洲研究学会（Associa-

1　"Area Studies Organizations," *PS:Political Science and Politics* 29.3（Sep. 1996）:598-600.

2　内容源于 AAA 官方网站：http://www. americananthro. org/，访问日期：2012 年 4 月 2 日。

tion for Asian Studies，AAS）为全球最庞大的亚洲研究组织。它成立于 1941 年，为非营利性的学术组织。成立后会员研究领域和地域不断扩大，学会也经历改组、更新，至今，学会已拥有 8000 名会员。1970 年，根据会员的研究领域，学会推选出四个区域理事会：中国及内陆亚洲理事会、东北亚理事会、东南亚理事会和南亚理事会。中国及内陆亚洲理事会集中了中国及蒙古等亚洲内陆国家和地区的研究，东北亚理事会主要从事日本和韩国 / 朝鲜研究[1]。

1941 年，学刊 *The Far Eastern Quarterly* 创刊。1956 年，学刊更名为 *Journal of Asian Studies*（JAS）。长久以来，该刊被公认为亚洲研究领域内最具权威性的刊物。JAS 为季刊，每年四期。研究区域跨越东北亚、东南亚、南亚、中国和亚洲内陆地区；涵盖多学科的专题文章，包括文艺、历史、文学、社会科学；同时也鼓励并重视跨区域、跨学科的比较研究。每期只发表大约五篇研究论文，经过资深同行评审，可见在此发表文章实属不易，各国专家学者皆以能够在该刊发表论文为荣。同时，每期收集多篇颇具深度的书评，不少书评为特邀专家撰写。JAS 因而成为同行学者发表研究成果、评论交流及互相学习的重要平台。

另外，AAS 还主持出版系列书刊，其中两套以教育培训为主要目的。创刊于 1996 年、每年三期的 *Education about Asia*，内容新颖而独特，涉及学科广泛，包括人类学、历史、政治、政府经济、商业、地理、语言、文学、教育等多项学科，为大学、中学教师，及所有对亚洲感兴趣的学生和研究人员、图书馆等机构提供宝贵的信息资源。近年学会又出版了 *"Key Issues in Asian Studies" Booklets*，其内容与 *Education*

1　内容源于 AAS 官方网站：http://www.asian-studies.org/，访问日期：2012 年 3 月 2 日。

about Asia 相辅相成，以浅显易懂的语言介绍一核心课题，为大学、中学亚洲研究教育提供宝贵的课堂教学参考资料[1]。

AAS 另辟有一套丛书 *Asia Past and Present:New Research from AAS*，经同行专家严格审读，每年精选两三本书出版。该丛书侧重挑选新兴领域或尚缺乏深入研究的课题，如南亚、前现代、艺术史、语言文学、文艺批评等。该丛书自出版后大获好评。2010 年出版的第四集是关于北美东亚图书馆藏的论文专辑 *Collecting Asia:East Asian Libraries in North America, 1868-2008*（《东学西渐：北美东亚图书馆，1868~2008 年》），精选的 25 篇论文介绍北美 25 个东亚图书馆的馆藏历史和现状，是了解北美东亚图书馆必不可少的文献。

AAS 对亚洲研究的另一重要贡献是其力作文献目录 *Bibliography of Asian Studies*（BAS）。1941 年至 1991 年，BAS 为文本格式。随着电脑网络科技的发展、数据库的出现，于 1991 年文献目录转为电子格式。AAS 现已停止打印文本文献目录，并完成 1971 年至 1991 年的文本目录数据化回溯。目前，数据库共收录近 90 万条文献目录，囊括所有以亚洲研究为主题的西文文章、书籍、文集、期刊和会议论文，将此类文集和期刊的文章检索编条，内容涵盖亚洲研究的各个学科，如艺术、政治、经济、文学、语言、历史、地理、人类学、社会学、自然科学、医学等。同时收入目录的还有出现在非亚洲研究的书籍和期刊中与亚洲研究相关的文章、章节，被公认为全球西文亚洲研究的标准目录工具[2]。

每年 3 月中下旬，在美国（以及加拿大多伦多）举办年度大会，AAS 会员及非会员均可报名参加。为期四天的大会设

1　内容源于 AAS 官方网站：http://www.asian-studies.org，访问日期：2012 年 3 月 2 日。

2　内容源于 AAS 官方网站：http://www.asian-studies.org/About/About，访问日期：2016 年 11 月 20 日。

有数百个专题讲座，每个专题会持续两小时，通常有三至五位学者做报告。讲座课题和参加人员均自由选择组合，各专题讲座的组织者必须是 AAS 学会会员，但非会员也可参与报告讲座。每年 8 月初向大会专题委员会提交专题报告申请，9 月底 AAS 将通知专题报告是否被大会专题委员会选中。所有参会者必须注册方可进入会议室参与听讲和讨论。

AAS 组织较庞大，年会参会人员甚多，所能接纳的专题报告有限。因此，根据地理区域划分的地方分会在美国各地相继成立，参会者多来自同一区域。不少专家学者不仅活跃在 AAS 年度大会中，也参与 AAS 的地方年会和活动。地方年会通常选在本地区内的一所大学院校举办，往往是该年度分会组长的学校。对于大多数参会者来说，会址一般都在几小时车程以内，参会费用较低，参与报告交流的机会大大提高，因此有不少研究生和中小型学术机构的学者、教师参与地方年会。根据不同的地理范围，成立了以下地方年会：太平洋分会、西部分会、纽约分会、西南分会、中西部分会、新英格兰分会、大西洋中部区域分会、东南分会。另外，日本成立了 AAS 日本分会（Asian Studies Conference Japan）[1]。

四 AAS 的图书馆专业组织

AAS 附属有三个区域图书馆组织，分别为 Council on East Asian Libraries（CEAL）、Committee on South Asian Libraries and Documentation（CONSALD）、Committee on

---

1　内容源于 AAS 官方网站：http://www. asian-studies. org/About/Regionals，访问日期：2012 年 3 月 2 日。

Research Materials on Southeast Asia（CORMASA）。三个组织积极为它们领域内的来自世界各地的专家学者、学生和用户服务。由于同属一个大亚洲，不少学者做跨境、跨区域的学科交叉研究，故馆员们常做跨组织合作，互相协作支持，共同为读者服务。

大学图书馆中亚洲馆藏较大、历史悠久的图书馆，往往有独立的亚洲或东亚分馆或馆藏，将亚洲文献收藏、管理和服务整合在一起。亚洲或东亚分馆的专业馆员在馆内同属一个部门，但各自活跃于其区域研究图书馆组织中。而有些图书馆因亚洲馆藏规模和人力、财力的局限，只有一或两位馆员负责整个亚洲或东亚馆藏的管理运转和服务。他（她）们不但要参加CEAL的活动，负责中日韩三个语种部门的图书管理，同时也要关注CONSALD和CORMASA的研究发展信息。近年，CEAL、CONSALD、CORMASA这三个组织在AAS年会期间时常举办联合会议，就整个亚洲研究图书馆界共同关注的专题进行研讨。因此，同属AAS下属的三个图书馆组织，虽各有特色，却又不可分割。

在北美图书馆界这个大环境中，亚洲研究文献时常被视为非主流的边缘馆藏。亚洲各地区语种的文献收藏和服务更需亲力亲为，发挥本区域研究的文献和服务特色及重要性，这样才能使图书馆的领导阶层和决策者了解我们的重要使命。同时我们更应该积极参与，力争成为政策制定者的一员。图书馆专业组织在此可以发挥很大作用，培养并鼓励会员积极参与图书馆各组织中专门委员会活动，或派代表出席相关会议，为区域馆藏代言，参与决策和条例的制定。

1996年，International Federation of Library Associations and Institutions（IFLA）年会在北京召开，会上有关于东亚研究图书馆的专题会。原哈佛燕京图书馆

（Harvard-Yenching Library）馆长吴文津先生（Eugene Wu）详细介绍了 CEAL 的起源和发展过程。他的发言整理成文发表在 *Journal of East Asian Libraries*（JEAL）上。文章介绍，早在 1948 年，一些学者和图书馆员就在美国成立了非正式的 National Committee on Oriental Collections in the U. S. A. and Abroad，探讨大家共同感兴趣的事项，包括采访、编目、人员培训等。第二年被 Far Eastern Association，即 AAS 的前身与 American Library Association（ALA）共同赞助成立的 Joint Committee on Oriental Collections 取而代之。这个正式组织成立的主要目的是解决美国东亚馆藏的发展问题。尽管三年后该组织解散，但它使业内的同行们认识到统一编目是美国东亚图书馆合作发展的基本前提。

1954 年，ALA 指定成立 Special Committee on Cataloging Oriental Materials。因其工作重心集中在东亚图书馆藏上，1957 年更名为 Special Committee on Far Eastern Materials，成为 ALA 下属的正式委员会。它与 ALA 的 Oriental Processing Committee 合作，经过四年辛勤努力，终于在 1958 年完成了 *Manual of Romanization, Capitalization, Punctuation, and Word Division for Chinese, Japanese, and Korean*，其被 ALA 和 Library of Congress（LC）认可为国家编目标准。这是北美东亚文献资源管理的一个里程碑，这个编目标准为东亚图书馆合作交流扫除一大障碍。

1958 年，在东亚图书馆界的敦促下，AAS 组建了 The Committee on American Library Resources on the Far East（CALRFE）。20 世纪 60 年代，东亚图书馆和文献收集快速发展，亟须成立更加专业化的正式统一组织。1967 年，CALR-FE 在芝加哥召开的年会上决定将该组织更名为 Committee on East Asian Libraries，向美国所有拥有东亚馆藏的机构和 AAS

会员开放。它成为专家馆员们的交流论坛，支持馆藏发展、管理，加强馆际和国际合作与服务。1995 年，该组织更名为现在的 Council on East Asian Libraries。数十年来，虽然名称和组织有变化，但理事会的基本宗旨和使命保持不变，即成为东亚馆所共同关心的事宜的交流平台；组建活动项目以支持东亚文献资源建设、咨询服务和各种信息系统组织的发展；加强馆际和国际的东亚馆交流。同时，CEAL 代表东亚图书馆与相关部门协调，如 ALA、LC 等政策制定单位，积极参与制定与亚洲文献资源的收藏及管理有关的条例规定[1]。

当前 CEAL 由执委会和下述委员会组成：中文资料委员会、日文资料委员会、韩文资料委员会、公共服务委员会、采编技术服务委员会等。会员分个人和团体会员两种。个人会员有 200 名左右，所有 AAS 会员均可申请加入，会费每年 30 美元。

CEAL 以多种方式为东亚同行们提供交流和互相学习的平台。主办并出版 *Journal of East Asian Libraries*（JEAL），各界同行均可投稿，探讨大家共同感兴趣的专题。2010 年的 CEAL 年会上，会员投票决定将本期刊改为同行审批期刊，2011 年开始执行，期刊也由以往的每年三期改为两期。CEAL 的文献收藏统计数据库收录有北美 50 余所图书馆东亚馆藏的各类文献数据资料，资料均由各成员馆每年提交。CEAL 统计库不仅提供了各馆目前的馆藏和资金现状，也展现了各馆多年来的馆藏历史和发展，以及人员和资金投入的变化。CEAL 的群发邮箱 Eastlib 非常活跃，成为同行们相互咨询、协作，以及发布通知、新闻的重要途径。对东亚图书领域有兴趣的同行

1　相关 CEAL 历史和发展内容译自，Eugene Wu，"Organizing for East Asian Studies in the United States," *Journal of East Asian Libraries* 110.1（1996）:1-14。

均可申请加入 Eastlib[1]。

CEAL 年会的时间和地点与 AAS 年会同步，均安排在 AAS 大会前两天开始举办，便于馆员在图书馆年会后直接参加 AAS 大会的研讨会、参观书展等。作为亚洲之外最大的东亚图书馆协会，CEAL 的年会每年都吸引来自亚洲、欧洲和澳洲等世界各地的东亚馆员参加。

相比 CEAL 而言，东南亚和南亚的图书馆组织要少很多。很多大学没有开设这两门区域课程，没有聘请这方面的专家教授，因而未辟专门收有这些区域研究的馆藏。大学有教授开设相关课程或从事这方面研究，图书馆亚洲收藏中又有一定规模的南亚和东南亚馆藏，才会设立专业学科馆员。CONSALD 和 CORMASA 两个组织规模不大，但非常国际化、专业化，成员来自世界各地的图书馆及文献收藏机构。

五　北美的其他中日韩相关组织

除上述附属于 AAS 的图书组织外，近年来还有一些与图书文献建设及服务有关的组织相继成立。它们与其他组织相互交叉，为北美及相关的国家和地区服务。比较活跃的有 The North American Coordinating Council on Japanese Library Resources（NCC）。NCC 成立于 1991 年，致力于成为日本信息资源交流平台，为用户提供免费服务。在 NCC 组织下，图书馆员、教授专家和基金会紧密联系在一起，共同努力，加强日文文献资源发掘和建设，增进各类型信息资源获取服务[2]。

1　内容源于 CEAL 官方网站：http://www.eastasianlib.org，访问日期：2012 年 3 月 20 日。

2　内容源于 NCC 官方网站：http://www.lib.umich.edu/korean-collections-consortium-north-america，访问日期：2016 年 11 月 20 日。

The Korean Collection Consortium of North America （KCC）成立于 1994 年，旨在通过韩文资源的共建共享支持北美地区的韩学研究和教学。KCC 图书馆成员已从初建时的 6 个机构增加到 12 个，每个成员馆有自己的专项任务，加深、加强某一特定学科领域的馆藏建设和服务，并通过馆际互借为北美用户提供免费借阅服务[1]。

成立于 2010 年的中国研究图书馆员学会（Society for Chinese Studies Librarians，SCSL）是一个在美国注册的非营利、非政治的学术组织，其宗旨、性质与 NCC、KCC 有较大不同，主要目的是为海内外的中国研究图书馆员提供一个开展学术活动、交流专业经验、共享信息资源、促进合作的平台，借此推动以文献资源研究为主的中国研究的发展。加入学会的成员主要是中国研究图书馆员，也有从事中国文献资源研究的各方学者。学会虽成立不久，却办得有声有色。学会的出版物《天禄论丛——中国研究图书馆员学会学刊》，每年一期，由广西师范大学出版社出版。正是 2009 年问世的《天禄论丛》让关心中国研究、兴趣相投的图书馆界的同人们走到一起，在 2010 年费城 AAS 和 CEAL 年会期间，成立了中国研究图书馆员学会。学会的《会员通讯》也及时将学会和会员的专业活动和研究成果通报同行[2]。

上述三组织，均为非营利性的学术组织，在 AAS 年会期间举办自己的会议。其中，日韩两协会的宗旨更相近，集中于文献资源的发掘、整理和共享，而中国学会则更侧重文献资源专家学者之间的相互交流与学习。

另有 OCLC 的非正式下属的中日韩用户组（OCLC CJK Users Group，OCLC CJK），主要宗旨是鼓励并协助 OCLC

1　内容源于 NCC 官方网站：http://www.lib.umich.edu/korean-collections-consortium-north-amer-ica，访问日期：2016 年 11 月 20 日。

2　内容源于 SCSL 官方网站：http://www.scslweb.org/，访问日期：2012 年 4 月 11 日。

同其中日韩用户群和图书馆员沟通交流；就 OCLC 图书馆服务中涉及东亚的问题和政策向 OCLC 进言和提供咨询；倡导 OCLC 中日韩用户间的合作，管理 OCLC 系统的使用标准；成为东亚同行们讨论交流的论坛并代表这一群体表达正式的要求和意见[1]。OCLC CJK 的群发邮箱比较活跃并对外开放，这种非正式的交流很受大家欢迎，同行通过群发提问，并互相帮助解答问题，有时也向 OCLC 工作人员直接提问。它成为东亚编目馆员咨询互助、提供信息的重要渠道。

六　ALA 下属的亚洲组织

探讨美国图书馆专业组织，首先必须介绍 American Library Association（ALA）。1876 年在美国费城成立的 ALA，是当今世界上成立最早、规模最大的图书馆专业组织，现有会员 6 万名左右。ALA 的宗旨是领军发展、推动、提高图书情报信息服务和图书馆员的专业化，确保促进公众的学习和信息获取。ALA 涵盖各个服务类型的图书馆，如公共图书馆、州立图书馆、学校图书馆（中小学）、科研图书馆（大学）等。学会同时也为不同的用户提供定向分类服务，如政府、商业、工业、艺术、医院、监狱等机构部门。学会机构庞大，分 11 个分学会和 18 个圆桌会议[2]。本文只介绍同亚洲研究相关的机构，探讨学会下属涉及亚洲的委员会。

Association of Colleges & Research Libraries（ACRL）下设置有 Asian, African, and Middle Eastern Section（AAMES），

1　内容源于：http://eastasianlib.org/oclccjk/，访问日期：2012 年 4 月 15 日。
2　内容源于 ALA 官方网站：http://www.ala.org/，访问日期：2012 年 4 月 20 日。

顾名思义，它几乎囊括了欧美和澳洲之外的所有区域。AAMES 成立于 1969 年，最初只包括亚洲和北非地区。1980 年，改为亚洲和非洲部。1993 年，"中东"加入该部，成为亚非中东部。它代表着这三大区域专业图书馆员与其他专业组织的学者专家互相合作，在 ACRL 中提供有关亚非中东文化和语言方面的图书专业服务 [1]。AAMES 现有 350 多名成员，每年在 ALA 年会期间组织专业会议及专题讲座。

虽然本文介绍亚洲研究及图书馆组织，在此却要破例简单介绍与中国国内图书馆界有着紧密联系的华人图书馆员协会（Chinese American Librarians Association，CALA）。最初的华人图书馆组织是 1973 年成立于伊利诺伊州的 Mid-West Chinese American Librarians Association（MW-CALA）。紧随其后，加利福尼亚州于 1974 年成立了自己的华人图书馆员协会。1976 年，MW-CALA 扩建为美国全国性组织，并于 1983 年同加利福尼亚州的组织合并，成为现在的 CALA。CALA 现有 7 个地方分会，成员来自全美各地及加拿大、亚洲及其他国家和地区。CALA 为 ALA 的附属组织，每年在 ALA 年会期间组织会议 [2]。各地方分会也举办自己的年会和活动，组织成员参与交流。CALA 还长期同中国国内的图书馆专业协会合作，组织代表团参加国内专业会议，与国内同行合作交流。

七 欧洲的亚洲研究组织

欧洲的亚洲研究有着悠久的历史传统，西方传统的亚洲

---

1 内容源于：http://aamesacrl. wordpress. com/about，访问日期：2012 年 4 月 25 日。
2 内容源于 CALA 官方网站：http://www. cala-web. org，访问日期：2016 年 11 月 20 日。

研究始于欧洲，早期访华的西方人士和汉学家也来自欧洲。目前，欧洲有众多大小和研究范围不同的亚洲研究专业组织。与北美不同，欧洲学术界未成立一个统一的、大型的、如 AAS 这样的亚洲研究学会。取而代之，欧洲的学会进一步划分区域，成立以小区域或以某个国家研究为主的研究中心或学会。如 The European Association of Chinese Studies（EACS）、European Association for Japanese Studies（EAJS）、The Association for Korean Studies in Europe（AKSE）、The European Association for South Asian Studies（EASAS）、The European Association for South East Asian Studies（EASEA）等。

1975 年 EACS 成立于巴黎，学会的宗旨是以学术方式提倡和推进欧洲的汉学研究，学会不参与任何带有政治倾向的活动。学会每两年举办一次会议，每年出版两期新闻通讯，报道学会活动内容、会议通知、欧洲国家汉学研究调查、学术项目成果及会议论文等；学会也会不定期地将会议论文集册出版，或由出版社出版，或由杂志社以专刊形式出版[1]。

许多日本学者受疆界和语言限制，在一种半隔绝状态下独立研究。为促进跨国界、跨语言乃至洲际的交流，鼓励在欧洲、美国和日本等地区和国家的日本研究，EAJS 于 1973 年成立。EAJS 鼓励支持欧洲各国建立日本研究学会，每三年举办一次国际大会，每年出版一期新闻通讯。为了更好地交流，增强国际互动，加强与大西洋彼岸同行们的交流，EAJS 与北美的 AAS 达成协议，可享有优惠价成为北美 AAS 成员[2]。

1977 年 AKSE 在伦敦成立，主要目的是促进和协调在欧

1　内容源于 EACS 官方网站：http://chinesestudies. eu，访问日期：2012 年 5 月 2 日。
2　内容源于 EAJS 官方网站：http://www. eajs. org，访问日期：2012 年 5 月 2 日。

洲的韩学研究。每两年举办一次学术会议；每年出一期通讯；每年组织在欧洲教师的交流项目。协会的活动经常得到韩国国内一些基金会的赞助，如韩国基金会等[1]。

EASAS 支持有关南亚各国家和地区、各时期的研究和教学，加强欧洲各国的南亚研究。协会举办培训班、研讨会、学术会议，大力扶持欧洲的年轻学人，组织出版有关论文，定期出通讯[2]。

成立于 1992 年的 EASEA 成员主要来自人文和社会科学的各个学科，目的是扶持在欧洲的东南亚研究。基本每三年开一次学术大会。

除欧洲大范围区域研究组织外，一些传统亚洲研究国家也相继成立了自己的国家研究组织，如 EACS 旗下设立的 British Association for Asian Studies、German Association for Asian Studies、British Association for South Asian Studies 等。欧洲的亚洲研究历史悠久，研究中心和机构众多，除上述组织外，还有不少附属于大学研究机构，或独立于大学之外的研究中心、研究所等。

八　欧洲的亚洲研究图书文献组织

部分欧洲的亚洲研究馆员也是 AAS 和 CEAL 的会员，定期参加 AAS 和 CEAL 年会，保护并促进亚洲馆藏的发展，为用户提供服务。欧美同行协同努力，提供跨洲支持。

1981 年，汉学图书馆员欧洲协会（European Association

1　内容源于 AKSE 官方网站：http://koreanstudies. eu，访问日期：2016 年 11 月 15 日。

2　内容源于 EASAS 官方网站：http://www. easas. eu，访问日期：2016 年 11 月 15 日。

of Sinological Librarians，EASL）在荷兰莱顿成立，最初附属于 EACS，会员是来自欧洲各国负责中文馆藏的图书馆员。每年 9 月定期举行年会，会议的纪要，包括专家的专题报告和出版商的产品介绍报告等，均可在公开的网站上查到，便于同行了解并学习共同感兴趣的课题[1]。

1989 年，European Association of Japanese Resource Specialists（EAJRS）成立于西柏林。该协会章程明确表明这一国际性的组织旨在提倡、促进在欧洲的日本研究信息和图书资源的发展和传播。成立初期，该协会致力于调查发掘欧洲博物馆、图书馆和艺术馆中的馆藏，加强与在日本的主要图书馆和研究中心的交流。对日本研究感兴趣的欧洲图书馆员、信息专家等均可成为会员。EAJRS 也接受欧洲以外的同行加入，成为联络会员。协会举办年会，由网站公布会议详细日程及发言摘要[2]。

九　澳洲的亚洲研究组织

澳洲地处亚太地区，地理位置与亚洲相连，政治、经济、文化的紧密交往和相互影响显而易见。澳大利亚对亚太研究非常重视，澳大利亚大学和研究机构中从事亚太研究的专业人员比重很大，近年来其亚洲研究的重心逐渐由传统的东南亚（以印度尼西亚为主）和日本转向中国。

Asian Studies Association of Australia（ASAA）成立于 1976 年。学会宗旨是促进亚洲研究教育，支持澳大利亚的亚

1　内容源于 EASL 官方网站：http://www. easl. org/index. html，访问日期：2012 年 5 月 15 日。

2　内容源于 EAJRS 官方网站：http://eajrs. net，访问日期：2012 年 5 月 15 日。

洲研究，并常就亚洲政策问题向政府进言或提供意见。会员多为来自澳大利亚各大学的学者和学生，也有来自政府和工业部门的亚洲专家。ASAA 每两年（偶数年 7 月初前后）举办一次学术大会。

学会出版相当活跃，*Asian Studies Review* 和 *Electronic Journal of Foreign Language Teaching* 均为同行评审期刊。其中 *Asian Studies Review* 是学会的旗舰期刊，受到世界各国同行专家的重视。它主要收集、出版有关亚洲近代史、文化、社会、语言、政治和宗教研究的文章，注重平衡传统和新兴领域的研究。它的特约评论文以及书评也为读者提供重要评论观点，并扩展亚洲研究领域。学会的电子通讯 *Asian Currents* 向各行各界人士介绍学术动态和新闻。尤其值得一提的是学会组织并赞助出版的四套丛书：*Women in Asia*、*Southeast Asia*、*South Asia* 和 *East Asia*。其中除 *South Asia* 丛书由新加坡国立大学协调出版外，其他三套均由 Routledge 出版发行。两年一度的学术大会的同行评审文集也在学会网站全文对外公开，是各地亚洲研究人员了解并学习亚洲研究的重要参考文献。

ASAA 的附属区域组织划分比 AAS 更加详细，尤其是东亚和东南亚区域，从中可看出澳大利亚对亚太研究的重视。它包括 Chinese Studies Association of Australia（CSAA）、Japanese Studies Association of Australia（JSAA）、Korean Studies Association of Australia（KSAA）、Indonesian Council、Malaysia & Singapore Society、Vietnam Studies Association of Australia，还有一个相当活跃的 Women's Forum[1]。

CSAA 是中国研究专家和学生的专业性组织。会员来自涉及中国社会和文化研究的各个领域，如人类学、经济学、地

---

1 内容源于 ASAA 官方网站：http://asaa. asn. au，访问日期：2012 年 5 月 20 日。

理、历史、语言、法律、语言学、政治学、社会学和文学等。学会每两年举办一次会议，组织数十个研讨会，吸引来自各国的专家学者参加。学会注重同政府有关部门沟通，以确定在有关中国研究的事项上谏言并发挥作用，寻求基金和支持，加强大、中、小学汉语言文化教育。学会的时事通讯介绍近期学术研究、出版动态、招聘、会议和培训信息等[1]。

JSAA 成立于 1978 年，成员为从事日本研究和教学的学者及学生，会员可来自澳洲或国外。学会出版有同行评审的期刊 *Japan Studies*，每年三期，由 Taylor and Francis 发行，世界各地学者均可投稿。期刊跨学科，涵盖的主题有战后政治、环境问题、文学、公民权、法律制度、现代技术、管理、日本语言教师教育、大众文化等。这些主题研究对大学教师和学生掌握当下日本学习的重心极为重要。学会每两年举办一次会议，2011 年会议在墨尔本举行，下届会议在堪培拉举行[2]。

与 ASAA 有紧密关联的 New Zealand Asian Studies Society （NZASS）成立于 1974 年，是独立的学术组织。它旨在鼓励对亚洲知识的传播，包括历史、文化，及其在国际事务中的作用。学会每两年举办一次会议。其所出刊物为一年两期的 *The New Zealand Journal of Asian Studies*[3]。

十 澳洲的亚太研究图书馆组织

East Asian Library Resources Group of Australia，2015 年改为 Asian Library Resources of Australia，其成立是为了

---

1 内容源于 CSAA 官方网站：http://www.csaa.org.au，访问日期：2012 年 5 月 20 日。
2 内容源于 JSAA 官方网站：http://www.jsaa.org.au，访问日期：2012 年 5 月 20 日。
3 内容源于 NZASS 官方网站：http://www.nzasia.org.nz，访问日期：2012 年 5 月 20 日。

提高对东亚图书资源及图书馆的了解，加强专业图书馆员与东亚研究学者、学生之间的交往。同时，该组织还对图书馆专业人员或组织参与同东亚研究相关的研讨会和活动提供一定的财政支持。每年出版一两期网上时事通讯[1]。

澳大利亚位于亚洲和太平洋地区之间，地理位置独特，在专业组织的划分中体现出它对亚太区域的重视。Australian Library and Information Association 下特设有 Asia Pacific Special Interest Group，主要目的是引领本地区的图书馆专业工作者们发掘新资源，并为会员们提供一个探讨专题、学术交流的平台。其时事通讯每年三期，发表在网站上[2]。

十一 结语

近年来，越来越多人文和社科研究的学者从事交叉学科或跨境研究，自成一体的区域研究开始受到更广泛的关注。区域研究图书馆员应及时掌握研究动态，发展良好的专业知识，了解领域内的各种资源，以便及时为专业学者和领域服务。个人的能力虽重要但毕竟有限，应充分利用并发挥专业学会的重要性。专业学会不但为会员和同行们提供交流、探讨和互相学习的平台，开展学术交流，促进学科发展，还应该积极参与政策条例的制定，支持并培养专业馆员，提高专业服务质量。

---

1 内容源于 ALRA 官方网站：http://alra. org. au/index. html，访问日期：2016 年 11 月 20 日。

2 内容源于 ALIA 官方网站：https://alia. org. au，访问日期：2016 年 11 月 20 日。

参考文献

1996, "Area Studies Organizations," *PS:Political Science and Politics*, 29(3):598—600.

Kolluoglu-Kirli, Biray, 2003, "From Orientalism to Area Studies," *CR:The New Centennial Review*, 3(3): 93—111.

Quayson, Ato, 2007, "Introduction:Area Studies, Diaspora Studies and Critical Pedagogies," *Comparative Studies of South Asia, Africa and the Middle East*, 27(3):580—590.

Wu, Eugene, W.,1996, "Organizing for East Asian Studies in the United States", *Journal of East Asian Libraries*, 110(1): 1—14.

地区研究图书馆员的知识构成
和队伍建设

陈 晰 蒋树勇 李国庆[1]

摘 要：

本文针对北美中国研究学科馆员的知识构成和队伍建设做具体分析。通过分析过去 19 年北美"中国研究馆员"的招聘广告（1997 ~ 2016 年），归纳总结馆员职能的共性与特征，以及时代进步赋予的新内容。本文亦指出中国研究馆员在西方文明的大语境和非主流的社会环境中，面对各种挑战和机遇，需不断超越和突破自我，找到自己的最佳定位。

关键词：

地区研究图书馆员 中国研究馆员 北美图书馆 区域研究馆藏 知识结构 职能 要求 招聘

一 导语

美国高校与研究机构中的区域研究之起源可以追溯到二战时期，英文称"Area Studies"，中文翻译为"区域研究"。

---

[1] 本文由陈晰、蒋树勇、李国庆共同撰稿。李国庆负责学科馆员知识结构分析及统稿，陈晰负责撰写"文献综述""中国研究馆员现状及职业发展趋势"等部分，蒋树勇负责撰写"在挑战中超越和突破"。陈晰为加州大学圣迭戈分校图书馆中国研究馆员，蒋树勇为伊利诺伊大学厄巴纳—香槟分校图书馆中国研究馆员，李国庆为俄亥俄州立大学图书馆中国研究馆员。

区域研究学科于 20 世纪 40～50 年代在美国大学中立足，当时被认为在培养区域研究专家方面起着至关重要的作用。对于当时的绝大多数美国人来说，西欧是世界上除美国以外他们唯一熟悉的地区。美国人在中学时期曾学习过一些有关欧洲的知识，有些人曾到欧洲旅行，许多人后来在那里参加了战争。通过媒体传播，他们对欧洲的制度、政治、经济、文化和社会都比较熟悉。由于美国政治、经济和人文与西欧国家相似，甚至起源于那里，因此，美国似乎并不急于增加其有关欧洲的专业知识。他们对世界其他地区的忽视与此形成了鲜明的对照[1]。

受冷战影响，美国要通过支持非洲、亚洲、中欧、拉丁美洲和中东的经济发展、现代化和政治稳定，来有效地和苏联竞争，就必须更多地了解这些国家的文化和历史背景。在美国看来，他们不仅需要经济学家和政治学家，还需要其他专门研究这些社会的基本结构和动态、社会组织、人口学、社会心理学、文化和道德准则、美学、宗教传统、宇宙观和哲学等人文和社会科学家。实际上，这些知识不仅对政策分析家、外交家和发展专家有用，对商业、传媒、中小学教育和基金会也不无裨益。高等院校尤其需要这些知识，因为高等院校不仅是这些知识的发源地，还可将研究成果用于海外研究项目，使其在更多的人群中得到广泛传播。率先发展区域研究的是美国一些研究型的名牌大学，如加州大学伯克利分校、芝加哥大学、康奈尔大学、哈佛大学、密歇根大学、宾夕法尼亚大学、普林斯顿大学、威斯康星大学、耶鲁大学等。它们按照各自不同的方式和重点，开始对教员、学生奖学金、外语教学设施和课程、图

1　*Beyond the Area Studies Wars:Toward a New International Studies*（*Middlebury Bicentennial Series in International Studies*），Hanover, NH, 2000.

书馆、研究资助等进行长期巨额投资[1]。

二 区域研究馆藏

区域研究馆藏为区域研究学教学人员和学生提供了丰富的文献资源，是学科建设的重要保障之一。

随着区域研究在 20 世纪 60 ~ 70 年代的兴起，大学和研究机构的图书馆开始聘用区域研究学科馆员。在此之前，图书馆在购买区域研究资料方面，主要由教授负责选书和管理。随着馆藏容量的日益增加，教授无法分身从事这项需要全职馆员从事的工作。早期区域研究馆员的主要职责集中在采购书籍、馆藏建设上，随着时间的推移，其角色也在演变。现在的馆员不仅要发展馆藏，还要完成创建网站、联络教授、推广读者教育、专业咨询服务、讲授信息素养课程、参与募款、布展、举办新书发布讲座等各项任务。

作为学科馆员的一种，北美区域研究馆员的职责跨度较大，尤其在资源较少的中小馆内，既要选书购书，还要编目，同时负责读者教育和咨询服务。大馆分工更具体，馆藏建设、采购编目、读者教育和咨询服务都由专门的区域馆员负责。

因为馆藏的地域性和跨学科性，馆员必须从跨领域的角度选取采购区域研究资源。他们在查看具体语言领域或地理区域的同时，要通过历史、哲学、语言、文学和大众文化的视角来审视研究资源的通用性和专业价值[2]。比如，中国研究馆员在选书的时候，会结合本校中国研究的方向，考虑其在中国历

---

1 Wesley-Smith, Terence and Jon D. Goss, *Remaking Area Studies:Teaching and Learning Across Asia and the Pacific*, Honolulu, HI, USA, 2010.

2 *Building Area Studies Collections*, Wiesbaden:Harrassowitz, 2007.

史、哲学、文化和文学等领域的价值。

区域研究馆员不仅要有传统的图书管理教育背景，熟悉学科出版界、图书市场的运作，还必须具备非纸质出版物和电子资源方面的知识。在国际出版领域中，书本走上数字化道路是大势所趋。区域馆员需要全方位地了解资源格式及材料的未来走向[1]。

三　中国研究馆员

在图书馆文献中，有关学科馆员的文章和专著已有相当数量。本文将针对北美中国研究学科馆员的知识构成和队伍建设做具体分析。通过分析过去 19 年北美"中国研究馆员"的招聘广告（1997～2016 年），归纳总结馆员职能的共性与特征，以及时代进步赋予的新内容，分析中国研究馆员面临的挑战和机遇，以及如何不断超越和突破自我的趋势。

北美中文馆藏的历史可以追溯到 1878 年。中国近代史上第一个留美学生容闳捐赠给母校耶鲁大学一套一万册的《古今图书集成》时，恰逢耶鲁大学刚刚设立中文系。这套捐赠图书成了东亚馆藏在耶鲁大学图书馆的奠基石。在随后的几十年间，北美大学中又陆续成立了十几个东亚馆藏[2]。根据北美东亚图书馆委员会（Council of East Asian Libraries，CEAL）2015 年统计报告，有 54 个馆递交了馆藏数据，北美东亚馆总藏书量达 2786 万册（27865588 册，包括电子书籍），其中中

1　*Building Area Studies Collections.* Wiesbaden:Harrassowitz, 2007.

2　Zhou, Yuan, 2006,"An Unstated Mission:Chinese Collection in Academic Libraries in the U. S. and Their Services to Overseas Chinese,"*Journal of East Asian Libraries,* 139:10-17.

文藏书 1222 多万册（12220781 册，包括电子书籍）[1]。在这 54 个馆内，14 个馆拥有超过 50 万册图书，24 个馆的馆藏量在 10 万册到 50 万册之间，其余 16 个馆的藏书量在 10 万册以下。馆藏规模根据以上三组数据可分为大、中、小三个等级。从地域上划分，主要大馆集中在美国东西两岸、中西部的芝加哥大学和密歇根大学，以及加拿大的三个主要馆藏（英属哥伦比亚大学、多伦多大学和麦吉尔大学）。

北美中国研究学科馆员的主要职能包括采购、编目，为中国研究学者提供信息服务和支持。馆员须熟练使用中英双语，最好在一项中国学领域具备专业教育背景。20 世纪 70 年代以前，和其他区域馆员一样，中国研究学科馆员一直处于稳定、保守的状态。直到计算机进入图书馆，目录检索实现自动化，"变革"从此成为图书馆界包括中国研究学科馆员职业生涯中使用频率最高的词语[2]。

在北美高校图书馆，拟定详细的岗位职责说明（position description）是招聘任何学科馆员的第一个步骤。岗位职责说明包括职位名称、专业职责，对应聘人的教育和学术背景、IT 技能、工作经验和语言能力的要求。本文以中国研究学科馆员作为个案研究，以南加州大学图书馆 2016 年的招聘广告为实例加以说明。英文原件见文后附录一，中文大意如下。

> 主要职能：为中文馆藏制定发展目标、实施计划，确保目标得以实现；选择和购买有关中国（含香港、台湾）、涵盖各领域、中西文图书和数字资源，以支持文理

---

1 本文所列东亚馆的数据均从东亚研究图书馆委员会 CEAL 统计数据库网页获得：http://ceal. lib. ku. edu/ceal/php/tblview/tblview. php.

2 Shen, Zhijia, 2009, "The State of the Field of East Asian Librarianship," *The Journal of East Asian Libraries*, No149: 5-12.

学院和东亚研究中心的教学和研究；有效使用捐款和项目资金进行采购；与校内外各个机构积极合作，推广中文馆藏并促进与中国和中国人民的交流与合作；协同技术部门对资料进行整理和编目；联系中国供应商、图书经销商和政府机构，建立采购和收集资料的渠道；推广与中国研究相关的特藏；制作图书馆资源导航；为研究提供专业参考咨询、读者教育，并担任有关中国研究的学科联络人；为主馆和特藏馆提供日常信息咨询。

资格要求：有美国图书馆协会认证的图书信息学硕士学位，中文流利，了解咨询服务和读者教育，熟悉中文出版和研究界的发展趋势，有效的英文口语和书面沟通能力。具有在学术研究机构图书馆担任中国馆员的经验，最好有中国研究学科的研究生以上学位；熟悉中国出版界和供应商；了解基本编目原则，在原始编目中有效使用相关知识；有申请和管理项目资金的经验；了解图书馆信息技术；会使用软件制作网页。

从这则广告可以看出，南加州大学图书馆对中国研究馆员的要求可以归纳为"善合作，多技能，高学位；精专业；有经验"。它也适用于其他学科馆员的要求。作为北美典型的研究型大学图书馆，南加州大学图书馆中国研究馆员的招聘广告很具有代表性，但是北美东亚图书馆从 20 世纪 60 年代起数量日益增加，大中小馆各具特色，为加强本文的说服力，并为将来本领域研究提供实例数据，本文将以过去北美 19 年"中国研究馆员"的 46 则招聘广告以及部分中国研究馆员为例分析馆员知识结构，总结职业走向。列表见本文附录二，概要如下。

1997 ～ 2016 年共 19 年（其间有的职位招过两次，只计算一次）间，公开招聘了 46 个职位（不包括东亚馆馆长，因为他们着重管理，没有专业馆员的职责），其中欧洲 2 个，北美 44 个（加拿大 4 个，美国 40 个）；大学图书馆 40 个，特殊图书馆 4 个；东亚、亚洲研究馆员 23 个（仅计中国研究者，侧重日文或韩文的没计算在内），中国研究馆员 23 个；44 个要求有美国图书馆学会认证的图书馆学硕士学位，41 个要求或希望有第二个相关学术领域的高级学位或学历，其中 10 个明确指出要博士。38 个要求有工作经验，其中明确至少 3 年的 2 个，5 年以上的 2 个，2 年以上的 7 个；21 个明确要求熟悉相关学科的出版和学术形势；没明确提要工作经验的 5 个中，2 个为特殊图书馆（美国中央情报局、俄亥俄大学海外华侨文献和研究中心）。41 个要图书馆 IT 技能，包括搜索、利用和制作电子资源，2 个明确提出要组织和分析技能。41 个要求英文娴熟（其余 3 家可能是认为无须提出）；每个职位都要求精通相关专业的外语，主要是中文，包括古代和现代；15 个希望懂另外一门东亚语言（日文或韩文）；特殊图书馆有特殊要求，如美国华人博物馆（Museum of Chinese in the Americas）希望懂粤语，俄亥俄大学海外华侨文献和研究中心希望能阅读荷兰语、法语或德语，以及一门东南亚语；加拿大有法语区，故麦吉尔大学要求有法语说写的能力。

四　中国研究馆员的知识结构

纵观过去 19 年内 46 则中国研究馆员的招聘广告，职能描述的核心内容相似。例如：评估、挑选和管理东亚研究资料，包括西文；指导学生和教师使用本地和远程资料；提供特别参考服务；代表图书馆联络校内相关系所、校外相关团体并出席学术会议。学校性质、馆藏规模的不同使馆员的具体职责各具本校的特色。图书馆对馆员的核心要求以重要性排序，依次为图书馆学位、第二个硕士及硕士以上学位、IT技能、语言能力、工作经验。从招聘广告可以看出，图书馆最想要的是复合型人才，即不仅在专业方面有突出的经验，还需具备较高相关技能。北美中国研究馆员要有扎实的图书馆专业知识、丰厚的中文底蕴和社科人文基础，熟悉学术和出版形式，也要具备较强的人际沟通和组织分析能力，能够熟练运用电脑科技和电子化资源。在资源较少的中小馆内，东亚研究馆员的职位比中国研究馆员更为常见，他们既要采购中日韩三种语言的材料，还要编目，同时要负责读者教育和咨询服务。大馆分工更具体，馆藏建设、采购编目、读者教育和咨询服务都有专门的区域馆员负责。

本文中提到的馆员几乎都在母语国家或美国获得一个或多个人文社会科学的高等学位，专业涵盖以下领域：中国文学、语言学、历史、英语文学、政治和宗教。美国图书馆学硕士学位作为北美馆员职业的入门资质，毋庸置疑，是绝大多数馆员的必修专业。有的馆在招聘中国研究馆员的时候，没有把"图书馆学硕士学位"作为不可或缺的条件，他们更看重应聘者的人文学术背景，认为相关领域的博士学位和深厚的学科背景可以替代"图书馆学硕士学位"这个条件。随着电子化资源在图书馆领域的日渐普及，图书馆对IT技能、数字化技术的要求在近20年内逐步提高，很多馆不仅要求馆员能熟练使用各种数据库，能迅速帮用户查找数据和资料，同时要制作学科导航网站（subject guide）和资料库教程（tutorial），发表在网络上供用户使用。随着数字人文的兴起，学科馆员与教授及研究人员正紧密合作，开发并建设以数据库和多媒体为载体的数字人文项目。

学科馆员兼具学者和馆员双重身份，两者相辅相成。不少馆员在职业生涯中发表、编撰、翻译了众多书籍和文章，主题不仅局限于图书和出版界，而且延伸至文学、历史和社科领域，显示出很高的学术水平，为中国研究这个大课题做出了积极的贡献。因为篇幅有限，在此仅举数例。

哈佛燕京图书馆中国研究馆员马小鹤，复旦大学历史学学士、硕士，西蒙斯学院图书馆学硕士。他编著的《世界哲学家丛书》中的三部在台湾出版（《伊本·赫勒敦》《甘地》《辨喜》，1993～1998年），另一部书《光明使者——图说摩尼教》在上海社会科学院出版社出版（2003年），翻译有《菊花与刀》（浙江人民出版社出版，1987年）和《中亚文明史》（第三卷）、《文明的十字路口：公元250~750年》（中国翻译出版公司出版，2003年）等。他最新的著作是《摩尼教与古代西域史研究》，作为《西域历史语言研究丛书》之一，由中国人民大学出版社2008年10月出版。他还参与了《北美中国学研究：学术概述与文献资源》一书的编辑工作。加州大学洛杉矶分校中国研究馆员程洪，复旦大学历史学学士、硕士，加州大学洛杉矶分校图书馆信息科学硕士、历史学博士。他研究中国近现代史、中国社会经济文化史、史学理论，著有《见证二战：从上海到太平洋战场》等。俄亥俄州立大学中国研究馆员李国庆，校注过三部明清小说（《封神演义》《绿野仙踪》《醒世姻缘》，中华书局，2000～2005年），翻译过三本英美小说（《爆发》《金字塔》《保护与捍卫》，上海译文出版社出版，1998～2002年），编著了《美国俄亥俄州立大学图书馆中文古籍书录》（广西师范大学出版社，2003年初版，2009年修订版）、《21世纪美国大学图书馆运作的理论与实践》《图书馆实用英语会话》等数十种书，近年来主要在做有关中国研究的外文旧籍之整理、翻译工作（丛书《亲历中国》《中国研究外文旧籍汇刊——中国记录》）。他是俄亥俄州立大学图书馆、东亚系和中国研究中心的终身教授，并先后担任过武汉大学、上海师范大学和广西师范大学的客座教授，以及北京外国语大学的特聘研究员。

五 中国研究馆员的职业发展趋势

5.1 馆藏变化

中国研究在 20 世纪 60 ～ 70 年代受冷战影响，在研究型大学和机构内迅猛增长，到 80 年代随着中国的改革开放，其发展趋势日益向好。中国研究馆藏迎来了充满机遇的黄金时期。1971 年到 1975 年，北美中国研究馆藏的增长速度为 25%；1976 年到 1980 年，增长速度为 18%；1980 年至 1989 年，增速减缓至 12%。馆藏增长速度减缓主要有两个原因，一是书价增长，二是图书馆资金减少[1]。克服这两股阻力的办法就是资源共享。很多大学成立了校级联盟，如美国的太平洋沿岸数字图书馆（Pacific Rim Research Library Alliance，PRRLA）、加州大学图书馆联盟（the University of California Libraries）、东海岸的东北研究图书馆联盟（North East Research Libraries，NERL）、大西部图书馆联盟（Greater Western Library Alliance，GWLA）。这些联盟主要通过馆际借阅、共享电子资源、协同购书、共建电子图书馆以及共享馆员职责的办法使资源使用率达到最大化。其中一个典型的例子就是北卡罗来纳大学教堂山分校（University of North Carolina at Chapel Hill）和杜克大学（Duke University）间的协同购书模式：北卡罗来纳大学重点采购中文书籍，杜克大

---

1 Shen, Zhijia, 2009, "The State of the Field of East Asian Librarianship," *The Journal of East Asian Libraries*, No149: 5-12.

学则着重购买日文书籍，两个馆藏相得益彰。面对资金和馆藏空间的缩减，中国研究馆员必须不断探求新的发展模式。建立校际联盟就是目前的一个主流方向。

5.2 电子资源

北美中文馆藏在近 20 年内订购的中文资料库的数量可以用"节节升高"来形容。在中国大陆，电子书籍以超星、北京方正阿帕比为代表，期刊有清华同方、万方数据和维普三家大型出版商，龙源期刊主攻大众流行杂志。台湾的电子资源发行商包括：华艺数位，主要提供数字化的学术与会议论文；中研院数位典藏资源网的产品以中国古典文学为主。根据 2015 年 CEAL 的统计数据，在 47 所上报数据的图书馆内，绝大多数都订购了中文电子资源（39 所），最高金额达 77 万美元[1]。中文研究馆员面对纷繁的电子资源，要善于挑选适合本馆用户的资料库，在购得资料库后，要积极摸索学习，了解各库的内容和搜索技巧，向用户做使用推广。

5.3 新馆设立

随着中国经济的崛起，"中国学"在北美日益繁荣，很多曾经没有东亚研究学科的大型和中等规模的研究型大学和文理学院开始设立包括中国研究在内的东亚研究系，使得他们对图书馆资源的要求日渐增多，兼职或是不具备语言能力的学科馆员已经不能满足东亚研究项目的要求，所以他们开始招聘全职的东亚或中国研究馆员。从近 10 年的一些招聘广告可以看出这个趋势，比如，西北大学（Northwestern University，

---

1 本文所列东亚馆的数据均从东亚研究图书馆委员会 CEAL 统计数据库网页获得：http:// ceal. lib. ku. edu/ceal/php/tblview/tblview. php。

2008）、圣母大学（University of Notre Dame，2011）、赖斯大学（Rice University，2011）和约翰霍普金斯大学（Johns Hopkins University，2010）。一些东亚研究规模较小的大学文理学院，资金不如大馆充足，他们就通过建立校际联盟、联合采购、共用一名全职东亚研究馆员的合作模式支持教学和研究需要，比如马萨诸塞大学（University of Massachusetts at Amherst）、斯密斯学院（Smith College）和爱默斯特学院（Amherst College）。

5.4 新老交替

老一批东亚研究、中文研究馆员从 20 世纪 90 年代到 21 世纪初陆续退休，新一代馆员以 20 世纪 80 ~ 90 年代来美留学的中国（大陆）学者为主。CEAL 的业内学术期刊 *Journal of East Asian Libraries*，每期都有退休通告（retirement announcement），自 1999 年以来，一共有 24 名东亚馆馆员退休，其中 21 名馆员来自中国台湾和香港。新一代馆员为东亚和中文研究馆员的职业注入了新的活力。他们不仅活跃在东亚馆的专业"舞台"上，在各自的主馆内，也担负着骨干的责任，他们通过参与各种委员会讨论、小组项目、向院系提供参考和研究服务，不遗余力地提高地域馆藏在校园的影响力，将特色馆藏在主馆发展规划中由边缘角色提升至不可或缺的重要地位。

5.5 职能要求

延续了"术业有专攻"为核心的职能要求，知识和技能多元化的复合型馆员成为图书馆最抢手的人才。他们必须具备图书信息学的专业知识，在选择和购买中国研究资料时，无论对纸质还是电子资源，都具有敏锐的洞察力，能为教学和研究提供坚实的信息后盾；他们为教员和学生提供专业参考咨询和读者教育服务，是中国学研究在图书馆的学科联络人，他们的研究背景（第二专业）为咨询和参考服务增添了具有学术价值的一臂之力；他们根据教学与科研的需要对现有服务项目和馆藏定期进行评估，并向图书馆决策部门建议新的服务项目；他们要参与中文资料的录入和原始编目，保证书目及时进馆和上架。他们能发挥主观能动性，参与主馆和亚洲馆藏的募款活动，在购书资金日趋缩减的形势下，为争取更多资源出谋划策。他们积极寻求校际和馆际合作，通过联盟订购等方式使资源使用率达到最大化；他们作为学科馆员，具备"身体力行、终身学习"的学者精神，在图书馆学、亚洲学、中国学各领域广泛发表文章，出版书籍，参与学科会议，为图书馆学和地区研究学做出学术贡献。

六 在挑战中超越和突破

从前述中国研究图书馆员学会会员知识结构的分析，不难看出学科馆员不仅拥有广博的专业知识和技能，又术业有专攻，具有深厚的人文学科背景。他们所担负的工作职责较其他类型的馆员更为广泛多样。应美国的政治、经济、文化需要而发展起来的区域研究需要这类专门人才来开发、建设学科研究所需要的图书馆信息资源和服务。但是，必须指出的是，正因为区域研究在美国的兴起本身是以美国的需要为初始，在一个西方文明的大语境下，以域外文化为对象的区域研究和区域研究图书馆的发展无疑会面临许多挑战。同时，这种非主流的社会环境，也为这样的挑战加入了政治、经济、文化的因素。同时，在美国高校图书馆中开展并提供区域研究图书馆服务也给区域研究馆员提供了在挑战中超越和突破的空间。

6.1 挑战1：主流与非主流的磨合

区域研究是对美国以外区域之政治、经济、文化的研究，由此发展起来的区域研究图书馆和馆藏相对于图书馆的主流学科来说，一直都是一个非主流的边缘化存在。因为不论这些区域研究所代表的文化本身如何，在美国，它们都是作为外来文化的一部分。不仅如此，从图书馆服务所给予的哲学理念来说，也是受到盎格鲁中心主义（Anglo-centric）的影响。因而，区域图书馆，包括中国研究图书馆及其馆藏与服务的建设和发展，是一个在求同存异中逐渐建立特色并不断与主流文化磨合的过程。

区域研究的边缘化是美国多元文化发展过程中的一个现象。所谓边缘化，首先是就区域研究本身的性质而言。区域研究在人文学科中无论规模还是人数上都处于弱势，中国研究也只是区域研究中的一支。对于高校图书馆以教学为主的服务宗旨来说，区域研究图书馆无论资金还是服务规模都不可避免地处于边缘地位。虽然这是由学科本身特点决定的，无关其重要性，但是由于数量上的弱势难免导致经费上的劣势，进而被忽视。从文化的角度而言，图书馆的理念以西方文化为主，因而在处理非西方文化方面常常不顾文化的差异而有牵强之处。比如，图书馆主题词的选择、分类法的设定，以及对于非主体文化材料的处理上，都可以看到盎格鲁中心主义的影响。美国国会图书馆的分类法对于非盎格鲁文化材料的处理都带有边缘化倾向而不考虑该文化的特定内涵[1]。近年来，国会图书馆也在努力改变这种偏向，国会图书馆每月发布的主题词更新和新增词表就是一个例子。但是，要真正

---

1 Shuyong Jiang, "Lost in Translation:The Treatment of Chinese Classics in the Library of Congress Classification," *Cataloging and Classification Quarterly*, 45(1): 1, 3-14。

做到一视同仁，还有很长的路要走。特别是，需要从根本上消除文化偏见和盎格鲁中心主义。

消除偏见并非等于主流化。近年来在一些图书馆有将区域研究融入主流学科和图书馆一般操作流程的趋势。许多图书馆正在逐步采取这样的一些措施。举例来说，2012 年早些时候关于东亚馆藏与主馆馆藏混合排架的讨论就是由这样的想法主导的。自各高校东亚馆建馆以来，基本上都是独立设置馆藏，也就是说有关东亚的图书单独设立专门书架来存放。有的馆，比如哈佛燕京图书馆，甚至连中、日、韩都是分开的。这样做的理由，最实际的一点，就是方便读者使用这些馆藏。因为独立的馆藏可以方便读者浏览书架，快速索取所需图书。但是，单独管理这些馆藏自然需要具备这些语言技能的人员。在人员紧缩的情况下，许多高校图书馆都在设法采取措施节省人力、财力。由于区域研究本身处于弱势，加之管理与操作上的特别要求，它就成为部分图书馆考虑归入一般化流程的首选。有些图书馆管理人员，由于自身缺乏区域研究所需的语言文化知识，对于区域研究，特别是东亚研究，或者敬而远之，或者取而代之。一些图书馆，特别是中小型图书馆，开始实行将独立的馆藏融入主书库一般馆藏的馆藏管理办法。显然，这样的考虑主要是从图书馆的角度而不是从读者的角度来考虑，没有有力的数据来说明这样做在提供读者方便和节省人力、物力上一定得大于失，更不用说这样的做法是否顾及区域研究馆藏本身的特点和需要。如果以为将区域研究图书馆服务和管理纳入图书馆一般化的管理就是主流化，那么，这样的理解实在是很肤浅的。

由此可见，主流与非主流的磨合常常是由文化的深层结构所决定。要真正主流化，从区域研究馆员的立场来说，就要通过自己的工作为中西文化融合和交流努力，创造一个真正多元的环境。而中国研究馆员存在的意义正在于此。这从 1869 年美国国会图书馆接受第一批中国馆藏时就开始了。而区域研究的馆藏建设可以说是区域研究的先行军。自中国研究等区域研究图书馆发展以来，从典藏的早期创建到数字时代的全面发展，至少已有两三代中国馆员在为此做贡献。关于北美东亚研究包括中国研究典藏的建设，由周欣平主编的《百年典藏——东亚图书馆在北美》做了全面的记录[1]。中国研究馆藏为在美的中国研究提供了丰富的研究资源，也为增进中西文化的了解搭起了桥梁。

6.2 挑战2：经济压力下的调整

近年来，美国和西方经济的下滑和不景气，对于高校图书馆包括区域研究图书馆也造成不少负面影响。几乎所有的大学都面临财政预算下滑的趋势。比如，加州大学在2002年的预算下调了3亿美元。州立大学来自本州的财政拨款更是逐年减少。伊利诺伊大学2013财政年度来自州政府的拨款减少了1800万美元。自2010年以来，州政府的拨款已经累计缩减了4600万美元。高校图书馆经费同样呈逐年下降趋势。根据美国大学及研究图书馆学会的统计资料，所有的学术图书馆的预算都不同程度下调。区域研究图书馆自然也在所难免。甚至，由于区域图书馆相对于其他学科馆来说，本来规模就小，财政预算有限，其紧缩的影响就更为明显。与财政拨款缩减相应的是财政支出的大幅增长。根据研究图书馆学会2004年发布的美国高校图书馆1986~2009年财政支出增长趋势分析，该学会所属高等院校图书馆财政支出的增长率是183%；而用于图书馆资料的费用增长率为276%，增长幅度十分惊人。图书馆

---

1 Peter Zhou, ed. ,2010, *Collecting Asia:East Asian libraries in North America*, 1868-2008, Association for Asian Studies, Inc.

财政支出的增长以连续出版物的增长最大，高达381%，以每年7.3%的速度在增长（见图1）[1]。东亚图书馆委员会的统计虽然不包括图书馆财政支出，也没有连续出版物和其他图书馆财政支出的比照，但是从该会统计的近年来电子资源的数据来看，情况应该也是与研究图书馆的增长趋势类似。东亚图书馆图书资源建设的经费从2006年至2015年10年来增长率为18%，而电子资源的增长则尤为迅猛。2015年东亚馆电子资源的支出为210多万美元，相比5年前2011年的112万美元，增长率高达86%[2]。

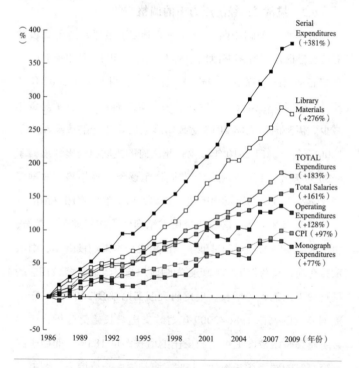

1 *ARL Statistics 2008-2009*, Association of Research Libraries, Online, 2012. http://publications. arl. org/ARL-Statistics-2008-2009/15 http://publications. arl. org/ARL-Statistics-2008-2009/14（Accessed August 21, 2012）.
2 本文所列东亚馆的数据均从东亚研究图书馆委员会（CEAL）统计数据库网页获得：http://ceal. lib. ku. edu/ceal/php/tblview/tblview. php。

电子资源（2011 v. 2015）	2011 年	2015 年	增长率
总经费	1130667.96	2107776.47	86

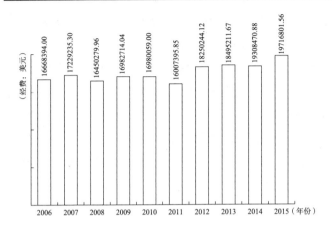

图 1 东亚馆馆藏资源经费（2006 ~ 2015 年）

在预算紧缩而图书支出上涨的情况下，不少图书馆只能寻求其他的途径来减轻压力。而在维持馆藏发展所需的财政预算的同时，馆员编制的紧缩也在所难免。北美东亚研究图书馆自2006 年以来，人员编制逐年缩减。图 2、图 3 显示 2006 年至2015 年东亚图书馆总人数及各类人员编制的变化。东亚馆人员的总数由 2006 年的 548.14 人降至 2015 年的 428.09 人。与最高峰的 2008 年相比，2015 年的总人数降幅为 25%，其中区域研究学科馆员也由 2008 年最高的 236 人减少至 2015 年的 175人，降幅为 26%，而辅助人员则由 207 人减为 149 人，降幅高达 28%。人事编制的缩减与工作量的增加往往是反向的。学科馆员包括中国研究馆员的工作量随之增加，服务内容不断扩大。有些中国研究馆员还会兼管其他学科或方面的工作。

面对如此挑战，区域研究馆员必须采取对策来平衡财政缩减所造成的负面影响并保持优质的服务。区域研究馆员的综合素质和专业特长在困境中更加显示出优越性并使得他们能够不断调整并在挑战中发展。在图书馆减员而工作量有增无减的情况下，学科馆员的全面技能使得他们能更快更好地适应变化的环境，做出适当的调整而胜任更多的工作。由于学科馆员的工作本来就是涉及图书馆服务的各个方面，他们也能轻松地转接其他需要的工作。比如，做编目的可以不受语言的限制而帮助英文资料的编目，而图书馆一般的英文馆员就无法转而帮助中文资源的编目。在中国研究馆员中很多馆员都是一职多用。这个在前面中国研究馆员的职务分析中已经讨论过，恕不赘述。不过，由此而来的学科馆员职责范围的不断扩大、多元也是在经济危机的压力下，图书馆学科馆员职责的转换，反映了高校图书馆学科馆员，特别是区域研究馆员的专业发展趋势。

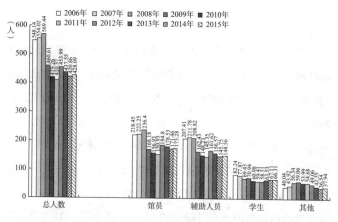

图 2　北美东亚图书馆人力资源变化（2006~2015 年）

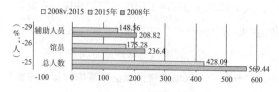

图 3　2008 年对比 2015 年东亚图书馆人员变化

　　　　　　　　　第三部分　地区研究资源的建设

当然，整个图书馆的服务在现代技术和经济危机双重刺激下，朝着更为多元、创新的模式发展。在这样的大环境下，区域研究馆员在保持传统服务的同时寻求通过各种途径增进服务。图书馆除了用馆藏的图书量、期刊的订阅量、人员编制和预算的大小等传统指标来衡量图书馆服务之外，越来越重视信息教育、读者咨询等新的读者服务形式，导向了多元服务模式，包括通过外包、数字化、联盟等形式来维持原有的服务。东亚研究图书馆委员会统计中显示的服务指标的增长就是学科馆员努力的结果。

6.3 挑战3：区域研究服务的现代趋势

区域研究馆员包括中国研究馆员在与主流文化的磨合中，在经济危机的挑战下，不断调整自己，寻求超越。他们也同样在不断变化的图书馆服务趋势中，寻求新的契机和方向。在前述中国研究馆员的职业发展趋势中已经提到，由于馆藏的变化、电子资源的发展以及新老交替等因素，中国研究馆员的职能要求在逐渐变化。不仅如此，学科本身的变化和信息时代图书馆服务的变化也要求区域研究馆员挑战传统服务模式，探索新的服务途径。

区域研究馆员的工作是为学科服务，对中国研究馆员来说，就是为从事中国研究的学者服务。区域研究由于各地区政治、经济、文化的消长而此起彼落。学科本身的发展在不同时代向中国研究馆员提出不同的要求。美国的中国研究，按许倬云先生的话来说，可以分成三段："前一段乃是西方在摸索中国的面目，中间一段是西方想要改变中国……最后一段是中国改革开放之后，已不再是吴下阿蒙，西方更是投入了大量资源。"[1]20世纪80年代以来，中国随着经济的日益崛

1　许倬云：《北美中国学》序言，载张海惠等主编《北美中国学》，中华书局，2010，第6页。

起，在国际上的地位不断增强，中国研究"已可与主流的西方研究相埒"[1]。除传统的汉学外，北美中国研究的领域深入社会人文的各个学科，呈现跨学科、重现代、偏通俗、多媒介的走向。中国研究馆员为配合教学和研究的需要，在馆藏的内容和形式上不断更新和完善。东亚研究图书馆委员会的数据显示，2015年该组织下54个东亚馆的馆藏已从2002年的1004余万册增至2650多万册。电子资源更是成倍增长。同时，许多中国研究馆员都根据本馆、本校的实际情况，制定了馆藏的基本原则和遴选方法，更追求建立有特色的馆藏。比如，加州大学圣迭戈分校东亚馆的地下电影典藏就是很典型的例子。

另外，信息技术给图书馆和图书馆服务所带来的冲击，也正在改变图书馆服务的传统模式。网络时代的信息技术也同样为区域研究图书馆提供了前所未有的可能，尤其在古籍和珍贵资源的数字化和获取方面。中国研究馆员正在通过多种途径来实现这类资源的数字化。美国国会图书馆的万国数字图书馆，也正是在这样的设想下启动的。一些有着丰富古籍典藏的东亚图书馆都在通过申请基金会资金支持和与美国国内同行合作等方式，加强古籍的数字化和编目工作。数字化和网络技术可以说为区域研究馆员提供了又一个大展身手的领域。他们在这方面的成就卓著，但仍然有很多可进一步尝试和探索的地方。北美中国研究图书馆员学会于2010年成立后，一直在与中国大陆和台湾的同行交流。2010年在长沙与青苹果公司举办《申报》研讨会，2011年在厦门大学举办关于学科馆员的研讨会，以及在中国台湾组织中国研究资源研讨班，等等，都取得了有效的成果。从2015年5月起，许多馆员参加了中华书局主持

1　许倬云：《北美中国学》序言，载张海惠等主编《北美中国学》，中华书局，2010，第6页。

　　　　　　　　　第三部分　地区研究资源的建设

的中国国家出版项目"海外中文古籍总目"的编纂。

　　而近年来随着大数据时代的到来，新型的研究方法在不断涌现。最为突出的是以数字人文为代表的研究热点将学科馆员的服务和研究提升到新的高度。数字人文作为一种研究方法，其涉及领域广泛，且不限于传统的学科。如果浏览一下美国国家人文学术基金会（National Endowment for the Humanities，NEH）所资助的数字人文项目[1]，就能发现，它可以运用于各种领域任何学科的交叉研究，既可用于保存历史和社会记忆的档案管理及研究，也可用于跨学科的比较文化研究，更在时空交叉的环境下创造新的数据和研究空间，为学科馆员扩展学科服务，以及与学者、研究者之间的更紧密的研究与合作提供了新的平台。美国东亚研究与图书馆在这方面已经涌现很多开创性的设想和实践。比如，斯坦福大学的 DHAsia 计划是一个数字人文的倡议。这个倡议得到该校包括斯坦福大学图书馆跨学科数字研究中心和东亚图书馆、斯坦福大学孔子学院、斯坦福东亚研究中心等机构的大力支持。这个计划每年为数位学者提供数字人文研究的支持。各校东亚研究的院系和中心也竞相开展数字人文的研究，如芝加哥大学文本研究实验室的东亚数字人文项目。而由几位中国研究馆员参与的"明代职官中英辞典共译共享"计划更是在热火朝天地进行中[2]。这个共译共享计划，是应用数字人文"众包"（crowdsource）理念对明代官职名称进行翻译进而建设新型研究资源的典范。

　　在这个信息技术日新月异、图书馆服务急剧变化的环境

1　"Funded Projects in Digital Humanities," https://www. neh. gov/veterans/funded-proj-ects-in-digital-humanities.

2　参与这个项目的中国研究馆员有张颖、薛燕、薛昭慧、马小鹤和何义壮。项目网址：http://mingofficialtitles. lib. uci. edu/#/about。

下，区域研究图书馆也处于一个不断改变、过渡的阶段，而且由于本身的特点，更要在挑战下找机遇，变化中求创新，从而更好地与主流研究相得益彰。很凑巧的是，就在撰写此文之际[1]，东亚图书馆委员会主席周欣平宣布，该委员会获得鲁斯基金会的资助，在今后两年中，着重探讨东亚图书馆在急剧转变的信息环境下如何改变以适应新的需要。对于东亚研究图书馆来说，我们需要思考的是，在急剧变化的数字环境下，东亚图书馆员应当如何改变我们的服务和实践；如何保存传统的优质服务并有所创新；如何最有效地发挥我们的特长并利用数字技术为教学和研究服务。最重要的是，我们如何在这个重要的转折中，抓住时机，华丽蜕变，在美国多元文化的大语境中找到自己的定位，使区域研究图书馆获得更大的发展空间。

七　结语：“竹帘”（bamboo ceilings）下的自我超越

美国高校图书馆同美国社会一样，是一个多元文化的环境。即使如此，从文化背景和种族的角度来说，美国社会主要还是以西方文化为主，谈不上真正的多元。从图书馆员的构成来说，区域馆员大部分来自所服务的族裔。比如中国研究馆员，虽不是100%，但绝大部分是华人。在整个图书馆，即使加上在其他部门的，华人馆员仍然凤毛麟角。据统计，美国高校图书馆少数族裔馆员占了不到15%，其中亚裔馆员大约为

1　本文初稿写于2012年，此次为收入文集做了增订。该资助已结束。

6.8%。图书馆的主管也鲜有少数族裔背景的（见图4）[1]。从职场文化的角度说，对于区域馆员来说，这也造成沟通上的一些障碍，形成职场文化中潜在的文化歧视和偏见现象。这可以说是区域研究馆员常常要面对的另类挑战。

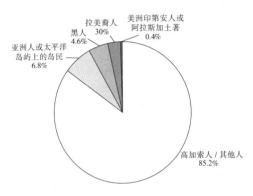

图4　图书馆主管族裔分布

面对这些不平衡现象以及潜在的歧视和偏见，要想让中国研究馆员与主流研究相对等，在一个以西方文化为主的职业环境中找到自己的最佳定位，首先必须突破的是自身文化、语言的限制。另外，由于自身的文化习惯，与人交流中往往含蓄而不张扬，自然在职场文化中因不擅沟通而处于不利地位。虽然歧视和偏见在职场文化中不可避免，但是如果能够克服本身的弱点，就有可能让来自其他文化的同事对我们的文化有更多的了解，而让职场文化更加多元，形成对我们有利的工作环境。中国在改革开放后的崛起，使得中国研究越来越受人重视，作为中西文化桥梁的建设者，中国研究馆员一定可以突破自身的限制，发挥学科知识和图书馆学技能，使得中国研究的图书馆事业更加辉煌。

1　ARL, "Annual Salary Survey 2014-2015," http://publications. arl. org/ARL-Annual-Salary-Survey-2014-2015/12.

参考文献

ARL, 2016, "Annual Salary Survey 2014–2015," http://publications. arl. org/ARL-Annual-Salary-Survey–2014–2015/12 (Accessed December 16, 2016).

"ARL Statistics 2008–2009," 2012, Association of Research Libraries, Online. http://publications. arl. org/ARL-Statistics–2008–2009/15 http://publications. arl. org/ARL-Statistics–2008–2009/14 (Accessed August 21, 2012).

2000, *Beyond the Area Studies Wars:Toward a New International Studies* (*Middlebury Bicentennial Series in International Studies*). Hanover, NH.

2007, *Building Area Studies Collections*, Wiesbaden:Harrassowitz.

CEAL, 2016, "Statistics Database 2014–15," http://ceal. lib. ku. edu/ceal/php/tblview/tblview. php (accessed Dec 16, 2016).

2016, "Chinese Studies Librarian Announcement," University of Southern California, https://libraries. usc. edu/sites/default/files/chinese_studies_librarian_annoucment. pdf (accessed Dec 16, 2016).

Jiang, Shuyong, "Lost in Translation:The Treatment of Chinese Classics in the Library of Congress Classification,"*Cataloging and Classification Quarterly*, 45(1);3–14.

Shen, Zhijia, 2009, "The State of the Field of East Asian Librarianship?" *The Journal of East Asian Libraries*, 149:5–12.

Wesley-Smith, Terence and Jon D Goss,2010, *Remaking Area Studies:Teaching and Learning Across Asia and the Pacific*, Honolulu, HI, USA.

张海惠主编, 2010,《北美中国学》, 中华书局, 第6页。

Zhou, Peter ed., 2010, *Collecting Asia:East Asian Libraries*

第三部分　地区研究资源的建设

in North America, 1868-2008, Association for Asian Studies, Inc.

Zhou,2006, Yuan. "An Unstated Mission:Chinese Collection in Academic Libraries in the U. S. and Their Services to Overseas Chinese," *Journal of East Asian Libraries*, 139:10–17.

附 录

一 *Chinese Studies Librarian at University of Southern California*

Position Summary

The University of Southern California (USC) Libraries seek an innovative librarian to build and promote a strong Chinese collection to support teaching and research at USC. The successful candidate will join the East Asian Library to support faculty and students from all departments and schools engaged in the use of Chinese, Japanese and Korean language materials. Reporting to the Head of the East Asian Library, the Chinese Studies Librarian is responsible for developing and managing the Chinese collection, in all formats, and for assisting patrons in using these library resources.

Responsibilities and Duties

reporting to the Head of the East Asian Library, the

Chinese Studies Librarian will:

● Set goals and priorities for the Chinese Collection, and develops, coordinates and implements plans in furtherance of these goals.

● Oversees the collection of Chinese language materials in multidisciplinary research fields, as well as for some Western language humanities and social science materials related to China.

● Responsible for developing and organizing the Chinese collection in all formats in support of the research and teaching of the Dornsife College of Letters, Arts and Sciences and in the East Asian Studies Center.

● Manage the acquisitions funds, she/he selects titles to build a substantial collection capable of supporting graduate-level research of the USC faculty and students in Chinese studies.

● Actively collaborates with efforts to supplement funding with support from grants and donations and manages funded projects.

● Outreach to the University community and the community beyond for the purpose of establishing USC Libraries as a locus for the accumulation and exchange of information from and about China and Chinese peoples.

● Cultivates collaborative relationships and promotes the Chinese Collection's presence on campus & externally.

● Interacts with the Technical Services staff on the technical processing of Chinese materials.

● Directly consults with Chinese vendors, book dealers,

and government/institutional bodies in China, Taiwan, Hong Kong, etc. to acquire research materials and information.

● Promotes the development of unique archival resources relevant to Chinese studies.

● Develops and maintains user tools such as finding aids and research guides to aid and enhance access to the USC Chinese collection and other information resources.

● Provides in-person and virtual reference assistance to faculty, students, staff, alumni, and the generalpublic to access and use all available Chinese collection and information resources.

● Provide research consultation and instruction services for the USC faculty and students related to Chinese studies.

● Serves at the reference desks in Doheny Library and Special Collections to provide general reference services and to help library users with archival resources.

May be required to work evenings and weekends.

Qualifications

Minimum qualifications: MLS from an ALA-accredited program or non-U. S. equivalent is typically required for a librarian appointment at USC. In addition, candidates must provide examples of:

● Fluency in the Chinese language

● Knowledge of current professional trends, especially those relating to reference, instructional services, and collection development to serve a diverse population of users on and off-campus

● Effective English oral and written communication skills
Desirable qualifications:

● Experience as a Chinese specialist in an academic or research library, including reference, instruction, and collection development responsibilities.

● Advanced degree in a Chinese studies discipline

● Knowledge of Chinese librarianship

● Familiarity with the Chinese book trade and vendors

● Knowledge of basic cataloging principles and their application to original cataloging

● Experience applying for and/or administering grants

● Knowledge of the application of current information retrieval and other technologies to library services

● Experience with web-authoring software[1]

二　北美 19 年"中国研究馆员"招聘广告一览

时间	学校	职位	职责	背景资格	技术要求	工作经验	语言能力
1997	威斯康星大学麦迪逊分校	东亚研究馆员	评估和挑选东亚研究资料；评估读者需求，设计和实施服务项目；指导学生和教师使用本地和远程资料；提供特别参考服务	ALA 认证的图书馆学硕士，东亚研究硕士或博士	电脑，网络	2 年图书馆工作经验；采访和管理经验	中文全能；日文优秀；英文娴熟

---

1 "Chinese Studies Librarian Announcement", University of Southern California, https://libraries. usc. edu/sites/default/files/chinese_studies_librarian_annoucment. pdf（accessed Dec 16, 2016）.

时间	学校	职位	职责	背景资格	技术要求	工作经验	语言能力
1997	爱荷华大学	中国研究馆员	评估和挑选中文、英文和其他欧洲语文资料；评估读者需求，设计和实施服务项目；指导学生和教师使用本地和远程资料；提供特别参考服务；代表图书馆联络校内相关系所，校外相关团体并出席学术会议	ALA认证的图书馆学硕士，熟悉东亚研究学术领域，中国研究高级学位		学术或研究图书馆工作经验	中文口语、书面语高级水平，日语达工作要求，稍知其他西方语言
	俄亥俄大学	海外华侨文献和研究中心主任	采访相关资料，代表图书馆联络校内相关系所，校外相关团体并出席学术会议、积极寻求校外资助，评估读者需求，设计和实施服务项目；指导学生和教师使用本地和远程资料；提供特别参考服务；代表图书馆联络校内相关系所、校外相关团体并出席学术会议	相关领域的博士学位，或图书馆学硕士加该领域的突出成就	分析和组织能力，计算机		中英文全面，能阅读荷兰语、法语或德语，以及一门东南亚语

时间	学校	职位	职责	背景资格	技术要求	工作经验	语言能力
1997	匹兹堡大学	中国研究馆员（包括编目）	协助东亚馆馆长，采访中文资料，提供参考服务	ALA认证的图书馆学硕士或同等学位，中国研究领域的高级学位或学历	计算机	学术或研究图书馆工作经验	中文全能
1998	宾夕法尼亚大学	东亚研究馆员	评估和挑选东亚研究资料；评估读者需求，设计和实施服务项目；指导学生和教师使用本地和远程资料；提供特别参考服务；代表图书馆联络校内相关系所，校外相关团体并出席学术会议	ALA认证的图书馆学硕士或同等学位；东亚研究硕士或博士	计算机，互联网	熟悉东亚出版及学术领域	中文全能，日文优秀；或日文全能；中文优秀；英文娴熟；希望懂韩文及欧洲语言
1999	德克萨斯大学奥斯汀分校	东亚图书部主任	评估和挑选东亚研究资料；评估读者需求，设计和实施服务项目；指导学生和教师使用本地和远程资料；提供特别参考服务，编目	ALA认证的图书馆学硕士；东亚研究硕士或博士，或相关领域同等学位	计算机，互联网	学术图书馆东亚资料工作经验	中、日文全能；英文娴熟；希望懂韩文及欧洲语言

时间	学校	职位	职责	背景资格	技术要求	工作经验	语言能力
1999	马里兰大学	东亚图书部主任	评估和挑选东亚研究资料；评估读者需求，设计和实施服务项目；指导学生和教师使用本地和远程资料；提供特别参考服务，募款	ALA认证的图书馆学硕士或东亚研究硕士或博士	图书馆电子技术	5年专业馆员经验，包括管理，培训，募款	日文全能；中文优秀；英文娴熟
1999	明尼苏达大学	东亚研究馆员	评估和挑选东亚研究资料；评估读者需求，设计和实施服务项目；指导学生和教师使用本地和远程资料；提供特别参考服务，代表图书馆联络校内相关系所，校外相关团体并出席学术会议	ALA认证的图书馆学硕士或外国同等学位；东亚研究硕士或博士	电脑，网络，电子资源	图书馆工作经验；采访和管理经验	日文、韩文优秀；英文娴熟
2000	加州大学戴维斯分校	东亚研究馆员	评估和挑选中文、日文、英文和其他欧洲语文资料；评估读者需求，设计和实施服务项目；指导学生和教师使用本地和远程资料；提供特别参考服务；代表图书馆联络校内相关系所，校外相关团体并出席学术会议	ALA认证的图书馆学硕士，强烈希望有东亚文学或历史研究高级学位	分析和组织能力	熟悉东亚出版及学术领域	英文娴熟

时间	学校	职位	职责	背景资格	技术要求	工作经验	语言能力
2000	牛津大学	中国研究馆员	评估和挑选中文和西文资料；评估读者需求，设计和实施服务项目；指导学生和教师使用本地和远程资料；提供特别参考服务；	中国古典和现代的学术背景，有图书馆学位的尤佳	IT	学术研究或图书馆工作经验	中英文全面
2001	麦吉尔大学	东亚研究馆员	评估和挑选东亚研究资料；提供特别参考服务；编目	ALA 认证的图书馆学硕士，希望有东亚研究的硕士或学士学位	IT，包括网页设计	熟悉东亚出版及学术领域	中文全能，法语说写
2001	印第安纳大学	东亚研究馆员（有终身制）	评估和挑选东亚研究资料；提供特别参考服务；编目代表图书馆联络校内相关系所，校外相关团体并出席学术会议	ALA 认证的图书馆学硕士或同等学位；东亚研究硕士或博士	IT	熟悉东亚出版及学术领域，相关工作经验，书目教学经验	中文或日文优秀；韩文优秀；英文娴熟
2001	华盛顿大学（西雅图）	中国研究馆员	评估和挑选中文和西文资料；评估读者需求，设计和实施服务项目；指导学生和教师使用本地和远程资料；提供特别参考服务；代表图书馆联络校内相关系所，校外相关团体并出席学术会议	ALA 认证的图书馆学硕士或同等学位；强烈希望有中国研究高级学位	IT	熟悉中国出版及学术领域，相关工作经验，书目教学经验	古典和现代中文全能；英文娴熟；希望懂日文

时间	学校	职位	职责	背景资格	技术要求	工作经验	语言能力
2001	伊利诺伊厄巴纳—香槟分校	中国研究馆员兼编目（有终身制）	除编目外，参与评估和挑选中文和西文资料，评估读者需求，设计和实施服务项目；指导学生和教师使用本地和远程资料；提供特别参考服务	ALA认证的图书馆学硕士	IT	1年专业馆员经验，包括管理，培训，募款	古典和现代中文全能；英文娴熟
	科罗拉多大学波尔得分校	东亚研究馆员	评估和挑选东亚研究资料；评估读者需求，设计和实施服务项目；指导学生和教师使用本地和远程资料；提供特别参考服务	ALA认证的图书馆学硕士，或东亚研究硕士或博士			中文日文都要，日文优先
	哥伦比亚大学	中国研究馆员	评估和挑选中文资料；指导学生和教师使用本地和远程资料；提供特别参考服务；代表图书馆联络校内相关系所	ALA认证的图书馆学硕士以及中国研究高级学位	图书馆IT系统	熟悉中国出版及学术领域，相关工作经验	中文口语、书面语（包括古典和现代）高级水平，英文娴熟
	海德堡大学	中国研究馆员	评估和挑选数字化中国研究资料	相关领域的博士学位，或图书馆学硕士及该领域的突出成就	设计教学资料，IT	熟悉中国出版及学术领域，相关工作经验	中文口语、书面语（包括古典和现代）高级水平，英语娴熟

时间	学校	职位	职责	背景资格	技术要求	工作经验	语言能力
2001	约翰霍普金斯大学	东亚研究馆员	评估和挑选东亚研究资料，包括原文和西文；指导学生和教师使用本地和远程资料；提供特别参考服务；代表图书馆联络校内相关系所	ALA认证的图书馆学硕士学位，希望有东亚研究领域的高级学位	计算机，网页设计	2年学术或研究图书馆采访和参考工作经验	中文全能，强烈希望日文娴熟，懂韩文亦佳
2002	宾汉顿大学	东亚研究馆员兼编目	评估和挑选东亚研究资料；指导学生和教师使用本地和远程资料；提供特别参考服务；代表图书馆联络校内相关系所	ALA认证的图书馆学硕士；希望有东亚研究硕士或博士学位或学历	计算机，互联网		中、日、韩文精通一种，能懂其他东亚语言更好
2003	耶鲁大学	中国研究馆员、副馆长	评估和挑选东中国亚研究资料；评估读者需求，设计和实施服务项目；指导学生和教师使用本地和远程资料；提供特别参考服务，募款	ALA认证的图书馆学硕士；或中国研究硕士或博士	电子化资源	5年到8年专业馆员经验，熟悉中国研究的趋势和出版行业；管理经验	中文全能，包括说写和古代、现代汉语
2004	乔治·华盛顿大学	中国文献中心馆员（含编目）	评估和挑选中文研究资料；提供特别参考服务	ALA认证的图书馆学硕士或东亚研究硕士或博士	图书馆IT	2年专业馆员经验，包括管理	中文全能；英文娴熟

时间	学校	职位	职责	背景资格	技术要求	工作经验	语言能力
2004	美国华人博物馆	中国研究馆员	评估和挑选美国华人历史资料；编目，布展；评估读者需求，设计和实施服务项目；指导读者使用档案资料；提供特别参考服务，寻求可能的捐赠者	ALA认证的图书馆学硕士	IT技能，尤其是数字化图像技能	2年图书馆、博物馆或档案馆工作经验；编目经验	英文娴熟，懂中文或广东话更好
	加州大学圣迭戈分校	中国研究馆员	评估、挑选和管理中文资料；评估读者需求，设计和实施服务项目；指导学生和教师使用本地和远程资料；提供特别参考服务；联络校内相关系所的教师和学生	ALA认证的图书馆学硕士，或同等学力、工作经验，希望有中国研究的高级学位	图书馆IT	学术研究或图书馆工作经验	中英文全面
	加州大学厄湾分校	亚洲研究馆员	评估和挑选中、日、韩和西文资料；评估读者需求，设计和实施服务项目；指导学生和教师使用本地和远程资料；提供特别参考服务	ALA认证的图书馆学硕士，或同等学力、工作经验，希望有东亚研究的学历	IT	熟悉东亚出版及学术领域，实际工作经验	说写中、日、韩三种语种之一，希望是中文或日文；英文娴熟

时间	学校	职位	职责	背景资格	技术要求	工作经验	语言能力
2005	弗吉尼亚大学	东亚研究馆员	评估、挑选和管理东亚研究资料；提供特别参考服务；代表图书馆联络校内相关系所	ALA认证的图书馆学硕士，或东亚研究的硕士学位	数字化技术	熟悉东亚出版及学术领域，至少3年工作经验	中文（优先）或日文
	宾汉顿大学	亚洲暨亚裔美国人研究馆员	评估和挑选相关领域，特别是中日韩的研究资料；提供特别参考服务；联络校内相关系所	ALA认证的图书馆学硕士；希望有亚洲研究高级学位或学历	IT	熟悉东亚出版及学术领域，相关工作经验，书目教学经验	中文或日文、韩文优秀；英文娴熟
2006	罗格斯大学	东亚研究馆员	评估和挑选中日韩文和西文资料；评估读者需求，设计和实施服务项目，特别是电子资源；指导学生和教师使用本地和远程资料；提供特别参考服务；代表图书馆联络校内相关系所，校外相关团体并出席学术会议	ALA认证的图书馆学硕士或国外同等学位；强烈希望有东亚研究高级学位	IT	熟悉中国出版及学术领域，至少3年相关图书馆工作经验，书目教学经验	中文或日文、韩文优秀；英文娴熟

时间	学校	职位	职责	背景资格	技术要求	工作经验	语言能力
2006	杜克大学	中国研究馆员	评估、挑选和管理中文和西文资料，评估读者需求，设计和实施服务项目；指导学生和教师使用本地和远程资料；提供特别参考服务	ALA认证的图书馆学硕士，希望有中国研究的硕士学位	IT	3年中国研究馆员经验，熟悉中国古今文化，尤其是当代，熟悉中国出版及学术领域	古典和现代中文全能；英文娴熟
2007	亚利桑那州立大学	中国研究馆员	评估和挑选中国研究资料；指导学生和教师使用本地和远程资料；提供特别参考服务；代表图书馆联络校内相关系所和校外相关团体并出席学术会议	ALA认证的图书馆学硕士学位	计算机，互联网	2年图书馆和中国研究馆员经验，熟悉中国古今文化，熟悉中国出版及学术领域	中文精通，英文娴熟

时间	学校	职位	职责	背景资格	技术要求	工作经验	语言能力
2007	西北大学	东亚研究馆员	评估和挑选中日韩文和西文资料；评估读者需求，设计和实施服务项目，特别是电子资源；指导学生和教师使用本地和远程资料；提供特别参考服务；代表图书馆联络校内相关系所，校外相关团体并出席学术会议	ALA认证的图书馆学硕士；或同等学力加工作经验，东亚研究的高级学位	电子化资源	专业馆员经验，熟悉东亚研究的趋势和出版行业；管理经验	中文或日文精通，英文娴熟
	英属哥伦比亚大学	中文馆员	提供参考服务；协助评估和挑选中文研究资料，采购和编目	ALA认证的图书馆学硕士，希望有中国历史和文学学历	图书馆IT		中文、英文娴熟
	中央情报局	中文、东亚研究馆员	评估、挑选、采购、管理中国资料；编目，提供特别参考服务	ALA认证的图书馆学硕士学位			英文娴熟

时间	学校	职位	职责	背景资格	技术要求	工作经验	语言能力
2007	多伦多大学	东亚研究馆员	评估、挑选和管理东亚，尤其是中国研究资料；评估读者需求，设计和实施服务项目；指导学生和教师使用本地和远程资料；提供特别参考服务；联络校内相关系所的教师和学生	ALA认证的图书馆学硕士，或同等学力、工作经验，希望有中国研究的高级学位	图书馆IT	学术研究或图书馆工作经验	中英文全面
2008	芝加哥大学	中国研究馆员	评估和挑选中文和西文中国研究资料；评估读者需求，设计和实施服务项目；指导学生和教师使用本地和远程资料；提供特别参考服务；编目	ALA认证的图书馆学硕士，中国研究领域高级学位	高级IT技能	熟悉东亚出版及学术领域，资深实际工作经验	中文（古典和现代）精通、英文娴熟
2011	赖斯大学	亚洲研究馆员	评估、挑选和管理亚洲研究资料；提供特别参考服务；代表图书馆联络校内相关所，募款	ALA认证的图书馆学硕士，希望有第二个相关领域的硕士学位	数字化技术	至少2年工作经验	中文英文娴熟

时间	学校	职位	职责	背景资格	技术要求	工作经验	语言能力
2011	圣母大学	东亚研究馆员	评估、挑选和管理东亚研究资料，包括西文；指导学生和教师使用本地和远程资料；提供特别参考服务；代表图书馆联络校内相关系所，校外相关团体并出席学术会议	ALA 认证的图书馆学硕士；或相关领域博士学位	IT	至少 3 年工作经验，熟悉东亚出版及学术领域，书目教学经验	中文或日文、韩文优秀；英文娴熟
2012	华盛顿大学	中国研究馆员	通过授课介绍图书馆资源；评估和挑选中国研究资料；评估读者需求，设计和实施服务项目；指导学生和教师使用本地和远程资料；提供参考服务；代表图书馆联络校内相关系所；参与编目	ALA 认证的图书馆学硕士；或相关领域硕士或博士学位	IT 和数字化技术	熟悉中国研究学术领域，学术资源；希望有至少 2 年的图书馆工作经验	中文英文娴熟，熟悉古汉语

时间	学校	职位	职责	背景资格	技术要求	工作经验	语言能力
2013	俄亥俄大学	海外华侨文献和研究中心主任	采访相关资料，代表图书馆联络校内相关系所，校外相关团体并出席学术会议，积极寻求校外资助，评估读者需求，设计和实施服务项目；指导学生和教师使用本地和远程资料；提供特别参考服务；代表图书馆联络校内相关系所，校外相关团体并出席学术会议	ALA认证的图书馆学硕士，或相关领域的硕士或博士学位		学术研究或图书馆工作经验	中英文全面，希望能阅读荷兰语、法语或德语，以及一门东南亚语
2013	密歇根大学	中国研究馆员	评估、挑选和管理有关中国研究的中英文资料；评估读者需求，设计和实施服务项目；指导学生和教师使用本地和远程资料；提供参考服务；联络校内相关系所的教师和学生；代表图书馆联络校外相关团体并出席学术会议	ALA认证的图书馆学硕士或相关领域硕士；希望有相关领域的博士学位		熟悉中国研究学术领域，学术资源；希望有图书馆工作经验	中文熟练，希望能阅读古汉语、日语或一种英文以外的西文

时间	学校	职位	职责	背景资格	技术要求	工作经验	语言能力
2014	加州大学圣迭戈分校	中国研究馆员	评估、挑选和管理有关中国研究的中英文资料；评估读者需求，设计和实施服务项目；指导学生和教师使用本地和远程资料；提供参考服务；联络校内相关系所的教师和学生；筹划以推广中文资源及中国研究为主旨的公众活动	ALA 认证的图书馆学硕士；相关领域硕士或博士学位		学术图书馆工作经验，熟悉中国研究学术领域	中文、英文娴熟，熟悉古汉语
2015	乔治·华盛顿大学	中国研究馆员	评估和挑选中文和西文当代中国研究资料；评估读者需求，设计和实施服务项目；指导学生和教师使用本地和远程资料；提供特别参考服务；代表图书馆联络校内相关系所	中国研究硕士或博士，有 ALA 认证的图书馆学硕士更佳	对数字学术感兴趣		中文、英文娴熟
	英属哥伦比亚大学	中文馆员（1 年职位）	评估和挑选中文中国研究资料；评估读者需求，设计和实施服务项目；指导学生和教师使用本地和远程资料；提供参考服务	ALA 认证的图书馆学硕士学位	熟悉电子化信息技术		中文、英文娴熟

时间	学校	职位	职责	背景资格	技术要求	工作经验	语言能力
2015	美国国会图书馆亚洲部	中文咨询研究馆员（6个月职位）	评估和挑选中文中国研究资料；提供参考服务；指导用户使用本地和远程资料；提供参考服务		信息技术	具有咨询经验	中文娴熟
	欧柏林学院	东亚研究馆员	评估、挑选和管理东亚研究资料，包括西文；指导学生和教师使用本地和远程资料；提供特别参考服务；代表图书馆联络校内相关系所；编目；参与图书馆网络服务建设	ALA认证的图书馆学硕士学位	数字化技术，网络技术	熟悉亚洲出版及学术领域	中文或日文优秀，英文娴熟
2016	南加州大学	中国研究馆员	评估和挑选中文和西文中国研究资料；评估读者需求，设计和实施服务项目；指导学生和教师使用本地和远程资料；提供特别参考服务	ALA认证的图书馆学硕士或国外同等学位	数字化技术，网页制作	熟悉中国出版及学术领域，相关工作经验	中文、英文娴熟
	普林斯顿大学	中国研究馆员	评估、挑选和管理中国研究资料；评估读者需求，设计和实施服务项目；指导学生和教师使用本地和远程资料；提供特别参考服务；联络校内相关系所的教师和学生	ALA认证的图书馆学硕士；或中国研究硕士或博士	数字化技术	熟悉中国古今文化，熟悉中国出版及学术领域	中文（古典和现代）精通、英文娴熟

北美地区中国研究的信息服务

柳　瀛　刘　静[1]

摘　要：

近年来，北美研究图书馆的咨询服务模式呈现出多样化的趋势。主馆的变化对于东亚研究分馆有重大的影响，这是一个有待进一步研究的课题。而中国研究是东亚研究的一个主要方向。本文介绍北美地区学术图书馆中国研究的信息服务现状与发展趋势，以期管中窥豹，为图书馆中国研究的咨询服务这一课题的研究做一个尝试。笔者结合自身的工作实践和一个小范围问卷调查的结果，从四个方面进行了探讨：中国研究图书馆员的信息服务职责和培训；近年来中国研究发生的变化；用户对图书馆服务提出的新要求；中国研究图书馆员如何应对这些变化。

关键词：

中国研究　信息服务　区域研究图书馆　学科馆员　中国研究馆员　图书馆员培训

一　文献回顾与研究方法

信息服务是图书馆的核心工作，包括参考咨询业务以及其他

1　柳瀛，加拿大维多利亚大学亚洲研究馆员。加拿大麦吉尔大学图书馆与信息管理硕士、上海海事大学英语翻译专业硕士。刘静，加拿大不列颠哥伦比亚大学中国研究馆员。美国华盛顿大学图书馆与信息科学硕士、加拿大不列颠哥伦比亚大学亚太政策硕士，国内毕业于武汉大学。衷心感谢维多利亚大学图书馆统计分析员（Assessment and Statistics Analyst, University of Victoria Libraries）Chelsea Garside，为我们的问卷调查提供帮助。

涉及信息或研究资源、工具及服务的创建、管理和评价行为参考美国图书馆学会[1]。近20年来，随着人们获取和使用信息方式的改变，大学图书馆的咨询服务也发生了巨大的变化。其中引起广泛关注的是咨询问题和咨询人数有不同程度的下降，却更有深度，用户对数字信息服务质量的期待提升，合作研究的模式变得更加普遍。由于大量文献的数字化，搜索引擎的日益完善，人们通过社交软件相互提出并解决问题，咨询服务台似乎没有了存在的必要[2]。同时，对大数据、开放数据、数字人文以及开创空间的需求直线上升。

Rachel Applegate 分析了 2002 年到 2004 年美国国家教育统计中心学术图书馆调查问卷收集的数据，发现虽然各个图书馆每周的咨询服务次数下降，但是不同图书馆的情况有所不同[3]。以硕士教育为主的研究类大学的图书馆员已经注意到他们收到的咨询问题量呈上升趋势，并且在咨询服务方面，与本科教育为主的院校有所不同。2009 ~ 2010 年度加拿大研究图书馆协会的统计显示，就图书馆咨询服务次数与在校学生人数的比例而言，2007 ~ 2008 年度比 2006 ~ 2007 年度有所增加的有 12 所研究类大学，有所下降的有 19 所大学。其中如不列颠哥伦比亚大学和多伦多大学的比例只是略有下降，恐怕与其一年增加近 2000 名学生的高入学率有关[4]。

---

1 参考咨询和用户服务协会 2008 年发布的定义：http://www. ala. org/rusa/guidelines/ definitionsreference。

2 Scott Kennedy, "Farewell to the Reference Librarian," *Journal of Library Administration* 51（2011）:319-325, accessed July 20, 2012, doi:10.1080/01930826.2011.556954.

3 Rachel Applegate, "Whose Decline Which Academic Libraries are. 'Deserted' in terms of Reference Transactions?" *Reference and User Services Quarterly* 48, no. 2（2008）:176.

4 Canadian Association of Research Libraries, "2009-2010 Statistics:Expenditures and Collections, Emerging Services, Use, Facilities, and Services," *Statistical Survey of Canadian University Libraries*, March 2012, accessed July 15, 2012 http://carl-abrc. ca/en/ research-libraries/statistics-measures. html. 参见第 81 页 Ratios 2006-2007/2009-2010:Table VII-Total informational transactions to university enrolment。

中国研究的信息服务集中在大学图书馆系统里面的区域研究分馆，其多数以东亚图书馆的形式出现。没有东亚图书馆的大学也多有聘请中国或者亚洲研究馆员负责这方面的工作。因此，在本文中，中国研究馆员、东亚馆员和区域研究馆员是可以互换的。大学图书馆信息服务的变化在大量的图书馆科学和管理文献中已有广泛探讨。各图书馆都在或多或少地尝试改变传统的服务模式，寻求更广泛的研究和学习的信息支持。大学主馆的这些变化必然对其区域研究分馆和亚洲或东亚馆产生直接的影响。区域研究以及东亚图书馆的管理和服务与主馆一脉相承。然而，由于中国研究和馆藏的特殊性，主馆和分馆之间的信息服务又存在很多的不同之处。在进行文献回顾时，我们发现关于区域研究图书馆或者东亚馆的文献较少，或者说文献偏重于介绍收藏和特藏，而直接探讨中国研究咨询服务的文献几乎没有。作者希望通过对现有文献的整理和自身以及同人经验的总结，就区域研究图书馆，特别是中国研究方面的信息服务现状和趋势做一粗浅的探讨，抛砖引玉，进一步激发相关的研讨。

我们设计了一个服务状况的问卷调查，希望能为本文讨论提供一些数据依据。我们将这一问卷的调查对象限定为中国研究图书馆员协会（Society for Chinese Studies Librarians）的成员，大多数成员是北美各亚洲研究图书馆的馆员或负责亚洲研究学科的馆员，至 2012 年共 68 人，2016 年增加到 92 人。其中不乏管理和技术服务同人。其中 19 人答复了问卷。我们随后又向有代表性的会员电话咨询和讨论过他们的经验和看法。所以，这一调查的范围很小，不足以反映北美亚洲研究图书馆员的总体情况，更不足于反映地区研究馆员的总体情况。它只能提供一个掠影，管中窥豹，难免以偏概全。但是这些接受问卷的 19 位同事的答复提供了非常有价值的信息和建议，印证了我们自身的经历与观察。

二 中国研究图书馆员的工作概况

北美地区中国研究图书馆员属于学科馆员的范畴，但从事和管理着多学科和多语种的图书馆工作。他们或者在历史悠久的研究类大学的东亚图书馆，或者在具有新兴的中国学或亚洲研究专业的大学、学院里的图书馆担任学科馆员，也有少数在艺术博物馆以及其他特殊和专门的研究机构中任职。同时，区域研究已经不再局限于某一个国家（如中国）或地区（如东亚）的独立研究，而形成与其他地区间的互动和比较研究，以及更大范围的如亚洲研究和东亚在全球化浪潮中的变更的研究等。因此，除中国研究馆员外，一些馆员担负着中、日或者中、日、韩三个语种的信息支持职责。另外，近年来对新兴大众媒体、通俗文化的研究方兴未艾。北美大学教育及研究对中国的全方位覆盖和发展也对中国研究馆员提出了更高的要求。

北美图书馆员一般须具有美国图书馆学会认证的硕士学位，接受过图书馆专业训练。而分布在几十个不同的研究类图书馆的中国研究馆员当中 80% 的人同时具备另一专业的硕士或者博士学位，如教育、文学、历史、人类学、亚太政策研究等，具备相当深厚的中国学研究知识。由于所在馆的历史沿革、规模和服务对象的不同，馆员们的职称也有所区别。从我们调查的结果看，他们多数被称作中国或东亚研究馆员，但也有一些是东亚馆的公共服务馆员或收藏发展馆员。这是一支主要由来自中国大陆、香港和台湾的年富力强、知识和经验丰富的学人组成的专业队伍。他们平均 30% 的工作时间用在信息服务上，而其工作内容与上一代的馆员相比，出现不少变化。

中国研究馆员负责与相关院系的联络工作和信息支持工作，甚至直接参与教学工作。教授们在开设相关课程之前要与学科馆员沟通，共同准备教学和学生阅读的信息资源。北美东亚馆除坐拥中国以外最大的中国研究纸本资源外，也要构建网络和数字化资源。馆员可以在学期初就将组织好的信息源向学生们展示，也可以随着课程的深入，及时介入教学，参与学生间的互动。随着在线网络教学的普及，馆员还需要将重要的参考和阅读资料安插进在线课件中。此外，中国研究馆员也担负着本科生的信息素质教育的任务，从而提高其与地区研究相关的多语种的信息搜索和使用的能力。馆员们为研究生的论文起草、原始文献搜寻、引文出处核实、田野调查等提供一系列支持。在支持和直接参与教学和科研的过程中，馆员们不仅宣传和提升了图书馆的服务，也了解了学科动向和用户使用信息资源的趋势。更重要的是增添了主动参与制作的参考咨询工具。比如，笔者之一与两位历史学者共同编纂出版的一本关于明代郑和航海及中国与印度洋关系的多语种研究目录[1]。

很多中国研究馆员属于所在大学的教职员编制，同样也担负一定的研究工作，参与相关院系的研究事务、教职员委员会、学术活动和社区、国际交流事务等。除继续其本身的学科研究外，也根据本馆特藏，比如，中国善本书、民国文献、西方传教士等课题进行研究。很多同人编纂主题研究书目和索引、中英对照的图书馆工具书、参与数字化资源的建设等。他们逐渐成为美、加交叉学科重大课题组的成员，从申请国家级的研究课题，到最终的成果发布，全程参与。例如，中国研究图书馆员学会的同人和美国的权威教授们共同参与的、由匹兹

1　Liu, Ying, Zhongping Chen, and Gregory Blue, eds. , *Zheng He's Maritime Voyages（1405-1433）and China's Relations with the Indian Ocean World:A Multilingual Bibliography*, Leiden:Brill, 2014.

堡大学的张海惠女士主持编纂的《北美中国学——研究概述及文献资源》[1]就是成功代表,在全球的亚洲研究同行中大受欢迎。这一著作的英文版由亚洲研究协会在其网站上发布。

三 用户需求和工作性质的变化

中国研究图书馆员的核心用户是本校的教授和学生。探讨用户需求的变化,我们首先需要了解学科的变化。Carolyn T. Brown 的文章对区域研究的主要发展趋势做了精辟的总结[2]:(1)更多的学科理论框架和方法应用于区域研究;(2)各学科总的国际化出现了在另一种文化范围内测试西方知识结构中的普世理论的趋势;(3)法学、医学等专业的国际化;(4)大专院校学生背景的国际化。相应地,这些变化对于区域研究图书馆员的工作产生了直接的影响。Brown 的文章主要谈论学科变化对于区域研究图书馆馆藏发展和资料收集、保存的影响。而我们在实际工作中已经看到了这些变化所带来的在信息服务方面的挑战和机遇。

就中国研究的教授和学者们而言,他们曾聚集在传统人文学科,现逐渐向其他领域和交叉学科发展,比如,音乐、电影、传媒等流行文化研究甚至于科学、医学和法学等。中国研究在最近 20 年来真正朝着跨学科的全面性和当代性方向发

---

1 张海惠、薛昭慧、蒋树勇,《北美中国学:研究概述与文献资源 =Chinese studies in North America-research and resources》,中华书局,2010,英文版:http://www. asian-studies. org/Publications/Chinese-Studies。

2 Carolyn T. Brown, "The Changing Nature of Area Studies," *Center for Research Libraries and Library of Congress:International Collections Development Workshop*, February 27, 2006, accessed July 15, 2012, http://www. crl. edu/sites/default/files/attachments/pages/ Brown_CRL-LOC. pdf.

展。这对于中国研究馆员的知识结构提出了更高的要求。仅了解传统人文学科资料已不能满足信息服务的需求，馆员需要对新的信息源和学科间的交叉地带有所了解。区域研究图书馆的馆藏也必须突破原有的人文学科为主的格局，以满足新的研究需求。然而个人的精力有限，加上图书馆人员设置的局限，要达到全方位又有深度的认知是很困难的。所以，就中国研究馆员来说，为保证高质量的信息服务，与其他图书馆的同行进行交流合作，互通有无，尤为重要。例如，对中国医疗改革的研究，涉及多个领域的变化，所以需要提供诸如医药、民意调查和法规等多方面的信息。在问卷调查中，一位馆员这样写道："有些教授没有中国研究的背景，却开始教授中国相关的课程，我被要求为他们和他们的助教提供培训……"另一位馆员写道："……我收到的咨询问题几乎涉及中国的所有方面，比如'中国有多少家庭使用沼气？''西藏有多少牦牛？''中国的奶制品企业的历史发展'……我不懂韩文，但是负责韩国研究，回答相关的咨询问题，对我来说是个挑战……"[1]从这里不难看出咨询馆员在面对这些情况时承受的压力。这个问卷调查的目的之一就是要引起管理层的注意，以便充分理解地区研究馆员工作的特殊性，在馆员培训、馆际合作、国际交流等方面给予充分支持。

随着信息和同步通信技术的发展，学术研究早已不受国界限制。一个地区研究项目的参与者往往包括世界各地的学者。在问卷调查中，一位馆员这样描述："近年来我校有很多来自中国的访问学者，我被要求给他们上图书馆研究的课程，并提

---

1 柳瀛:《问卷调查报告:北美地区东亚研究图书馆员的咨询服务》，载《图书馆:社会发展的助推器·第八届上海国际图书馆论坛论文集》，上海科学技术文献出版社，2016，第351页。

供咨询服务。他们需要很多帮助以便充分利用北美的信息。"[1]
我们注意到北美和中国学者间日益频繁的合作，而我们的服务
变得更加双向，既有挑战又有机遇。挑战是越来越多亚洲高校
来做短期研究的学者成为研究图书馆员的咨询服务对象。由于
亚洲和北美图书馆体制与检索方式的不同，访问学者往往需要
更多和更全面的帮助。机遇是通过参与交流合作项目和亚洲学
人的接触，北美和亚洲的图书馆员有了更多沟通的机会，由此
可能创造各种在资源共享、信息服务乃至数字人文等方面馆与
馆间的合作机会。

北美学者多年来积累了自己的中国资料搜集渠道。他们
常想不到或最后才想到请图书馆员帮助。对图书馆员的工作而
言，不能及时介入和全面参与也就不易提供强有力的支持。与
教授们保持经常的联系，了解他们的研究兴趣和参与新兴课题
至关重要。随着信息技术的发展，相比传统的资料搜集方式更
加便捷，但是容易遇到如版权、下载后传播、电子资料使用权
限、复制许可等一系列问题。教授们在这方面寻求图书馆员的
帮助有所增加。

北美学生的组成及其需求呈多样性发展。中国研究馆员有
时要面对来自不同学科的、没有相关语言、文化背景的学生。
很多对中国某个问题感兴趣的学生不能进行中文阅读和研究。
馆员发现自己有时需扮演翻译者或文化诠释者的角色。而大多
数馆员没有受过这方面的训练，这给馆员的工作带来一定的难
度。在问卷调查中有馆员们写道："不懂中文的读者需要关于
中国的英文资料，读者的问题不符合中国的现实情况，我必须
花时间解释和引导他们。""……接到的咨询问题来自更广泛的

1　柳瀛：《问卷调查报告：北美地区东亚研究图书馆员的咨询服务》，载《图书馆：社会发
展的助推器·第八届上海国际图书馆论坛论文集》，上海科学技术文献出版社，2016，第
350页。

学科范畴，更有深度，更多问题来自不懂中文的读者，但总体咨询问题数量已经下降。"[1] 另一方面，问卷调查显示 53% 的馆员每年收到的咨询问题超过 50% 需要使用亚洲语言原文的资料。这充分体现了区域研究中咨询服务与馆藏的密切关系。图书馆员收到的咨询问题也变得更有深度，在处理每个问题上花费的时间增加了。问卷调查中，42% 的馆员称他们回答的咨询问题中 30% 是有深度的研究问题。47% 的馆员认为他们回答的基本事实型问题占问题总量的 30% 以下。只有 10% 的馆员称他们回答的问题中 50% ~ 70% 是事实型的问题。

由于网络搜索的便利和图书馆及其他文化机构数字化资源的发展，用户能够找到许多以前由于地域限制无法获得的资料。同时，对中国研究馆员服务的及时性要求更高。用户需要及时反馈和获取信息这一点充分体现在问卷调查的数据中。"越来越多的问题可以由电子资源来解答，即使有现成的纸本读者也希望得到电子版的期刊文章。读者们希望一次点击就什么都能找到……"网上信息的丰富造成一些读者的错误观念，如"网上信息都是准确的"，"网上没有的就不存在"。一些学生使用资料时不明白需要评估和确认资料的质量。曾经有一位博士研究生很高兴地告诉笔者在网上下载到一本急需的书。细谈后，笔者发现此书出自个人扫描上传，且不论版权问题，扫描的部分不全，还有错页现象。

在问卷调查中，54% 的馆员称他们会收到关于研究过程和方法的咨询问题，虽然占咨询总数的比例低于 30%[2]，但许多馆员

---

1 柳瀛:《问卷调查报告：北美地区东亚研究图书馆员的咨询服务》，载《图书馆：社会发展的助推器·第八届上海国际图书馆论坛论文集》，上海科学技术文献出版社，2016，第350页。

2 柳瀛:《问卷调查报告：北美地区东亚研究图书馆员的咨询服务》，载《图书馆：社会发展的助推器·第八届上海国际图书馆论坛论文集》，上海科学技术文献出版社，2016，第350页。

都注意到一般的咨询帮助对于某些本科生是不充分的，他们需要在整个研究过程中得到指导。比如，怎样选题以及利用图书馆资料来测试和确定研究课题的范围和可行性，如何正确地引用，怎样按照特定格式建立参考目录，如何避免无心的剽窃，等等。宾夕法尼亚州立大学（Pennsylvania State University.）的两位图书馆员 Moyo 和 Robinson 的文章介绍了该馆的图书馆研究辅导项目（Gateway Library Research Mentoring Program）。这一项目将图书馆信息素养培训与研究过程辅导相结合，针对学生手头的研究项目或论文课题，使图书馆的信息素养培训更贴近学生的需要[1]。从问卷调查的结果来看，大多数图书馆没有将信息素养培训纳入有学分的课程体制，只有 16% 的图书馆提供有学分的信息素养培训课程。然而有 53% 的院校图书馆将信息素养培训与其他的学生服务项目结合起来。这些学生服务项目包括学习空间（Learning Commons）、国际学生服务（International Student Service）、学习辅导（campus tutorial）、校园咨询（Counseling Service）以及就业辅导（Career Service）等。可见结合的方式多种多样，目的是使更多的学生参加培训。就中国研究馆员而言，更多的是提供与中国研究相关的专门讲座。问卷中 32% 的馆员与教师合作授课。58% 的馆员认为在过去的 3 年内参加相关培训的学生人数有所增加。这大概与近年来一些地区研究如中国研究成为学界热点以及地区研究对于相关资料的依赖性有关。

在北美的校园，国际学生的比例在不断增加。根据美国《开放门户》2016 年的统计[2]，在美高校的国际学生有

1　Lesley Moyo, and Ashley Robinson, "BeyondResearch Guidance:the Gateway Library Research Mentoring Program," *Library Management* 22, No. 8/9（2001）: 343-50.

2　"OPEN DOORS 2016:Executive Summary, International Students in the United States," accessed December 14, 2016, at:http://www. iie. org/Who-We-Are/News-and-Events/Press-Center/Press-Releases/2016/2016-11-14-Open-Doors-Executive-Summary#. WFF5c1wYOQk.

1043839 人，比 10 年前翻了一番。而加拿大移民局的统计公布，2014 年底在加拿大的国际学生有 336497 人[1]。来自亚洲国家的学生占了很大的比例。虽然印度学生人数上升很快，而中国的学生数量仍然占据首位。北美当地的高中毕业生对图书馆是非常熟悉的，从学龄前到中小学都有公共图书馆介入学校的教育，高中的一些作业和研究报告需要使用大学图书馆来完成。中国学生缺乏这样的背景或者羞于求助，有的学生到快毕业才恍然大悟，可以在图书馆得到相当多的帮助，如果入学当初自己知道就好了。由于文化的隔阂、语言的障碍、交流以及服务方式的不同，这些学生入学后需要学习如何利用图书馆做研究。Zhang Li 的文章[2]详细分析了来自亚洲的国际学生在使用图书馆咨询服务时面临的交流问题。中国研究图书馆员因为对于国际学生的来源地区和文化背景有相当的了解，相对于其他的学科图书馆员，经常被要求对中国学生进行信息素养培训。同事也惯于将相关问题转给中国研究馆员来解答。面对迅速增加的中国学生群体，和他们语言以及教育背景的特殊性，图书馆需要另外的人力和物力来提供服务项目。比如，不列颠哥伦比亚大学图书馆与针对国际学生新成立的学院合作，申请学校特殊经费，专门调研新生的信息需求，从而为他们量身定制课程、参考工具，包括网上指南和视频等。

---

1 "International students with a valid permit on December 31st by top 50 countries of citizenship1, 2005 to 2014," *Canada Facts and Figures Immigrant Overview Temporary Residents* 2014, accessed Dec. 9, 2016, http://www. cic. gc. ca/english/pdf/2014-Facts-Fig-ures-Temporary. pdf, p. 30.

2 Li Zhang, "Communication in Academic libraries:An East Asian perspective," *Reference Services Review*, 34, No. 1（2006.）: 164-176.

四　信息服务方式的多样性

传统的信息服务局限于图书馆内和由纸质工具书包围的参考咨询台。而今是用户在哪里，信息服务就要出现在哪里。馆员们必须走出去并及时出现在用户最需要的时间和地点。尽管调查显示东亚馆的参考咨询台多数仍旧存在，但也出现了变化。比如，由助理和学生值班，回答方向性或简单的问题，而将更深入的问题留给奔忙于各院系间的研究馆员。或者咨询台与借阅台合并，东亚馆或分馆的咨询台与主馆的咨询台合并。研究馆员花在咨询台上的时间减少，甚至直接在各自的办公室或到用户当中去解答咨询问题。同时咨询问题更多地以电邮和实时网上咨询等形式出现。学生们在宿舍里、在写论文的过程中或在田野调查时都可以联系到自己的研究馆员，甚至节假日也不间断。对亚洲研究的学人们而言，在亚洲实习和考察时，可以与馆员们实时联络相当重要。同时，他们也需要北美的馆员帮助做好准备，以及与当地图书馆的沟通。例如，博士研究生们需要在上海图书馆、国家图书馆和北京大学图书馆使用特藏，在飞赴中国之前他们就把当地馆的联系人、使用规则和费用搞清楚，从而不至于空手而归。很多东亚图书馆在国际合作方面积极为本馆的用户争取和保障他们在亚洲使用合作馆的权利。

馆员提供咨询服务的手段更为多样化：电子邮件、博客、播客、维基、微博等，方式众多，也就是说，花在咨询台以外的回复时间更多了。这虽然大大方便了读者，但读者毕竟看不到背后图书馆为维持这样的服务在人力和物力上的大量投入，例如，不列颠哥伦比亚大学使用一笔特殊的经费来支持从中国馆际互借、文献传递和联合参考咨询的服务，而用户是在不了解具体背景的情况下，免费地享受到了来自中国的实时付费服务。中国的社交软件与北美不同，拥有更大的客户群。中国研究馆员有义务让北美中国研究学者利用这些新型媒介进行全球化的学术交流。同时，中国研究馆员本身也在利用诸如微信群等方式互相提供信息进行无地域和时间限制的信息供给。

除了直接提供信息和信息素养培训外，中国研究馆员们已经开始利用一切技术手段来参与和辅助反转教学（Flipped Classroom）。数字化形式的中国研究课件已经推入学校的教学网络中，馆员也可以与教授、学生同时利用这些课件进行互动。不列颠哥伦比亚大学的图书馆员们与中国研究的教授合作刚完成了一个试验，即让学生们利用视频教学课件的同时，参与英汉翻译。翻译的字幕作为学生的作业又为未来的学生提供了新的双语学习课件。这个项目，不仅使中国学专家的演讲视频有了中英文的字幕，也让学生们为一些民国早期的电影配上字幕。学生对以这样的方式非常满意。教授支持馆员搭建平台和引用字幕软件的做法，他们很欣慰对本校自产的专家视频增加了中英文字幕。中文研究馆员也力图增加网上发布的渠道。

一些中国研究馆员积极参与数字化合作研究课题，例如，由杜克大学中文研究馆员周珞领衔的西德尼甘博的中国摄影图片展，将20世纪早期在中国拍摄的5000多幅照片数字化，并到中国首都图书馆展出，为学者提供珍贵的原始影像资料。再例如，哈佛燕京图书馆与Ctext合作OCR其中文古籍善本的项目，还有更多来自不同图书馆的馆员参与的历史人物传记项目，匹兹堡大学和华盛顿大学东亚馆的口述历史项目，等等。可见中文研究馆员已经在借助数字化技术向全球用户提供各具特色的数字化馆藏。随着中国研究馆员更多地介入数字化项目，他们会被要求承担数字人文和研究数据的管理工作。这是学科馆员今后要承担的新角色。

五 地区研究图书馆员的专业培训

无论信息服务的渠道和方式怎样变化，服务的核心是一样的，就是将信息与用户做连接。信息服务的质量取决于图书馆员的专业素养。除了深厚的中国学和图书馆专业背景外，提供服务水平的方式还有频繁的培训、馆内馆外交流以及专业年会等。问卷调查中，馆员认为有助于优化咨询服务的最重要因素分别是：参加本校以外的专业年会和专业组织（47%）、与其他北美高校的同行互通有无（37%）、与数据库代理商探讨合作（26%）。可见，对于中国研究图书馆员而言，因为研究范围的特殊性和语言的要求，本校以外的专业交流对他们的工作起了特别重要的作用。比如在东亚图书馆领域，日本和韩国基金会提供大量和免费的专业培训。中国台湾也为中国研究馆员赴台培训提供了经费和精彩的内容。中国大陆起步较晚，但后来居上。国家图书馆在2014年夏天提供了古籍鉴定的培训。而数据库的代理商由于在研发推广数据库时积累了大量的信息，他们与馆员间有长期的合作，加上新的销售模式的出现，比如按需购买单篇文章，地区研究馆员从数据库代理商那里往往可以得到帮助。其他重要的因素还包括图书馆内的培训、与馆内同事的交流以及与亚洲图书馆员的交流。

在调查问卷中，当问到咨询服务和馆员其他职责之间的关系时，与咨询服务最为密切相关的职能是：学科联络（Liaison responsibility，63%）、馆藏发展（53%）、研究工作（42%）和信息素养培训（42%）。可见，中国研究馆员不仅提供关于图书馆资料获取方面的咨询，往往会更深地涉入研究项目的领域，与研究者密切合作。

中国研究图书馆员学会自2010年成立以来成为馆员们合

作共赢的成长和交流平台。学会与东亚图书馆协会中文资源委员会共同组织了暑期到中国参观交流的进修活动。笔者有幸参加 2015 年旨在加强对中国电影、电视和纪录片的了解和收藏的高级讲习班。这方面的需求来自不同学科,中文研究馆员们需要跟进国内的发展,开辟新的合作领域。一系列的馆员培训和交流项目,以及由此带来的合作课题、出版物、工具书和数字人文项目,使北美的中国研究者们获得了前所未有的收益。

六　小结

总的来说,东亚图书馆和中国研究馆员的信息服务和大多数研究图书馆一样,正经历迅速的变化。我们仅列出了一些比较突出的方面和案例,抛砖引玉,希望引起大家进一步的思考和讨论。

(1)传统的信息服务模式受到挑战,多样化的新模式直接引起图书馆员工作角色的转变。

(2)深入的研究性课题要求中国研究馆员更新自己的知识结构,以便提供课题经费申请、文献保障、田野调查、数据管理、成果发布等全方位支持。

(3)信息服务在时间、空间上不断延伸,图书馆怎样更好地通过国际合作,在有限的物力、人力基础上,满足个性化服务的需求。

(4)与中国的合作能更好地服务用户,跨机构、跨文化的合作有难度,需要管理层的远见和支持。

参考文献

Applegate, Rachel, "WhoseDecline Which Academic Libraries are. 'Deserted' in terms of Reference Transactions?" *Reference and User Services Quarterly,* 48, No. 2（2008）:176–189.

Brown, Carolyn T, "The Changing Nature of Area Studies," *Center for Research Libraries and Library of Congress:International Collections Development Workshop*, February 27, 2006. Accessed July 15, 2012, http://www. crl. edu/sites/default/files/attachments/pages/Brown_CRL-LOC. pdf.

Canadian Association of Research Libraries, *Statistical Survey of Canadian University Libraries*, Last modified March 2012. Accessed December 15, 2016, http://carl-abrc. ca/en/research-libraries/statistics-measures. html.

Citizenship and Immigration Canada, *Canada Facts and Figures Immigrant Overview Temporary Residents 2014.* Accessed December 9, 2016, http://www. cic. gc. ca/english/pdf/2014-Facts-Figures-Temporary. pdf.

Kennedy, Scott, "Farewell to the Reference Librarian." *Journal of Library Administration,* 51（2011）:319–325. Accessed July 20, 2012, doi:10.1080/01930826.2011.556954.

Liu, Ying, Zhongping Chen, and Gregory Blue, eds, *Zheng He's Maritime Voyages（1405-1433）and China's Relations with the Indian Ocean World:A Multilingual Bibliography,* Leiden:－Brill, 2014.

柳瀛:《问卷调查报告:北美地区东亚研究图书馆员的咨询服务》, 载《图书馆:社会发展的助推器·第八届上海国际图书馆论坛论文集》, 上海科学技术文献出版社, 2016, 第341–352页。

Moyo, Lesley and Ashley Robinson, "BeyondResearch

Guidance:the Gateway Library Research Mentoring Program." *Library Management,* 22, No. 8/9 (2001):343−350.

"OPEN DOORS 2016:Executive Summary, International Students in the United States," Accessed December 14, 2016 at:http://www. iie. org/Who-We-Are/News-and-Events/Press-Center/Press-Releases/2016/2016−11−14−Open-Doors-Executive-Summary#. WFF5c1wYOQk.

Reference & User Services Association, "Definitions of Reference," Accessed December 9, 2016. http://www. ala. org/rusa/guidelines/definitionsreference.

张海惠、薛昭慧、蒋树勇:《北美中国学:研究概述与文献资源 》(Chinese studies in North America-research and resources), 中华书局 , 2010, 英文版: http://www. as-ian-studies. org/Publications/Chinese-Studies。

Zhang, Li. "Communication in Academic Libraries:An East Asian Perspective," *Reference Services Review,* 34, No. 1 (2006.):164−176.

厦门大学图书馆区域研究资料中心的工作实践与发展策略

郑咏青　黄国凡[1]

摘　要：

厦门大学图书馆区域研究资料中心成立 6 年来，敦聘地方文史专家为顾问，构建区域研究特色数据库，加强与华侨华人研究机构的协作，与校内研究机构联合编制电子期刊《南海导报》，组建"人文社科实验室"，开展丰富的学科活动，一系列创新的工作实践开阔了图书馆员的视野，增强了图书馆员的学术素养，提升了文献收藏的数量和质量，逐步充实了东南海疆研究特色馆藏，助力于厦门大学的学术研究工作。针对目前该中心发展遇到的瓶颈，笔者建议今后几年的发展策略：以专题服务为重点，参与院系教学科研；分级定位地理区块，全面收藏各类资源；以核心人物和热点问题为线索，构建数据库与文献专题；探寻灰色文献收集渠道；借助校友力量收集文献；宣传推介中心出品的数据库和电子期刊等网络资源。

关键词：

区域研究　学科服务　文献收藏　华侨华人　东南海疆

---

1 郑咏青，厦门大学图书馆，馆员，毕业于福建师范大学。黄国凡，厦门大学图书馆，副研究馆员，毕业于北京师范大学。

一　厦门大学图书馆区域研究资料中心简介

区域研究是人文社会科学的一个重要研究领域。厦门大学在台湾与东南亚研究、区域社会经济史、海洋社会经济史、移民与海外华人、海疆史地及现代国际关系等方面研究成果显著，相关院系在国际海洋法学、区域经济、海洋与环境科学、海洋与海岸带发展等领域的研究也取得了丰硕成果。为了更好地开展区域研究的文献保障工作，厦门大学图书馆于 2010 年设立了区域研究资料中心（Area Study Library，以下简称中心），专业收藏闽台、东南亚及华侨华人资料，2010 年 9 月对读者开放。该中心目前共有 8 名工作人员。其中，主任 1 名，主持部门工作，同时负责中心活动策划，组织各种展览及社团研讨活动，吸引广大师生关注区域文化研究，创建图书馆的学术和文化活动品牌；流通管理员 4 名，负责文献流通和书库管理；特色库建设主管 1 名；东南海疆研究库采编 1 名；信息参考库采编 1 名，负责厦门大学图书馆自建特色库建设，以及区域研究文献的数字典藏。目前该中心藏书 7 万多册，阅览面积 600 平方米，阅览座位 20 多个。

二　成立六年来的主要工作实践

2.1　敦聘专家为顾问，培植行业人脉

搜集区域研究文献资料需要有专家的眼光。聘请专家做顾问，不仅可提高图书馆的威望，扩大中心在国内外的影响，还可对文献收藏进行有效指导，快速甄别。中心聘请厦门地方文史专家洪卜仁先生，以厦门大学图书馆顾问的身份，牵线搭架，引见了许多东南亚的朋友，其渊博的地方史和华侨史知识

为我们了解和搜集地方文献资料提供了专业的指导。

2010年10月，两名馆员与洪卜仁先生联合撰写了侨史论文《新马的闽南籍华侨与辛亥革命》，参加在新加坡召开的"孙中山、南洋和辛亥革命"学术会议，实地走访了部分新加坡、马来西亚的文献收藏机构及民间收藏人士，收集到一批国内不易获得的文献和实物资料。此次出访，中心馆员代表厦门大学图书馆，与新加坡福建会馆、新加坡国家图书馆、新加坡国立大学图书馆、新加坡国家美术馆、陈笃生医院博物馆、马来西亚华校董事联合会总会（董总）、槟州独中教育基金会、槟州华校校友会联合会、马来西亚槟州各姓氏宗祠联委会、光华日报社、钟灵独立中学、槟华女子独中等单位及槟城历史专家张少宽、郑永美、马来西亚华人作家朵拉女士等建立了联系，带回书籍资料120多册。

2.2 构建东南海疆研究数据库 [1]

东南海疆系指我国东南沿海苏浙闽粤台港澳琼等省区以及东海、南海等海域，与日本及东南亚多国有漫长的海洋国界线。该区域具有典型的海洋文化特征。历史上，百越民族曾经在此区域活动，秦汉以来，中原文化交融于此，宋元时期的泉州是世界贸易大港，明末的漳州月港被定为中国帆船的发舶地，清初的厦门则被定为往南洋贸易的发舶地，近代的五口通商亦都在东南海疆。当代的东南沿海，则是中国经济最活跃、对外交往最频繁的地区。近年来，为加快地方文化建设，不少沿海城市都提出了建设"海洋文化名城"的发展战略。同时，在地缘政治经济背景下，我国与日韩及东南亚五国有海洋争

---

1 东南海疆研究数据库［EB/OL］，http://210.34.4.13:8080/asia/default.aspx，访问日期：2013年6月6日。

端。有关东南亚的区域研究在国际上已经成为研究热点。为了更好地开展区域研究的文献保障工作，中心着力收集以族谱、碑刻、田野调查、地方史料为主的民间资料和中外文地图资料，构建独具特色的"东南海疆研究数据库"。

该数据库现有数据 49 万余条，全文数据近 44 万余条，全文数据占数据总量的 90%。其中包含厦门大学图书馆此前建成的"东南亚及闽台研究数据库"所有内容，厦门大学东南亚研究中心的"东南亚数据库"部分内容，以及厦门大学台湾研究中心的大量台湾研究资料。1946 年 5 月成立的"海疆学术资料馆"所收集的研究南洋、台湾及闽南地方史与海外交通史问题的资料在 1950 年 9 月并入厦门大学"南洋研究馆"，这些资料目前仍大部分藏于厦门大学图书馆和厦门大学南洋研究院，已按计划逐步进行数字化，整合到数据库中[1]。

2.3 加强与华侨华人研究机构的合作

中心与国内外相关收藏机构，如博物馆、档案馆、华侨华人研究中心等紧密合作，建立长期的业务协作和资源共享机制。2011 年 8 月，由华侨博物院、厦门大学图书馆主办的《笃行一生，继往开来：一个华人家族与新马社会》专题展在华侨博物院开幕，中心馆员参与了展品遴选、文字翻译、视频字幕编制等工作。展览通过 100 多幅不同历史时期的照片、图片及部分珍贵文献史籍，展示了新马社会陈笃生家族几代人的经历和事迹，让观众感受到华侨华人在海外的奋斗与奉献。展会上，厦门大学图书馆陈列的一本《星洲同盟会录》被新加坡

1　郑咏青、王爽:《东南海疆研究数据库的构建与发展策略》，载《图书馆杂志》2015 年第 3 期，第 39 ~ 46 页。

媒体发现。2011年10月6日新加坡《联合早报》发表了杜南发先生的文章《一份珍贵的历史文献——林义顺〈星洲同盟会录〉发现记》[1]，文中提及："……一本陈旧的硬皮书册，以烫金铅字印有书名《星洲同盟会录》，下有数行烫金小字是：.厦门大学惠存，林义顺敬赠，1928 SEPT.……这是1928年9月林义顺亲自赠送给厦门大学收藏的一本《星洲同盟会录》！……是当年林义顺所保留及珍藏的革命记忆，一向未为世人所知，今年是辛亥革命100年，我们有缘'发现'，让书中史料得以'重新出土'，为学界及研究者提供一份新的历史文献，是一件很值得高兴的事。"此后，新加坡方面主动与厦门大学图书馆商讨合作出版《星洲同盟会录》史料事宜。该书已由新加坡晚晴园于2016年出版。

2.4 与研究机构联合编制电子期刊，提升学科服务水平

厦门大学在国内高校中较早开展南海问题研究，成果丰硕。20世纪20年代，厦门大学学者着手开展南海诸岛历史资料的收集与整理，为该领域研究打下了坚实的基础。2002年，厦门大学建立了国内第一个海洋政策与法律研究中心，创办了国内唯一的海洋法律与政策研究学术专刊《中国海洋法学评论》，并出版系列海洋法研究丛书。2012年，厦门大学正式成立以南海问题为主要研究对象的跨学科综合研究机构——厦门大学南海研究院（以下简称"南海院"）[2]。对这一新兴的学术机构而言，创办一份有特色的行业刊物，有助于在学术领域获得认可并赢得声誉。南海院遂与厦门大学图书馆合作，于2013

---

1 图林老姜：《厦门大学图书馆〈星洲同盟会录〉发现记》[EB/OL]，http://blog.sina.com.cn/s/blog_4b04e3970102duxk.html，访问日期：2013年6月6日。

2 《南海研究院简介》[EB/OL]，http://scsi.xmu.edu.cn/show.asp?id=835&classid=89，访问日期：2014年8月23日。

年元旦发行《南海导报》创刊号，每月一期，现已刊出 4 卷共 48 期，含重大事件、学术事件、未来学术活动、新闻选集和出版物选集等栏目（见表 1），发行范围为国内外高校、研究机构、海洋、渔业、船政等单位。

表 1 《南海导报》栏目内容一览

栏目	内容
重大事件	有关南海国际形势、南海研究最新的重大事件
学术事件	介绍厦门大学南海研究院等南海学术机构的研究动态
未来学术活动	预报国内外学术研究机构举办的南海研究和相关主题学术活动
新闻选集	推介国际国内最新南海新闻
出版物选集	搜集近期国内外南海研究相关书目、论文信息

《南海导报》的特色是以聚焦南海时事与研究动态为重心，以服务南海学术研究为宗旨，为广大南海研究人员打造一个信息服务的社区平台。每期头条都对当月南海局势或南海研究学术界重大事件进行全文报道及适度评议。"学术事件"与"未来学术活动"以报道和预告国内外南海及相关领域国际会议为主；"新闻选集"搜集国内外权威媒体对南海及其周边国家的时事报道，特别收录了马来西亚、印尼、越南、泰国等东南亚国家小语种新闻。"出版物选集"重在分享南海研究的最新出版书目或期刊文章。《南海导报》每期以中英双语发行，每条信息均附原文链接，以保证信息来源准确可靠，迄今办刊已四年，在刊物内容、传播范围、参考价值等方面受到广泛关注与好评，订户超过 5000 人。研究人员与图书馆员合作编制电子期刊的模式得到了认可，取得了成效[1]。

1　郑咏青：《学术动态资料的搜集、整理与发布—以〈南海导报〉的编辑出版为例》，载《农业图书情报学刊》2015 年第 8 期，第 168 ～ 171 页。

2.5　组建"人文社科实验室"，开展丰富的学科活动

高校图书馆的内部空间除了文献阅览外，大多用于读者"自习"或辟为读者休闲消费场所（如咖啡厅），会议室或报告厅则主要用于校方安排的讲座，这是一种资源的浪费。图书馆应该主动改善条件，多方共建，策划各类型的文化活动，提升学术品位，以期真正成为学校的文化中心和学术中心。中心购置了音响和投影设备，重新规划空间，在每周五、六、日的下午 2 点 30 分到晚上 10 点这一区间组织人文社科活动，活动内容分三类：周五的"文化讲堂"旨在为研究者提供一个最直接与读者见面的宣传文化、传播知识的平台；周六的"观点论辩"欢迎有思想的、有观点的、有想法的、有理论的读者来坐而论道；周日的"学会活动"则为各种学会提供开放的活动平台，扩大社团的对外影响力。中心招聘了一批志愿者协助进行活动的策划和组织，并与厦门大学新闻传播学院、凤凰网等单位合作，迄今已举办近 500 场活动，得到读者热烈追捧，成为厦门大学图书馆的自创品牌，扩大了中心的社会影响。活动内容大多与区域研究有关，如表 2 所示。

表 2　中心 2013 年 11 月活动内容一览

活动主题	活动主讲人	活动主要内容
一场关于福建省新、旧侨乡的田野调查报告	王付兵 博士（厦门大学国际关系学院暨南洋研究院）	这项始于 2002 年的田野调查，是"福建省新、旧侨乡比较研究"课题的主要内容，由王付兵教授与同事、学生共同合作完成。研究对象选择福建省老侨乡典型—晋江市以及新侨乡代表—长乐市。通过对两个侨乡在人文地理、侨汇、华侨华人和港澳台同胞对侨乡的捐赠、投资概况四个方面的比较，王教授用大量丰富的田野调查数据与大家分享了华侨华人对于当地社会和经济发展的贡献，以及对于未来趋势的预测

活动主题	活动主讲人	活动主要内容
马来西亚华人"独中复兴运动"与文化认同	赵海立 博士（厦门大学国际关系学院暨南洋研究院）	华人社会于 20 世纪 70 年代掀起一场席卷马来西亚的华文独中复兴运动，不仅把还没有改制的华文中学从灭亡边缘救活并发展起来，而且创办了新的独中。独中复兴运动体现了马来西亚华人文化认同的强烈传承意识与传统，同时这种意识在运动中得以加强
从文学流变看台湾社会的变迁	黄美娥 教授（台湾大学台湾文学研究所）	通过以台湾文学作品为经、以台湾历史为纬，剖析了台湾文学的发展、流变，并从中窥见台湾社会的变迁，从而强调了"文学作为一种认识论"和"文学中投射出的史观"的观点
古韵今声——雅艺南音音乐会	鲍元恺（厦门大学特聘教授、艺术研究所所长）	讲座以音乐会的形式向听众介绍保留至今可考证的最接近古代原貌的音乐表演形式——南音

三　未来发展策略

中心成立六年来，创新的工作实践开阔了图书馆员的视野，增强了图书馆员的学术素养，提升了文献收藏的数量和质量，逐步充实了东南海疆研究特色馆藏，助力于厦门大学学术研究工作。总结工作中的经验，大致可概括为：以藏为主，参与研究；贴近读者，服务学术；应用技术，整合资源；拓展联系，加强协作。即以文献收藏为业务主线，请来专家担任文献收藏利用顾问，深度参与学术研究；充分发挥图书馆空间资源，推介人文社科学者讲座报告；应用互联网络技术，对已有资源进行整合，建设东南海疆特色数据库；与校内外、国内外相关机构加强协作，实现文献共享。目前中心的发展也遇到瓶颈，主要有两点：一是特色资源的收集不够均衡和完善。目前的资源收集策略偏重于网络资源，主题相对集中于台湾政情与科技报告方面。非正式出版的文献如谱牒、手稿、票据、碑拓、图片、口述资料等较少收藏。二是由于精力所限，相关人员未能对中心出品的数据库、电子期刊等资源进行必要的宣传和推介，用户较少，使用率不高。中心未来发展须注重以下几个方面。

（1）以专题服务为重点，参与院系教学科研。

馆员应深入与院系师生交流，寻找合作项目，协助院系进行项目资料的查找与汇聚，同时可将专题服务资料收入特色库，如前述与厦门大学南海研究院联合编辑电子期刊《南海导报》的合作模式；另可借鉴新加坡国立大学图书馆做法，馆员参与人文学院师生开展的教学实践和田野调查活动，协助收集整理第一手资料，助力师生完成科研课题，也将原始材料及研究成果入库存档和传播。

（2）分级定位地理区块，全面收藏各类资源。

如针对福建区域，可依行政区域划分为厦门、福州、龙岩等，也可依地域风土区分为莆仙地区、闽南地区、闽北山区、福州五区八邑等，立足当地风土人文，全方位收集当地文献。

（3）以核心人物和热点问题为线索构建数据库与文献专题。

笔者已经着手挖掘整理东南海疆区域核心人物事迹，拟编制核心人物名册，逐一追溯人物发展轨迹，全面梳理人物生平、事件、贡献、时代背景、家庭关系、历史评价、中外影响等，收藏人物日记、手稿、著作、后人研究成果等资源，后续可建成区域核心人物库。

（4）探寻灰色文献收集渠道。

馆员可针对性地联络以区域人文建设为主要职能的政府机

关和社团组织，如本地文化局、建设局、方志办、侨联、民间社团等，了解这些部门组织是否有灰色文献，其出版规律和内容品质如何，有选择地收集文献质量高、对区域研究有帮助的资料入库。可采用征集、交换、捐赠、适当购买等方式获取，也可借阅资料，由图书馆协助进行数字化收藏传播，而后原件归还。

（5）依托厦大研究学者众多的优势，借助校友力量收集文献。

退休学者大多已淡出研究领域，其早期研究资料留之无用，弃之可惜，而对图书馆而言某些资料仍弥足珍贵，馆员可广泛宣传图书馆文献的收集宗旨和范围，与学者深入沟通了解其研究资料的内容，评判其回收利用价值，决定是否收集入藏。馆员对本校学者的研究领域较为了解，沟通交流相对顺畅，而这些学者大多居住本地，资料搬运相对便捷，可操作性强。

（6）加强与读者的沟通，宣传推介中心出品的数据库和电子期刊等网络资源。

馆员可针对研究型人群进行宣传推广，保持馆员与读者的互动沟通，开展用户调研，及时关注用户在文献需求、数据库使用等方面遇到的问题，并针对性地予以解决，使中心成为区域研究的重要文献平台与网络资源集散地。

第 四 部 分

周边国家文献资源的建设

吉林大学东北亚研究文献采集的现状与策略

王乃时　姜曼莉[1]

摘　要：

　　吉林大学因其地理位置优势，并利用雄厚的师资力量，成立了东北亚研究院，以及依托其建立起来的东北亚研究中心，其涵盖人文学科范围广、科研水平高，是教育部人文社会科学重点研究基地。所以，针对东北亚周边国家出版文献的收集，以便为东北亚研究院、东北亚研究中心的教学和科研服务，也就成为吉林大学图书馆外文图书采购工作的重要组成部分。在针对东北亚研究文献的周边国家出版物采购中，形成了涵盖学科领域广、涉及语种多、注重所采集文献的学科交叉性、兼具学术性强、理论性强、学术见解独到而深刻的特色；我们还广泛收集内容以政策指针、统计数据为主的白皮书类、年鉴类、调查报告等东北亚研究类出版物；重视周边国家成套、系列出版文献的采选；侧重周边国家国情资料文献的收集，也是东北亚研究文献采访的鲜明特色。我们根据《高校文科图书引进专款使用管理办法》制定了东北亚研究文献的采购原则。针对采购周期长、供货率低、部分周边国家图书进出口不发达、经费不足等困难，我们采取了努力扩大采访渠道、充分利用文科专款，依托文科专款的 CASHL 平台共享功能，以文科专款采购为主，探索委托代购、积极争取国外捐赠、

1　王乃时，吉林大学图书馆，采编部馆员。姜曼莉，吉林大学图书馆研究馆员。

拓展国际交换等措施。

关键词：

吉林大学　图书馆　东北亚研究文献的采购

近期，随着中国经济的腾飞，朝鲜半岛局势的紧张、日本政局的摇摆和动荡、美国插手东亚事务……都使亚洲的东北亚地区成为世界关注的焦点。与东北亚相关的学术研究也方兴未艾。众所周知，吉林大学是东北地区最大的教育部直属全国重点综合性大学，1995 年首批通过国家教委"211 工程"审批，2001 年被列入"985 工程"国家重点建设的大学之一。因位于东北腹地，其地理位置与历史因素，决定了吉林大学的一些人文学科成为对东北亚周边国家进行国情研究的学术前沿。吉林大学进行东北亚研究的专门学术机构有东北亚研究院，以及依托其建立起来的东北亚研究中心。所以，针对东北亚周边国家出版文献的收集，为东北亚研究院、东北亚研究中心的科研服务，也就成了吉林大学图书馆（以下简称吉大馆）外文图书采购工作的重要组成部分。经过多年的建设，吉大馆在东北亚文献采购方面已具备相当规模，并逐步形成学科完备的东北亚研究文献的藏书体系。

一　吉林大学东北亚学术研究的优势

东北亚在地理范围上是指亚洲东北部，其中包括中国东北和华北、俄罗斯远东地区、朝鲜、韩国、蒙古国、日本。而广义的东北亚概念是区域性的，是指中国、俄罗斯、日本、朝鲜、韩国、蒙古这 6 个国家。因中国东北地区与俄罗斯、朝鲜、蒙古有着漫长接壤的陆地边境线，与日本、韩国同属亚洲的环日本海区域，所以，位于中国东北地区的吉林大学有着地理位置上的东北亚区域研究优势。吉林大学在东北亚研究领域具有较长的历史，早在 1964 年，经国务院批准，吉林大学就成立了日本问题研究室、朝鲜问题研究室等，以从事对周边国家国情研究工作。随着中国改革开放的深入和东北亚区域经济合作发展要求，1994 年 4 月，吉林大学将日本研究所、朝鲜韩国研究所、人口研究所、图们江国际开发研究所、区域经济研究所合并，成立了东北亚研究院。东北亚研究院是中国在东北地区综合类大学中规模最大、门类最齐全的、以周边国家研究为重点的学术研究机构。1999 年 10 月，以东北亚研究院为依托，聘任校内外从事人口学、世界经济、国际政治、东北亚历史等方面的研究人员，成立东北亚研究中心。1999 年 12 月，吉林大学东北亚研究中心经国家教育部批准，成为首批十五家普通高等学校人文社会科学重点研究基地之一，从而实现了对东北亚地区政治、经济、历史、文化的多学科、交叉性的周边国家综合研究。2008年，东北亚研究中心设置了中国人口老龄化与经济社会发展研究中心（国家人口和计划生育委员会与吉林大学共建）、中国与周边国家区域经济合作研究中心（科技部重点研究基地）、日本研究中心、俄罗斯研究中心、朝鲜研究中心、蒙古研究中心等具有学科专业优势的学术研究部门。其研究领域涵盖东北亚区域政治、经济、历史、人口、社会发展等诸多领域，在学科专业的设置上已经形成优势。东北亚研究院与东北亚研究中心共有博士学位授权点 5 个、硕士学位授权点 7 个，在专职科研人员中有教授 27 人（含博士生导师 22人）、副教授 22 人，形成了实力雄厚的专业研究型师资队伍。因而，以东北亚研究院、东北亚研究中心的科研、教学为重点进行的周边国家出版文献的采访服务，是吉大馆外文人文学科图书采购工作的重要服务方向。

二 东北亚研究文献采访的特点

通过研究，吉大馆在以服务吉林大学东北亚研究院、东北亚研究中心教学、科研为目标的周边国家出版物采购中，形成了如下特点。

（1）涵盖学科领域广，且注重文献的学科交叉性。因吉林大学的东北亚研究院和东北亚研究中心的研究领域是东北亚区域和日、俄、朝、韩、蒙等周边国家的国别政治、经济、历史、人口、社会发展等诸多领域，且许多领域学科交叉性强，如东北亚区域人口研究主要涵盖了人口学和区域经济学两个学科领域，而人口老龄化问题则需要对人口学、社会学两个哲学社会科学学科进行交叉研究。所以，我们在与东北亚研究领域相关的周边国家出版文献中涉及范围广，涵盖政治、经济、历史、人口、社会学等领域，并且特别重视交叉学科的文献采集。

（2）关于东北亚研究的周边国家出版文献应具备学术性强、理论性强、学术见解独到、深刻等特点。这是由东北亚研究院学术研究机构的特点及其专职科研人员多由人文科学领域的专家、学者构成而决定的。我们还根据学科特点来关注周边国家相关出版机构的新书书目，如在日本历史的研究领域中，日本的吉川弘文馆是一家日本史学术研究特点强的出版社；而日本Minerva书房则是出版经济等人文社会科学领域中学术性图书的出版机构。在俄文人文学科文献出版机构中，如莫斯科大学出版社、科学出版社，等等，都是人文学科精品学术图书的出版单位。这些出版单位的新书书目对学术研究极具价值。

（3）服务学科指向性、针对性强。由于从事采购东北亚研究的周边国家出版文献的相关人员，对吉林大学东北亚研究院和东北亚研究中心、校内与东北亚人文研究的相关院系的学科设置与一些重点科研课题有着比较深入、系统的了解。所以，在采购东北亚周边国家人文类出版文献时，能够有针对性地进行系统的筛选目录工作，做到有的放矢，针对教学和科研来进行目录信息的统筹处理。

（4）注重收集内容涉及政策指针、统计数据为主的白皮书类、年鉴类、调查报告类等，且有工具性、学术辅助价值高的周边国家统计类出版物。这是根据东北亚研究院的人口学、东北亚国际关系、区域经济、世界经济等领域的科研中需要一些周边国家出版的相关政策指向性文献、统计数据资料而确定的，如《国势调查报告》《日本防卫白皮书》、各类相关的政策指南、统计年鉴等。因此，翔实而具体的相关国家政策指针、统计文献类出版物也是东北亚研究文献采购中不可或缺的。

（5）注重周边国家成套、系列出版文献的收集。因东北亚研究院某些研究方向的部分相关出版物是连续性的系列出版物，只有坚持对这些丛书类、多卷册的文献出版物的动向进行跟踪，才能保持其完整的学术价值，所以，我们对一些学术价值强的周边国家的系列出版物，给予高度关注。

（6）东北亚研究文献涉及语种广泛，其涉及日语、俄语、朝鲜语、蒙语。

（7）注重周边国家国情资料文献的收集和整理，力争建立完备的周边国家国情资料收藏体系。周边国家的国情资料对于东北亚区域的政治、经济、人口等研究方向有着较为重要的参考价值，如能建立周边国家国情资料库，对于相关科研项目的服务和国际政治领域的研究都具有重要且深远的意义。

三 东北亚研究文献采访所遵循的原则

我们根据《高校文科图书引进专款使用管理办法》制定了吉大馆的东北亚研究文献的采集原则，并依据《高校文科图书引进专款使用管理办法》中在专款使用额度的分配上遵循整体规划、统筹安排、保证重点、兼顾一般的原则，以用户的需求作为我们工作的重中之重，在诸多对周边国家出版人文科学类文献有需求的用户中，依据吉林大学哲学社会科学专业设置的特点和优势，确立服务的重点对象，针对重点服务对象采取旨在对有需求用户跟踪科研课题、项目走访、调查，并合理整合周边国家出版相关情报的信息资源，增加引进这些重点教学、科研单位可利用周边国家人文类出版文献资源的比重，做到好钢用在刀刃上。据此，我们确定了东北亚研究院、东北亚研究中心等教学科研机构作为我们采购周边国家人文科学出版文献的重点服务对象。根据吉林大学人文社会科学领域学科专业的优势，由于东北亚研究中心是教育部高等学校人文社会科学重点研究基地，其主要研究项目均涉及周边国家的人口、经济、政治、历史等领域。因而，我们把东北亚研究中心作为引进周边国家人文科学领域文献服务的重中之重。在突出和保障重点学科、专业的周边国家出版文献引进的同时，我们也要采取兼顾一般的方针，以吉林大学哲学社会科学相关院系、学科对周边国家出版文献有需求的科研项目为服务对象，尽最大努力给予满足，以实现图书采购和科研项目需求的对接。

四　东北亚研究文献采集存在的问题

吉大馆采集东北亚研究类学术文献的途径，主要是利用教育部文科专款，并依托文科专款的 CASHL 平台进行的。由于受客观条件的影响，吉大馆对周边国家东北亚研究文献的收集，绝大部分为日语和俄语出版物。在对周边国家东北亚研究文献的采集过程中，先收集到周边国家出版的大量纸本以及网络电子版的书目信息，然后提供给东北亚学术研究机构的博士生导师和专家们进行选择，再将博士生导师、专家们确定的书目反馈给 CASHL 采购平台。

目前，吉林大学图书馆在东北亚研究文献的收集上，处于国内领先地位。虽然如此，随着东北亚文献收集的不断深入，我们也遇到了一些困难。

首先，经费问题对于东北亚研究文献的采集有着很大的影响。由于吉林大学东北亚文献采购的经费来源为教育部文科专款，每年有关东北亚研究文献的小语种采购，占总拨款额度的 1/5 到 1/3，最多仅有六万美元，这六万美元的经费还要覆盖诸多的人文学科领域。因此，经费有限对东北亚研究文献的收集产生了局限性。

其次，采访渠道不畅也制约了东北亚研究文献的采集。东北亚图书采访渠道不畅表现在两个方面：一是采访书目来源不足，图书馆采访人员通过正常订购渠道所能获得的外文图书书目中几乎没有与小语种相关的原版图书的目录信息。二是图书出版、发行（经销）商受市场及成本因素的影响，不愿从事小语种图书的经营，如中国教育图书进出口公司是目前国内最大的图书进出口公司，但因盈利少，又缺乏小语种专业人员，对代购小语种图书的业务投入有限。国内周边国家的小语种图书的出版也受市场及经费制约，引进出版的小语种图书品种非常有限，而且主要集中在语言学习方面，无法满足国内东北亚学术研究领域对小语种图书的需要。采访东北亚图书的书目信息来源不足。书目信息来源主要来自几个比较著名的图书商。东北亚学术研究图书以日、韩、俄文种为主，基本属于小语种范畴，获取外文书目信息的来源有限，而且只有少数几家大出版社寄送书目，特别是朝鲜语文献的采集，因为书目来源等还没有大规模的展开，从而造成外文图书书目信息资源匮乏，直接缩小了外文采购的空间。

再次，信息源对学科领域的建设不够熟悉，提供给高校的外文图书书目不适应前沿学科日新月异的发展。这种机制上的弊端影响了所采购外文图书的质量，远远不能满足东北亚文献的需求。

此外，吉林大学图书馆的东北亚研究文献采购还存在以下制约因素：采购周期长，供货率低。图书进出口商与东北亚周边国家和地区的出版方联系方式有限，也难寻找国外优质的代理商，导致小语种图书的供货周期要比英文图书长得多。其中，非通用小语种的供应期均超 9 个月，有些语种甚至要等上一年以上。这就不利于专家、学者们获取学科领域的前沿信息，也影响了他们的选书热情，使之误认为馆藏外文图书陈旧，潜意识里产生不愿来馆借阅外文图书的看法。另外，受客观因素影响，进口商以及相关人员很难准确收集、过滤和识别各种出版和发行信息。兼之部分出版东北亚研究文献的小语种国家出版业欠发达，书目信息不规范（如欠缺 ISBN 号或出版社等），给书商的代理采购带来困难，小语种图书特别是非通用小语种图书的供货率较低。出版源少，特别是朝、俄文图书的出版源主要包括国内和国外两部分。国外主要是一些国际性大出版社出版的各种小语种图书，以及使用小语种的东北亚周边国家出版的本国语种图书，其特点是种类多、范围广、质量高；其缺点是受中外文化交流与图书发行渠道的制约，真正能进入国内市场的数量非常少。

五　加强东北亚研究文献的采访策略

　　加强小语种图书采访的策略，重要的是要努力扩大采访渠道。由于通过图书进出口商这一正式渠道采购的东北亚研究文献很难满足图书馆的全部采购需求，因此，图书馆需要积极开拓思路，灵活拓展各种非正式采购渠道。我们探索出以下几个方面的措施。

　　（1）主动采集东北亚研究文献的出版线索，整合各类书目信息。首先，要加强对出版社的调研，发掘优质和最新图书品种。由于日、俄、韩等语种图书的需求面广和需求精度大，因此，要调查研究这些国家的图书出版情况，了解当地图书出版的行业动态、业界评论、主要出版社及其出版特色、出版类型、优质图书品种、图书存量、行业地位等，并将它们与图书馆的馆藏特点进行比较匹配，锁定与图书馆对口的出版社和图书品种，提取所需的文献，确定采访对象，从而进行深度采访。其次，加大针对周边国家人文学科书目资源信息的精细化分析，使每一本经典学术著作和实用性强的学术文献都能发挥其最大效用，并特别关注系列学术出版物的动态，因为系列学术出版物的学术思想体系性强，并且学术观点脉络清晰，能够较为系统地反映出某一学科领域的学术思想发展、演变的历程。

　　（2）实行相关领域人文学科专家、学者的文献推荐制度。根据使用东北亚周边国家人文学科文献的专家、学者们具有较高的学术水平和较深的专业文献素养的现状，我们采取定时上门走访，请他们推荐在教学、科研过程中遇到的学术水平高且感兴趣的文献，之后对这些专家、学者们推荐的目录进行整理、查重，并将其及时地输入 CASHL 采购平台。

（3）搜集并研究各小语种国家的网上书店。随着电子商务的兴起，各种形态的网上书店在世界范围内蓬勃发展。网上书店拥有庞大的图书信息，揭示当地图书阅读的潮流；同时，网上书店可提供每本图书详细的出版信息、作者简介、出版社介绍、内容目录、行业评论、读者点评、相关图书链接等资讯，还提供各类图书的销售排行数据、当地图书奖项消息等，是不可缺少的小语种图书采选参考工具，为图书馆了解和采选当地的流行读物和各类非学术书籍提供了采访线索。

（4）委托代购。鼓励专业教师和研究人员出国时为图书馆代购教学和科研用书，并且适当地复制一些专业资料来充实馆藏。特别是已经不再出版的稀缺出版物。也可以委托国外图书馆有针对性地代购图书。教师和研究人员出国代购可以买到符合教学和研究需要的、较新的、专业性较强的图书，因此该采购渠道已成为一些正式采购渠道不畅的图书馆日常小语种图书补充的重要渠道。委托代购还可以通过本校聘请的外籍教师及本校与国外高校互派交流的教师，利用他们回国探亲、工作或身居国外之便，请他们直接从国外采购教学科研急需用书。对于东北亚研究图书来说，这种购买方式是最为有效的。因为，通过赠送所获取的小语种图书价格虽低，但书的出版年代较早，且部分并不适合教学与科研需求，委托代购完全可以购买到最新出版的版本，而且非常符合教学与科研急需的要求。

（5）接受捐赠。通过各种途径积极接受国内外友好人士和学术团体的捐赠不失为一种便捷有效的方法，既能弥补高校图书馆东北亚研究文献的不足，又可以节约一笔数额可观的经费。接受捐赠的方式有两种：一是被动接受；二是主动征求。

被动接受赠送，就是指图书馆被动地接受国内外个人或团体赠送图书，其优点是一次性赠送图书数量较大，而且比较省事省心；不足之处是，赠书的质量难以控制，可能存在学科针对性不强的问题。主动征求赠送，就是图书馆主动地与国内外有关个人与团体联系或发布征捐图书通告，争取他们向本馆捐赠特定要求的图书，这种方式的好处是赠书的质量可控，有较好的针对性和适用性；缺点是在数量上难以保证，而且像"化缘"似的，联系起来比较麻烦。目前国内所获得的国外赠书，主要是通过一些国家的民间友好团体设立的国际性赠书机构提供的，一般多为本国语言图书，如"亚洲之桥"基金会的赠书大部分来自美国大学书店和某些出版商，少部分由美国友好人士捐赠，主要为英文图书，小语种图书只占其中极少的一部分，甚至没有。再者，小语种图书赠送点比较少，而且都是一些比较小的机构，宣传较少，赠送量也不大。因此，我们应在充分利用好现有渠道的基础上，积极主动地去拓展"主动征捐"渠道，想方设法地去和小语种国家的有关人士或团体取得联系，争取获得更多的来自这些国家的赠送图书。

（6）国际交换。目前，国内高校或多或少都与国外一些高校建有友好关系，这成为图书馆进行国际图书交换的一个很好的平台，图书馆可以借助这一平台与对方图书馆建立长期的合作关系，在图书资料上互通有无，根据对方的需求情况，在本国购买相关学科、相当数量的图书，定期进行交换。为保证相对公平，双方可协商确定每年交换图书的总量或码洋限额，达到互利双赢。对于有条件的高校图书馆来说，国际交换是一种非常有效且有尊严地获得东北亚研究图书的方式。

（7）馆际共享。东北亚研究图书受出版源等的影响，各个图书馆馆藏量都非常有限，为了更好地利用这些现有馆藏，高校图书馆应联合起来开放各自的馆藏信息，进行资源共享。

针对经费不足的问题，我们采取了依托 CASHIL 平台，加大对其他院校相关东北亚研究文献的检索，依据教育部文科专款会议中的共有共享原则，以其他院校采购的东北亚研究文献的书目作为吉大馆的参考和借鉴，丰富吉林大学对东北亚研究文献的搜集。同时，力争加强同周边国家高等院校、学术机构、有关基金会等的图书交流，增加东北亚研究文献的收藏来源。

六　结语

东北亚研究文献的采集，是吉大馆外文图书采购工作的重要组成部分，进一步提高东北亚文献采集方面的服务质量，丰富东北亚文献采购的品种，扩大东北亚研究文献采购的涵盖面，注重采购具有学术交叉性的东北亚研究文献，注重周边国家文献的动态收集，兼顾东北亚研究文献收集的实用性，坚持突出东北亚研究文献采集中的学术性强、理论性强、有创新的学术观念的特点，是吉大馆在未来东北亚文献采访中的努力方向，进而形成完整学科项目的东北亚研究文献的收藏体系，并建立起具有高度学术价值的东北亚学术研究文献的信息辐射源。

东南亚研究文献收藏现状及地域
共享思路研究

——以广东、广西和云南三省区图书馆为例

褚兆麟　赵晋凯　张晓文[1]

摘 要：

　　两广及云南等省图书馆各自收藏了大量的东南亚研究文献，但收藏缺乏系统化和完整性，极易造成浪费。因此，各馆应加大东南亚文献资源的整合力度，为机构或研究人员提供便利，促进有关东南亚文化、经济等方面研究的开展。

关键词：

　　东南亚　文献资源　共享

一　两广及云南等省图书馆东南亚研究
　　文献资源收藏现状及特点

　　广东、广西和云南三省区（以下简称三省区）与东南亚毗邻。由于人口的迁徙、文化的传播以及政治、经济往来，自古以来三省区之间、三省区与东南亚之间都有着割不断的关系，并留下了大量珍贵的历史、文化资料。2010 年中国—东盟自由贸易区建立后，两广及云南紧抓战略机遇，竞相掀起了与东盟经贸合

1　褚兆麟，广西师范大学图书馆研究馆员；赵晋凯，广西壮族自治区文化厅助理研究员；张晓文，广西大学图书馆副研究馆员。

作的热潮，推行中央的创新开放模式，以沿海内陆沿边开放优势互补战略，共同促进区域经济的发展以及同东盟国家的互联互通。出于对历史文化资料的保护，以及满足当前区域经济交流和社会发展的需要，三省区各类型图书馆都在着力加强东南亚文献资源的收藏与建设，其品种和数量都是比较可观的。

1.1　三省区省级公共图书馆的收藏

三省区的省级公共图书馆都非常重视对东南亚资料的收藏，所藏东南亚研究文献资源无论品种还是数量在其所在省区图书馆中均名列前茅。笔者以有关越南藏书为例，通过登录三省区图书馆网站，通过 OPAC 以"越南"为关键词检索各馆的越南文献收藏情况（部分馆结合"越南"为题名项检索，以下的统计方式同此），各省级公共图书馆具体检索的结果如下：广东省立中山图书馆收藏有关越南的文献 898 种，近 4000 册[1]，其中不乏重要古籍或丛刊，如《大越史记全书》《越南地舆图记》《越南辑略》《越南游历记》。特藏文献库有藏书 154 种，重要的有《历代日记丛钞》《清代兵事典籍档册汇览》《越南汉喃文献目录提要》《越南汉文小说丛刊》《安南纪略》《越南中国关系史年表》《中原移民和华侨对越南经济文化发展的贡献》《北属时期的越南——中越关系史之一》等。同类文献资源，广西壮族自治区图书馆有 433 种；云南省图书馆有 223 种。

1.2　三省区大学图书馆的收藏

三省区的大学图书馆也非常重视对东南亚资料的收藏，所藏东南亚研究文献资源的品种和数量皆相当可观，尤其突出的是暨南大学图书馆和广西民族大学图书馆的收藏，超过了省级

1　本文所有统计数字截至 2013 年 6 月。

图书馆，在全国都有相当的影响力。同样以"越南"为题名检索到各馆有关越南的藏书情况如下：中山大学图书馆542种；暨南大学图书馆2054种；广州大学图书馆244种；华南师范大学103种；广西大学图书馆274种；广西民族大学图书馆1682种；广西师范大学图书馆246种；云南师范大学图书馆187种；云南民族大学图书馆113种；云南大学图书馆533种。

1.3　三省区图书馆东南亚研究文献资源收藏特点

两广及云南等省（区）图书馆东南亚研究文献资源收藏呈现收藏年代、语种、学科和国别等分布不均的特点。

由于历史原因，一些年代的收藏稀少甚至断缺。2000年以后收藏普遍增加，但是因为经费和采访渠道不畅，东南亚文献新书收藏相对于需求和双边关系的发展而言还是较少。以广东中山图书馆为例，以题名"越南"检索到的有关越南藏书共898种，比较集中的收藏年代是20世纪70年代，有100多种，2000～2013年的收藏有300多种，接近总数的50%；而云南大学图书馆收藏的越南文献总数为533种，其中1973年以前超过141种，约占总数的26.5%，而1973～1999年的收藏为空白，2000年以后的收藏有200多种。广西大学图书馆、广西师范大学图书馆收藏有关越南文献的年代分布如表1所示。

表1　两馆收藏有关越南文献年代分布统计表

单位：册

	20世纪60年代	20世纪70年代	20世纪80年代	20世纪90年代	2000~2013年
广西大学图书馆	102	173	4	24	285
广西师范大学图书馆	68	26	15	10	120

在语种方面，以汉语为主，越南语、泰语次之，原版书更少。中山图书馆有关越南的文献总数为 898 种，其中汉语 844 种，越南语 7 种；云南大学图书馆收藏的 533 种中，汉语 511 种，越南语 17 种，英语 4 种。藏书的学科分布以语言类、历史地理类、政治类、经济类、文学类、法律类等人文学科为主，科技类、建筑类、农业类、工业类、数理化、环境类等自然学科文献很少。具体看云南大学图书馆的越南文献收藏分布：政治法律类 127 种、文学类 95 种、历史地理类 92 种、经济类 45 种、语言文学类 34 种；而农业科学类 4 种、工业科学类 3 种、数理化学类 1 种，很多自然科学类目的收藏为 0。东南亚各国文献资源收藏国别分布不均，以越南数量最多，其次是泰国、新加坡，其他东南亚国家相对较少，重视程度和收藏的数量相差甚远（见表 2）。

表 2　两馆收藏东南亚六国文献统计表

单位：种

	越南	新加坡	泰国	印度尼西亚	菲律宾	马来西亚
广西大学图书馆	188	115	76	37	35	42
广西师范大学图书馆	246	60	68	56	40	36

二　三省区图书馆东南亚研究文献资源的建设和共享思路

2.1　走区域合作的道路，实现资源共享

虽然三省区图书馆都很重视东南亚研究文献资源的收藏，但这些资源分散各馆，既不完整，也不能自成体系，大大降低了它们服务文化研究和经济建设的水平和效率。如果将这些资

源进行整合，实现资源的共享，必将对有关研究提供极大的便利，从而有力地促进有关东南亚文化、经济等方面研究的开展。因此，如何整合这些资源，或者进行联合数据库建设，应该成为各馆今后一段时期的重点工作。

2.2 根据自己的服务对象、办学特点，确立收藏重点

广东省立中山图书馆有近百年的历史，其有关东南亚的历史文献种类和数量都非常大。因此，其工作重心应该放在有关历史文献的整理与开发上。加强对有关东南亚国家的历史特别是古代、近代地理资料的收集与整理，主动与有关的科研机构和研究人员进行联系，提供史料并加强相关合作研究，尽早出成果，从历史、地理及法理的层面证明中国与东南亚有关国家在领土、领海的主权所在。暨南大学图书馆长期以来重视特色数据库的建设，享誉海内外的"华侨华人数据库"有 6 个子库，成为海内外华侨华人资料的中心。

广西南宁是中国与东盟联系的纽带和中心，特别是随着2004 年以来一年一度中国—东盟博览会的成功举办，南宁成为中国—东盟经济、文化交流的中心，作为省级图书馆的广西壮族自治区图书馆，为此加大了有关东盟各国文献资源的建设和收藏力度，专门设立了"东盟文献阅览室"，形成了以东盟各国相关中文文献资料为主、以东盟博览会会展资料以及东盟各国语种原版资料为辅的特色馆藏体系。而广西大学的"中国—东盟经贸合作与发展研究"是该校重点建设学科，在国内及东盟国家有重要影响，研究重点是中国—东盟双边贸易以及东盟自由贸易区建设中的重大问题，广西大学图书馆的东南亚文献资源收藏则紧密围绕重点学科建设的需要，形成自己独特的收藏体系。广西民族大学图书馆的特色数据库中东盟文献、壮侗语族文献、壮学文献、亚非语言文献全文资源库在广西其

至全国来说都是独一无二的。因为特色和唯一，各馆的文献收藏更加凸显出它特有的价值。因此，在目前的形势下，各馆的东南亚文献资源建设，应追求特色，而不是面面俱到。

2.3 加强各有关东南亚研究机构的沟通和交流

在文献调查中，笔者发现中山大学、暨南大学、广西大学、广西民族大学、广西社会科学院、云南省社会科学院、云南大学等均设有东南亚研究中心。因为所处地域不同，其研究侧重点有所不同，但研究对象同为东南亚问题，研究方向、研究内容有交叉，它们的文献需求和应有的文献保障也应该大体趋同。因此，作为资源保障和支撑的各图书馆之间应该相互沟通，加强合作，了解各自在有关东南亚研究文献资源馆藏上的优势与缺陷，使馆员在科研服务中做到心中有数，能及时通过文献传递等方式为科研人员做好文献服务保障工作。

2.4 建立专题数据库，供省内各馆或区域内各馆共享

以广西师范大学图书馆为例，由于它在省（区）内各馆中古籍藏量最多（9000余种，10万余册），同时又购买了《四库全书》系列丛书（包括《续修四库全书》《四库全书存目丛书》等）；再借助广西人文社会科学中心设在该校的有利条件，利用其专项经费购置了较多收有东南亚各国有关资料的大型丛书和专著，如《越南汉文燕行文献集成》《中国边境史料通编》《中国边疆史志集成》《中国边疆研究资料文库》《民国西南边陲史料丛书》《域外汉籍珍本文库》《四库未收书集刊》《中国边疆行纪调查报告书等边务资料汇编》《边疆边务资料汇编》《越南汉喃文献目录提要》《越南汉文历史小说研究》《越南汉文小说研究》等。据初步统计，该馆现有各类东南亚文献近千种，3000余册，尤以越南文献为著。其中，越南线装

古籍有:《安南图志》《安南志略》《越峤书》《中越堪界往来电稿》;影印本有:1987年《四库全书》中的《越史略》《安南志略》;1997年《四库全书存目丛书》中的《安南使事记》《安南纪游》《安南奏议》;普通纸本有近年来购入的《越南汉喃古籍的文献学研究》《越南汉籍文献述论》《越南语言文化探究》《中国日本朝鲜越南四国历史年代对照表:公元前660年~公元1918年》《越南历代疆域:越南历史地理研究》《越南学子:广西师范大学越南校友访谈录》等重要书籍。可见,广西师范大学图书馆在"东南亚之越南资料"的收藏中,相比较区内甚至两广及云南一带,其收藏优势是极其明显的。本着资源共享的思想,广西师范大学图书馆应该积极利用这些资料,制作《越南专题文献数据库》,配合当今东南亚研究方兴未艾之势,主动提供给相关研究机构和研究人员使用。

而从互利的角度出发,其他馆也应该根据自己的馆藏优势,建立起自己的专题数据库,如广西大学图书馆基于东盟重点学科的优势和需求建立"中国—东盟经贸专题信息库""中国—东盟法律专题信息库""东盟学科研究论文数据库";广西壮族自治区图书馆已经建立"东南亚风情资源库""东南亚研究论文库""中国—东盟博览会"等数据库;广西民族大学图书馆的"东盟文献、壮侗语族文献、壮学文献、亚非语言文献资源库"则应继续更新充实;暨南大学则继续充实已有的"华侨华人数据库"。各数据库在各馆之间互通共享,从而使各馆真正做到发挥优势,扬长避短,使资源的建设和利用实现最大化。

总之,两广及云南等省(区)图书馆开展东南亚研究文献资源区域共建和合作是可行的,也是必须的。各图书馆应紧密结合地方经济、文化特点,突出本馆馆藏特色,开展区域合作,实现地域共享,建立起东南亚研究文献保障体系,为区域经济发展提供必要的文献信息服务和支撑。

参考文献

谢耀芳:《广西东盟特色文献资源建设探析——以广西壮族自治区图书馆为例》,《大学图书情报学刊》2010 年第 4 期，第 49 ~ 51 页。

阮小妹、覃熙:《东盟文献信息的搜集整理与开发利用》,《图书馆界》2010 年第 4 期，第 21 ~ 23 页。

梁俭、金建英:《广西东盟特色馆藏资源建设调查分析》,《图书馆界》2009 年第 4 期，第 99 ~ 100 页。

雷小华:《中国沿海沿边内陆地区构建对东盟开放型经济分析——以广东、广西、云南、四川为例》,《东南亚纵横》2013 年第 3 期，第 49 ~ 54 页。

高校读者对东盟文献资源需求的调查分析[1]

——以广西民族大学为例

阮小妹　张　颖[2]

摘　要：

　　高校读者对文献资源的需求是随着学校学科建设的发展而发生变化的，与学校重点学科建设相对应的文献资源自然是读者迫切需求的。通过对广西民族大学东盟语专业设置、东盟学科建设概况以及读者对东盟文献资源利用情况的调查与分析，找出高校读者对东盟文献资源需求的特点，针对高校图书馆东盟文献资源建设提出改进意见。

关键词：

　　高校读者　东盟文献资源　需求

　　东盟，是东南亚国家联盟的简称，有新加坡、马来西亚、泰国、越南、老挝、菲律宾、缅甸、柬埔寨、文莱、印度尼西亚 10 个正式成员国。东盟文献资源是指记载东盟各个国家及地区的政治、经济、科技、教育、历史、文化等社会各个方面的文献信息资源，包括图书、报刊、音像视频、电子出版物和网络信息资源等。了解东盟、研究东盟是增进中国与东盟各国

1　本文系 2015 年广西哲学社会科学研究课题 "东盟国家多语种信息资源建设及利用研究" 成果之一（项目编号 158TQ001）。

2　阮小妹，广西民族大学图书馆副研究馆员，本科学历；张颖，广西卫生职业技术学院图书馆助理馆员，图书馆学硕士。

在政治、经贸、文化领域交流合作的重要前提，因此，中国不少高校积极顺应社会及自身发展的需要，开展了东南亚语言等东盟学科专业的教学工作，并对东盟各国进行了较为深入的研究。高校开展东盟语及其相关学科专业的教学与科研工作，需要充足的东盟文献资源作保障。调查研究高校读者对东盟文献资源需求的特点，根据读者的需求来进行图书馆东盟文献资源建设具有相当重要的意义。

一 国内高校东盟语专业设置和东盟学研究概况

随着中国—东盟自由贸易区的深入推进和中国—东盟战略伙伴关系的不断发展，国内众多高校相继开设了东盟语专业及与东盟相关的学科专业，为中国—东盟的交流与合作培养人才。广西、福建、云南等地高校更是借助与东盟各国文化相近、地缘相邻的优势，积极开展与东盟国家的教育合作，共同为自贸区培养东盟人才和国际型复合人才。高校学者积极开展东盟问题研究，成立一系列东盟研究中心，出现了一大批东盟研究学者和若干个东盟学科群，东盟学研究进入了蓬勃发展的时期。

1.1 中国高校东盟语专业、东盟学专业设置情况

掌握东盟各国的语言是中国与东盟开展跨文化交流的重要手段。为培养面向东盟的人才，北京大学、北京外国语大学、北京对外经济贸易大学、广西民族大学、云南民族大学、广东外语外贸大学、解放军外国语学院和解放军国际关系学院等大学院校相继开设了东盟语种本科专业。其中，北京大学拥有越南语、印度尼西亚语、缅甸语、泰语、菲律宾语等多个专业方向的硕士点，是东南亚语言文学人才培养体系最完整的高校。

广西民族大学从 1964 年起就开设越南语、老挝语和泰语 3 个专业，是国内最先开设东盟国语种本科专业的高校之一。半个世纪以来，东盟 10 国的官方语言英语、越南语、印尼语、泰语、马来语、柬埔寨语、老挝语、缅甸语 8 个本科专业相继在广西民族大学开设。2000 年获得亚非语言文学学科硕士点；2001 年成为首批教育部国家外语非通用语种本科人才培养基地；2006 年获自治区党委批准为广西促进中国—东盟自由贸易区建设人才小高地——东南亚非通用语种翻译人才培养基地。2014 年，东盟各国语言专业从外国语学院分离出来，组建成最具东盟特色的东南亚语言文化学院，招收培养东盟各语种语言文学专业的本科生、亚非语言东盟研究方向的硕博士研究生。另外，广西民族大学下属的商学院、文学院、国际教育学院等都开设有东盟方向的相关专业，以培养满足国际、区域需要的应用型人才（见表 1）。通过东盟语种专业与相关优势专业相结合，形成颇具特色的"嫁接"专业，如应用越南语、应用泰语、旅游泰语、国际贸易（泰国方向、越南方向、印度尼西亚方向）等。这些专业要求学生除了学习专业知识外，还要求掌握某一对象国语言，多方面、多角度了解东盟国家的政治、经济、文化、历史现状和社会风土人情，以满足中国与东盟合作发展过程中对人才的要求。

表 1　广西民族大学东盟研究相关学科专业设置

学院	学科专业建设
东盟学院	研究生教育：东盟研究、中国与东南亚文明、国际关系（东盟研究方向）、诉讼法（东盟研究方向）
东南亚语言文化学院	本科教育：越南语本科专业、泰语本科专业、老挝语本科专业、缅甸语本科专业、印尼语本科专业、柬埔寨语本科专业、马来语本科专业
	研究生教育：亚非语言文学硕士点、亚非语言文学二级学科博士点

学院	学科专业建设
商学院	国际经济与贸易本科专业泰语、越南语方向
	电子商务泰语、越南语方向
	物流管理本科专业泰语、越南语方向
	市场营销本科专业泰语、越南语方向
	会计学本科专业泰语、越南语方向
	金融学本科专业泰语、越南语方向
文学院	对外汉语本科专业泰语、越南语、印尼语方向
体育与健康学院	社会体育本科专业东盟体育方向
	体育教育专业东盟体育方向
国际教育学院	国际商务（泰国方向、越南方向、印尼方向）；法律事务（泰国方向、越南方向）；应用越南语；应用泰语；应用印尼语

目前，广西有将近 20 所本科、高职院校开设了东盟各国语言及其相关专业。广西大学、广西师范大学、广西财经学院、广西外国语学院等院校将东盟语种课程设为外语专业、会计专业、贸易类专业学生的第二外语，满足学生对东盟小语种学习的需求[1]。

1.2 中国高校东盟学研究的发展现状

中国学者对东南亚的研究始于清末、民国时期，当时主要是译介欧美和日本学者的著述以及一些初步描述东南亚历史、地理、文化和环境的著述[2]，关于古代中国与东南亚关系的历史以及东南亚华侨华人史的研究价值较高。近代以来，由于东南亚的重要战略地位，中国政府较为重视东南亚研究。中国东南

---

1 谭顺清、曾姗姗：《东盟小语和应用型人才培养探析——以广西高校为例》，《经济与社会发展》2012 年第 4 期，第 126 ~ 129 页。

2 李灿元、王红：《东南亚研究信息资源采访策略探讨》，《图书馆界》2011 年第 5 期，第 42 ~ 43、52 页。

沿海的福建、广东，以及与东盟国家水陆相邻的广西、云南等地区的高等院校和科研单位陆续设立了面向东南亚的专门研究机构。其中，厦门大学、暨南大学、广西大学的东盟学研究成果最为丰富。研究内容涵盖东南亚政治、经济、历史、社会、华人华侨和中国与地区关系，以及当地文化、教育、宗教和民族等诸多领域。21世纪以来，随着中国—东盟交流合作的不断深入，国内学术界对东南亚的研究将持续升温。高校东南亚研究群体如图1所示。

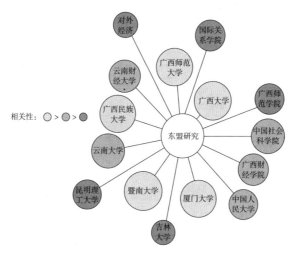

图1　高校东南亚研究群体

2009年10月，广西民族大学经自治区政府批准投资亿元资金组建东盟学院，结合学校、区域特色，建设目标是成为东盟自由贸易区、广西北部湾经济区等国家东盟战略和区域建设的高级人才集聚和人才培养的高地；打造为政府有关中国—东盟问题重大项目提供相关东盟问题咨询和决策依据的研究高地；致力于形成整体特色和优势明显，发展成为国内外极具影响力的国家级重点研究基地；构筑中国—东盟自贸区建设人才高地、中国—东盟青少年培训基地、中国—东盟妇女培训中心、中国—东盟法律研究基地、广西—东盟旅游人才教育培训基地。2011 年，广西民族大学东盟研究中心被教育部批准为区域和国别研究培育基地，重点开展东盟研究及中国—东盟关系研究。该中心以"东盟研究"为核心，以产业需求为导向，重点开展法律、高等教育、旅游与体育等学科的系列研究，培养东盟研究高端人才和谙熟东盟事务的管理人才。

如今，东盟学是广西民族大学的特色优势学科，学校涌现出一大批研究东盟问题的学者，形成了较有影响的东盟学学科群（见图 2）。

图 2　东盟学学科群

在广西民族大学东盟学学科群中，以越南语言文学、民族学、政治学、法学、经济贸易等学科共同研究越南问题的格局尤为突出，教学科研成果丰硕。经过近半个世纪的积淀，广西民族大学现已拥有我国国内最多的越南问题研究领域的专家学者、全国人数最多的越南语言文化专业本科生和研究生队伍，拥有国内较为齐全的越南语文献信息资料中心，以及覆盖面最广的越南问题研究的学科群。

1.3　高校图书馆东盟文献资源读者利用调查

无论是东盟语言教学还是东盟问题研究，都需要丰富的文献资源为支撑。这就要求作为高校文献信息中心的图书馆以读者需求为导向，积极建设满足学校教学、科研需求的东盟文献信息资源体系。而调研用户需求和资源使用现状，是制定和实施合理的东盟馆藏发展计划的重要环节。以广西民族大学图书馆的越南语、泰国语原版图书为例，两个语种的原版图书利用情况为：文学类、历史地理类、语言类这三类借阅率最高，占总借阅量的60%以上；其余依次是政治法律、经济、文科教体及其他。这种状况与学校的专业设置、重点学科建设有极大的关系。东盟语专业以语言学习为主，语言类和文学类的文献是高校读者首选的学习资料；而作为学术研究的参考资料，语言、文学、历史地理、政治法律、经济及文科教体等都是必不可少的资料，因此，这些类别文献的利用率自然要比其他类别高出许多（见表2）。

表2　广西民族大学图书馆2012～2016年越南语、泰语原版文献借阅统计

类别	越南语文献		泰语文献	
	借阅量（册次）	百分比（%）	借阅量（册次）	百分比（%）
A 马列主义	1	0.02	11	0.16
B 哲学	66	1.58	181	2.65
C 社科总论	35	0.84	112	1.64
D 政治法律	331	7.92	442	6.48
E 军事	53	1.27	43	0.63
F 经济	382	9.15	256	3.75
G 文科教体	304	7.28	242	3.55
H 语言	408	9.77	1216	17.82
I 文学	1127	26.99	3140	46.02
J 艺术	200	4.79	160	2.34
K 历史地理	1080	25.87	820	12.02
N 自科总论	3	0.07	2	0.03
O 数理化	1	0.02	2	0.03
P 天文地球	3	0.07	3	0.04

类别	越南语文献		泰语文献	
	借阅量（册次）	百分比 %	借阅量（册次）	百分比（%）
Q 生物科学	7	0.17	6	0.09
R 医药卫生	23	0.55	24	0.35
S 农业科学	5	0.12	5	0.07
T 工业技术	33	0.79	76	1.11
U 交通运输	1	0.02	2	0.03
V 航空航天	0	0	0	0
X 环境劳保	0	0	0	0
Z 综合图书	112	2.68	79	0.16
合计	4175.00	100	6822.00	100

二　高校读者对东盟文献需求的特点

从资源利用的角度看，高校图书馆东盟文献资源可分为两个类别：一是语言学习交流实用型，以东盟国家原版文献为主；二是学术研究型，包括东盟语原版文献资料和东盟中英文资料，内容包括有关东盟国的政治与经济、宗教、文化、国际关系、法律和民族风情等各类文献资料。通过上述调查，笔者认为国内高校读者对东盟文献需求主要有以下特点：基础教学型文献需求量大，东盟原版文献大受欢迎；东盟研究型文献资料需求呈多元化趋势；数字化、网络化资源日益受读者青睐。

2.1　基础教学类文献需求量大，东盟原版文献大受欢迎

众所周知，听说读写是学习乃至精通一门外语的四种技能训练，其中对基础教学型文献进行学习尤为重要。通过不断阅读语言学习和实用交流的东盟文献，有助于读者在阅读过程中

掌握并积累词汇，了解该语言的文化背景，在此基础上才能更有效地进行听、说、写、译。大量的东盟国家语言文学原版图书是读者进行语言学习的重要课外读物。广西民族大学图书馆下设的东盟综合文献信息中心、越南语文献信息中心、诗琳通公主泰文资料中心，以其丰富的东盟原版馆藏资源营造了浓厚的东盟语言学习环境。现有泰国、越南、老挝、缅甸、柬埔寨等东盟国语言的原版图书 3.6 万种、4.6 万多册，以及涵盖东盟各国的原版报纸、期刊 60 余种。其中，越南语和泰国语的文献藏量各占 1/3 以上，以语言文学类居多，基本上能满足读者对这两个国家语言学习的需求。

2.2 高校读者对研究型东盟文献资源需求呈多元化趋势

研究型的东盟文献资源是掌握东盟各国国情、开展各领域深入研究的必要保障。它包含公开出版发行的研究东盟各国的学术著作、会议录、论文集、研究报告、学位论文、政府出版物，以及年鉴等参考工具书、研究资料数据库等。按语种划分主要有三大类：一是东盟各国语言出版的文献资料、东盟研究中文资料和东盟研究英文资料。东盟各国语言出版的文献资料即东南亚国家官方语言出版物，是研究东盟的第一手重要资料，也是学校东盟学科教学科研的重要参考材料；二是东盟研究中文资料，主要是国内研究机构的著述和出版物以及新加坡等东盟国家的中文出版物；三是东盟研究英文资料，英语是世界通用语种和学术出版的主要语言，也是东南亚研究资料出版量最大的文种，因而中国图书馆等信息机构中英文版的东南亚研究资料的收藏比例较大。

从目前中国高校教师、研究生的科研实践来看，高校读者对东盟文献资源需求呈多元化趋势。除了语言学习，高校读者的科研活动对上述三类文献均有需求外，中英文资料的需求量略占上风。这种情况与高校读者的文献利用习惯有关，也跟读者的外语水平有关。在研究东盟问题的学者中，除了东盟语专业教师和少数学者能掌握某一东盟国语言外，大部分研究人员的第一外语是英语。另外，中国学者的东盟问题研究成果在国内发表和出版的数量居多，这使得中国学者使用中英文出版的东盟研究文献更为得心应手。虽然东盟各国官方语言出版物是东南亚研究的第一手重要资料，但是有关东盟研究的中英文资料在研究工作中的核心地位是原版文献所无法替代的。特别是内容专深、学术价值高的东盟中英文文献，深受广大教师和研究生的喜爱，始终具有较高的需求量。

2.3 数字化、网络资源在教学与科研中占据一席之地

20 世纪 90 年代以来，互联网成了最为庞大的信息库和资料库，包罗万象的数字化、网络化资源极大地扩充了教学科研资源的内涵。网络资源内容丰富，时效性强，能有效地弥补高校教材所欠缺的内容；网络资源传播广泛，获取便利，逐步受到高校东盟学科专业教学和东盟学研究的用户青睐。因此，数字化、网络化的东盟信息资源在高校教学和科研中的作用日益显现，是对高校图书馆现有东盟馆藏的有利补充。

与纸质文献一样，网络上的东盟信息资源也分为两类：一是东盟基础教学型资源，适用于语言学习、交流实用，这类资源包括各东盟国语言的新闻报道、电子书籍及视听资源；二是东盟研究学术型，主要有学术类的电子书、学术期刊文章、研究报告、各类统计资料及数据库等。部分教师认为，网络资源给东盟语言教学提供了真实、鲜活的语言资料，也为东盟研究提供了大量的参考资料 [1]。合理使用这些资源，可以优化东盟语教学环境，

1　寸雪涛：《论互联网资源对缅甸语教学的重要性》，《南宁职业技术学院学报》2011 年第 4 期，第 35 ~ 37 页。

有效提高学生对东盟各国语言的综合应用能力。同时，网络资源信息量大、更新快，部分时效性强、来源可靠的信息，其数据能较好反映当下东盟各国的实际情况，因此，在有关东盟学术论著中不乏对数字化、网络化的东盟信息资源的参考与引用。

三　高校图书馆现有东盟文献存在的问题与建议

东盟文献资源经过长期的建设积累，在福建、广东、广西、云南等地高校和研究机构已具备一定的规模，但也存在一些不容忽视的问题。例如，原版东盟文献资源种类单一，电子书、外刊、音像视频资料稀缺，现有文献资源尚不能全面满足高校读者教学与科研的需求[1]。因此，高校图书馆应尽快完善文献资源建设方案，改进工作思路，合理调整、配置东盟文献资源，以期更好地为学校的教学与科研服务。

3.1　制定长期的东盟文献采购规划，提高原版文献入藏质量

为给学校东盟教学科研提供充足的文献资源保障，广西民族大学逐年加大了东盟文献资源的建设力度，不仅拨出专款用于购置东盟原版文献资料，还多次组织专业教师和图书馆采购人员前往东盟各国购买书籍，使得近年来图书馆的东盟原版图书入藏量大为增加。但由于受到突击采购和在国外采购的时间限制，加上东盟各国国情差异巨大，采购人员对东盟各国图书市场不够了解等多种因素的共同影响，客观上增加了东盟原

1　阮小妹、覃熙：《东盟文献信息的搜集整理与开发利用》，《图书馆界》2010年第4期，第21～23页。

版文献采购的困难性和复杂性。这导致图书馆购买回来的东盟原版文献质量良莠不齐，除了越南语和泰语图书外，其他东盟国家的文献从数量到质量都不是很理想。在广西民族大学图书馆现有东盟原版文献中，有为数不少的幼儿看图识字本、儿童读物、中小学课本以及中文图书译著。此类文献的借阅率几乎为零，对高校教学科研的学术参考价值低，并不符合高校图书馆的入藏条件，并且东盟原版图书的价格昂贵，与高校读者需求不相适应的东盟馆藏是对图书馆资金和资源的一种浪费。因此，笔者认为不仅要设立东盟文献的专项采购经费，还应做好长期的东盟馆藏发展规划，加强与东盟国家的出版发行机构联系沟通，充分调查了解其图书出版发行状况；有条件的可以邀请外教、外派教师、留学生帮忙甄选书目，或通过他们深入了解东盟各国的图书市场；定期派出责任心强、业务水平高的专业教师和采访人员前往东盟各国采购；对读者迫切需求的文献可以委托外派教师、留学生帮忙购买。总之，以多种措施共同促进图书馆有限的经费发挥更大的效益，为高校读者提供丰富的、高质量的东盟信息资源。

除图书外，期刊也是高校读者最常使用的文献类型之一（见表3）。期刊作为一种连续性出版物，具有出版周期短、信息量大、反映学科内容新、传递信息迅速的特点，能使读者可以及时跟踪国内外该学科领域前沿。但是，东盟外刊由于邮寄时间长，价格高，可供高校订购的东盟各国原版报刊为数不多。因此，图书馆在进行东盟研究相关报刊资源配置上难度较大。广西民族大学图书馆 2013 ~ 2016 年订购的东盟国报刊仅有 60 多种，而且越南语期刊、报纸就占 2/3 以上。在已订购的中外文数据库中，只有《广益多媒体外语学习平台》这个数据库提供少量的越南语、泰语学习资料，这与学校教学科研的需求存在一定差距，在很大程度上影响教学科研工作的顺利开展。

表 3　广西民族大学图书馆 2013 ~ 2016 年东盟国家报刊订阅统计

单位：种

国家	期刊 / 报纸	合计
越南	40/8	48
泰国	4/1	6
缅甸	2/1	3
柬埔寨	1/1	1
印尼	2/1	3
马来西亚	3/1	4
总计	52/13	65

3.2　做好读者调研工作，了解读者对东盟文献的需求倾向

了解和掌握读者实际需求是图书馆东盟文献资源建设工作中的一个重要环节。通过读者问卷调查、专家访谈及网络调查，可以有效地了解读者对东盟文献的需求倾向，为制定合理的文献资源配置方案提供现实参考依据。比如，借助网络搜索调查，有助于图书馆掌握高校读者的文献利用情况以及研究人员的信息，了解本校教师所承担的科研项目及研究进展、学校重点科研方向、科研机构及其人员关注的重点等信息，分析判断高校读者文献资源需求倾向。读者的需求是图书馆资源建设的风向标，因此，图书馆有必要定期对本校东盟学科的专家学者开展文献需求情况调查，及时了解读者的信息需求和对图书馆现有东盟馆藏资源的评价，以读者的需求为依据来建设东盟文献信息体系。

3.3 对学术价值高、利用率高的东盟纸本文献进行数字化

购买东盟各国原版文献往往价格昂贵，购书渠道不通畅且手续繁杂，为了在经费既定的情况下最大限度地收集外文文献，许多图书馆采取了减少复本、增加种类的做法。这使得图书馆难以满足不同读者同时使用同一种东盟文献资源的需求。为不影响教学和科研的正常进行，笔者建议图书馆对利用率高、有学术参考价值的文献资料进行数字化，以缓解因复本少而无法满足读者文献需求的问题。为维护作者合法利益，保护知识产权，经过数字化加工的文献仅在校园网内供本校读者使用，读者可在线阅读文本，可摘录复制文本里的片段，但没有整本书下载的权限。广西民族大学图书馆从 2010 年起，对馆藏的纸质东盟原版图书进行扫描，依托方正德赛信息加工平台，对扫描加工的文献进行元数据著录上传到图书馆服务器，通过 IP 限制的方式供校园网内的师生使用。目前已有 6000 余种东盟原版图书经过数字加工投放校园网供给本校师生阅读利用。由于人力有限，尤其是具有东盟小语种专业背景的馆员有限，对东盟原版文献进行元数据著录工作进展缓慢。因此，图书馆应加大力度开展此项工作，以更好地推动东盟馆藏纸质资源的数字化。积极争取学校政策、资金和人力等多方面支持，比如，争取专项经费，用于招聘相关专业的高年级学生帮忙著录，或申请相应的勤工助学岗位指标，招聘相关专业的勤工助学学生来进行元数据著录。当然，为保证质量，学生著录的数据应该由专业馆员审核后再发布。

3.4 合理采集网络资源，重视东盟信息资源采访人才的培养

网络资源内容丰富，时效性强，既能满足读者获取最新

信息需要，又可以有效弥补纸本文献资源的不足，因而采集网络资源逐渐成为高校图书馆东盟文献资源建设的重要组成部分。网络中蕴藏着极为丰富的东盟信息资源，通过图书馆工作人员有目的性地、有针对性地筛选、收集、整理、加工，这些经过有效组织的网络资源可作为东盟特色馆藏的一部分供给读者使用。这是一种经济实用的服务手段，在丰富教学科研的东盟文献资源的同时，还能为图书馆节约不少购书经费。广西民族大学图书馆自建数据库中的东盟文献资料，有相当一部分来源于网络。这些外文资料是信息采集人员根据相关的主题在国外免费资源网站下载的。文献类型有文学作品、学术期刊文章、免费电子书、音频资料和各类统计报告等。以下是我们采集相关文献资料时访问的网站：越南文学艺术网（http://music. vietfun. com/trsearch. php）；越南新时代（研究和讨论杂志）（http://www. tapchithoidai. org）；越南社会科学院文学院（http://vienvanhoc. org. vn/Pages/Default. as-px）；越南国家图书馆（http://nlv. gov. vn/）；缅甸国家电子图书网站（http://www. myanmarelibray. com）；缅甸图书网站（http://ebooks. mmblogs. net）；缅甸作家生平介绍站点（http://www. myanmarbookshop. com/Authors）；泰国国家数字档案馆（http://www. openbase. in. th/categories/1/4?page=84）；泰国音频资源中心（http://thaiarc. tu. ac. th/folktales/northeastern/index. html）。

众所周知，由于网络信息资源数量庞大，内容纷繁复杂，势必给采集有价值的东盟信息资源带来重重困难，特别是对网络资源中东盟各国的原始文献信息采集。除了要求信息采集者具备相当高的外语水平（尤其是东盟国语言）外，还需要有优良的信息素养，具有善于发现信息和获取信息的能力。因此，必须加强图书馆高素质信息人才的培养，切实提高信息采集者的业务水平，有计划地培养或引进精通东南亚语言和采编工作的复合型人才 [1]。

近年来，广西民族大学图书馆通过组织具备一定外语水平和采访专业知识的工作人员，在网络上搜集并下载了不少免费图书、学术论文、研究报告等有关东盟研究的外文资料，丰富了图书馆东盟文献资源馆藏，在一定程度上满足了高校读者对东盟文献信息多样化的需求。同时，在网络资源的采集工作中，训练了图书馆工作人员的信息检索能力，提高了相关人员的专业知识水平。

---

1 苏瑞竹、张颖：《东盟文献信息建设初探》，《广西师范学院学报》2012 年第 33 期，第 152 ~ 156 页。

南亚研究文献资源收藏现状

张雪莲　庄　虹　张冬林[1]

摘　要:

南亚既是世界四大文明发源地之一,又是印度教、佛教、耆那教、锡克教等的发源地。南亚文化以印度吠陀文化为基础。目前,国外南亚研究成就最高的是英美两国,其学术成果和文献资料都居世界首位,尤以美国发展迅速。中国国内南亚研究主要研究机构有北京大学的南亚研究所、印度研究中心、巴基斯坦研究中心和梵文贝叶经与佛教文献研究所;中国社会科学院亚洲与太平洋国际战略研究院;四川大学南亚研究所;深圳大学印度研究中心;云南大学国际关系研究院印度研究中心;云南省社会科学院;等等。在文献收藏方面也各有特点。

关键词:

南亚文献　收藏　研究机构

一　南亚及南亚文化简介

南亚指位于亚洲南部的喜马拉雅山脉中、西段以南及印度洋之间的广大地区。它东濒孟加拉湾,西濒阿拉伯海。介于东南亚与西亚之间。人口 10 亿以上,使用 200 余种语言。南亚共有 7 个国家,其中尼泊尔、不丹为内陆国,印度、巴基斯坦、孟加

1　张雪莲,现工作于兰州大学图书馆;庄虹,兰州大学图书馆研究馆员,历史学学士;张冬林,兰州大学图书馆副研究馆员,历史学硕士。

拉国为临海国，位于亚洲南部面积最大的印度半岛上，即印度次大陆（又称南亚次大陆）上。斯里兰卡、马尔代夫为岛国。巴基斯坦、印度、尼泊尔、不丹和克什米尔地区同中国相邻。

由于南亚次大陆内部地形、地貌丰富多样，资源充足，物产丰富，几千年来孕育和发展了极具特色的物质文明和精神文明。据考古学家推测，早在公元前3000年左右，恒河—印度河流域便出现过一些繁华的城市，城市规划设计精良。从公元前321年建立的第一个统一的政权孔雀王朝，到后来的笈多王朝、德里苏丹国和莫卧儿王朝，在两千多年的历史长河里，南亚次大陆一直是世界上最富饶的地区之一，农业、手工业、交通运输业以及各种形式的文化艺术均达到了较高的水平。

由于在二战前，"印度"的地理范围包括除了尼泊尔、不丹、斯里兰卡、马尔代夫以外的整个南亚地区，所以南亚地区即以印度文化为主体。

印度既是世界四大文明发源地之一，又是印度教、佛教、耆那教、锡克教等的发源地。多种宗教在印度的长期共存和印度人民对宗教的虔诚信仰，形成了印度文化浓郁的宗教性。宗教渗透于社会生活的各个方面。国家政治法律的制定，人的道德观念的形成，以及各民族传统的风俗习惯，也都是在宗教的影响下发展起来的。宗教也融入印度的文化之中，其民族语言、文学、艺术、音乐、舞蹈、雕刻等更是以宗教为中心。故印度文化的内涵即宗教文化，尤以印度教为首。而印度教的经典则是四大吠陀经《梨俱吠陀》《裟摩吠陀》《耶柔吠陀》《阿闼婆吠陀》及其衍生出的《奥义书》《森林书》《梵书》，以及印度两大史诗《摩诃婆罗多》和《罗摩衍那》。《吠陀经》是婆罗门教和现代印度教最重要和最根本的经典，它还有许多补充性的书籍，辅助吠陀研究中包括语音、语法、词源、韵律、天文、医学、音乐舞蹈、军事、建筑等科学论著，有超过108部以上的奥义书，以及 18 部著名的往世书，等等。可以说，印度吠陀文化是南亚文化的基础。

　　1498 年，葡萄牙人达·伽马绕好望角到达印度古里港，开始涉足东方。葡萄牙从最初的通商步步逼近，直至取得东方的海上霸权。随后，荷兰、英国、法国等西方殖民势力相继侵入这一地区。而尤以英国的力量发展最为迅速和强势，到 18 世纪中期，除"高山王国"尼泊尔保持了一定程度的独立外，南亚其他地区均沦为英国的殖民地。其中，印度、巴基斯坦、孟加拉国和缅甸合称为英属印度。在长达数百年的殖民统治过程中，南亚悠久的文明历史中断，经济发展处于相对停滞状态，南亚成为世界上最贫穷落后的地区之一。而印度在争取民族独立的过程中，由于穆斯林与印度教徒、锡克教徒之间产生的一系列不可调和的政治、民族、宗教冲突，造成当地政局极不稳定。1947 年，印巴分治，但印度和巴基斯坦两国的政治和军事冲突一直不断。南亚地区的政治问题也是广为关注的焦点。

　　综上所述，南亚研究的文献资料体系组成应是以吠陀经、《奥义书》《梵书》、印度两大史诗等经典为支柱，包括南亚国家和地区的历史文献、资料与档案，以及世界各国专家学者研究南亚国家和地区的论文、著作、报告及其他形式的成果等。

二　英美国家收藏南亚文献的学术机构
及图书馆组织

2.1　英国收藏南亚文献的学术机构及图书馆组织
　　由于南亚次大陆各国在二战前基本上都是英属殖民地，英国为了加强对殖民地的统治和掠夺，一直以来都很重视对南亚各国政治、经济和文化的研究，并且保存着大量历史文献和档案资料。随着历史变迁，英国对印度和南亚的研究也逐步由官方化走入学术化。现在，英国研究南亚的基地主要有两个：一个是伦敦大学亚非学院的南亚研究中心，另一个是剑桥大学的南亚研究中心。

亚非学院创建于 1916 年，当时称为东方学院，1938 年更名为东方与非洲学院，俗称亚非学院，学员以讲授和研究亚非各国的政治、经济、历史、语言和文化为主要宗旨。有 14 个系和 6 个地区性研究中心。与南亚相关的系有印度学和南亚语言文学系、历史系、宗教系等。印度学和南亚语言文学系是南亚研究方面的重点系，该系开设梵文、巴利文、印地语、孟加拉语、乌尔都语、古吉拉特语、旁遮普语、尼泊尔语的教学以及南亚宗教、哲学、文学和艺术等方面的课程。另外，历史系、地理系、政治学系、经济系、宗教系、法律系、人类学系及社会学系等，都有一批研究南亚的教师并开设有关南亚的课程。以协调各系教学和研究为宗旨的南亚研究中心建立于 1966 年，影响力很大，其成员除了亚非学院的教师和研究生外，还包括英国其他大学及世界各国的学者。南亚研究中心的研究重点放在南亚地区的经济与发展、环境保护、社会与宗教的变化、民族与文化以及移民的等问题上。该中心办有《南亚研究》杂志，每年出版三期《南亚学术通讯》，还专门设有一个出版委员会，负责出版有关南亚方面的专著及论文集。

剑桥大学的南亚研究在英国也具有举足轻重的地位。剑桥大学有许多与印度和南亚研究相关的系和学院，其中主要有历史系、地理学系、经济与政治系、考古与人类学系、社会与政治科学系、东方学系和神学院等，各个院系的研究人员近 300 人，为了促进和协调剑桥大学对印度、巴基斯坦、孟加拉国、斯里兰卡、尼泊尔等的科研和教学工作，并开展对外学术交流，1964 年，剑桥大学创建了南亚研究中心。南亚研究中心有自己的图书馆，藏书 35000 册，其中有 22000 册专题著作，4000 套系列著作，2900 卷印度报纸缩微胶卷。它还保存着过去 200 年间欧洲各国与南亚交往的历史档案资料，其中有 600 份手抄文本、8 万幅照片，200 多盘磁带以及 50 部电影胶片。其历史价值十分珍贵 [1]。

另外，不能不提的是大英图书馆印度事务部图书档案馆和印度研究图书馆。大英图书馆和牛津大学博德利图书馆的藏书之丰富和珍贵是众所周知的，它们在印度档案和珍贵文献方面的收藏是世界其他图书馆难以企及的。大英图书馆印度事务部图书档案馆，是英国收藏殖民时期南亚次大陆各国档案、图书资料的专门机构。所藏档案按排架长度计算约 14 英里，包括 1600 年以前英国殖民活动的档案、1600 ~ 1858 年东印度公司的档案和 1858 ~ 1947 年印度事务部的档案，约有各种馆藏资料 271000 件。牛津大学印度研究图书馆现位于新博德利图书馆（New Bodleian Library），属于牛津大学总图书馆的一个分馆，于 1886 年设立，收藏有印度、巴基斯坦、孟加拉国、斯里兰卡、尼泊尔和不丹等国的书籍和手稿，涵盖了南亚地区的历史和文化，涉及语言、文学、宗教、历史和政治等领域，其文献收藏仅次于大英图书馆。

2.2　美国收藏南亚文献的学术机构及图书馆组织

美国对南亚深入和全面的研究开始于二战以后。在二战前，除了传教士的宗教活动和少数学者在南亚从事印度古代文化和梵文的研究外，美国人很少涉足南亚地区。战后，南亚形势发生了很大的变化。这些变化引起了美国对南亚的重视。美

1　朱明忠：《英国的南亚研究》，南亚研究，1996 第 1 期。

国从其全球战略出发，开始对南亚进行全面的研究。

美国最早的南亚文献收藏始于德国印度学研究者阿尔布雷希·韦伯博士（Dr Albrecht Weber）的 4000 余册图书资料。1904 年，美国国会图书馆购买到这批文献，包括梵语印度宗教著作《吠陀经》《婆罗门》和《奥义书》，还包括《往世书》《摩呵婆罗多》《罗摩衍那》等伟大史诗。除此以外，还包括一些韦伯博士的笔记，其中抄录了印度佛经中早期的重要版本佛经。

1938 年，卡内基基金会向美国国会图书馆捐赠了一笔款项，用于系统地发展南亚藏书。于是美国国会图书馆用这笔钱启动了"印度研究发展"项目，使美国国会图书馆的南亚馆藏数量持续增长。在 20 世纪 60 年代，美国相继建立了新德里海外办公室（1962 年）和驻巴基斯坦卡拉奇的海外办公室（1965 年），负责采购印度巴基斯坦及周边地区的出版物。根据美国政府第 480 号公法项目（Public Law 480 program），新德里办公室可使用印度购买美国农产品时支付的印度卢比购买印度和其他南亚国家的文献。1960 年以来，印度用各种语言出版的几乎每一种书，都可以在美国各地的图书馆找到。这一举措使南亚馆藏得到更加迅速的发展。

美国国会图书馆收藏的南亚文献的语种超过 100 种，这些语种都是目前在印度、巴基斯坦、斯里兰卡、尼泊尔使用的语言，以印度语（20%）、孟加拉语（15%）、乌尔都语（13%）、泰米尔语（11%）为主，其他语种（如马拉地语、泰卢固语、德拉维族语、古吉拉特语、埃纳德语等）文献数量较少。截至 2010 年底，美国国会图书馆的南亚馆藏共有专著 269846 册，持续订购的期刊达 1638 种。其中不乏珍贵手稿和善本，如有 1452 件来自西亚古吉拉特地区耆那教的《劫波经》插图本手稿，其中讲述了耆那教的创始人大雄（Mahavira）的故事；还有当时财政部助理秘书奥斯卡·特里·克罗斯比（Oscar Terry

Crosby）在 1903 年前往中亚的旅行中在塔克拉玛干沙漠的绿洲城镇和阗购买的梵语手稿。

1990 ～ 2000 年，新德里办公室启动了一个非常重要的项目——"印度出版物缩微项目"（Microfilming of Indian Publications Project）。这个项目由印度政府和美国国会图书馆共同负责，目的在于使收录在《印度文献国家书目：1901–1953》中的不再出版的著作得以保存和利用。书目是由权威的印度学家从印度的 67 个图书馆和美国国会图书馆、芝加哥大学图书馆、英国国家图书馆的馆藏中筛选出来的，包括 22686 种文献，涵盖 15 种语言 [1]。

1960 年，联邦政府拨款建立了一些全国性的研究中心。美国目前有 9 个研究南亚的全国性研究中心。这些机构是：加利福尼亚大学伯克利分校、德克萨斯大学、宾夕法尼亚大学、纽约锡拉丘兹大学、威斯康星大学、芝加哥大学、哥伦比亚大学、华盛顿大学西雅图分校、弗吉尼亚大学。这些中心的地理分布是富有战略意义的，保证了全国各地区都有一个研究南亚的全国性研究中心，对这些机构，联邦政府还会定期拨款，拨款数额相当可观，主要用于学术研究的各种开销，包括购置书籍、缩微资料、电影、幻灯片等。以德克萨斯大学为例，每年收到联邦政府的拨款约 24.5 万美元，其中约 6.5 万美元用于文献资料。德克萨斯大学图书馆收藏的 550 万册图书中，有 25 万册与南亚有关 [2]。

由于有各种基金会和政府部门的大量资助，美国的南亚研究后来居上，取得了令人瞩目的成果，在某些领域如泰米尔文化研究，已经走在世界前列。它的研究力量最雄厚，图书资料最丰

---

1 李华伟：《美国国会图书馆的亚洲文献——一个历史的回顾》，《图书馆建设》，2011 第 5 期。
2 里查德·W. 拉里维埃雷：《美国南亚研究的一些情况》，《南亚研究》，1990 第 3 期。

富，先进技术装备的应用最普遍，学术交流条件最优越。宾夕法尼亚大学、密歇根大学、芝加哥大学、康奈尔大学、华盛顿大学、夏威夷大学、德克萨斯大学、威斯康星大学和加利福尼亚大学都开设了泰米尔语课或泰米尔文化课，并招收泰米尔语和泰米尔文化博士研究生。到 21 世纪初，各大学已培养出一大批掌握泰米尔语的各类专业研究人员。上述 9 所大学的图书馆都有大量泰米尔语藏书，既有古典书籍，也有近现代图书以及印度、斯里兰卡等国出版的泰米尔文报纸、期刊。例如，1970 年才开设泰米尔语课程的华盛顿大学，其图书馆已拥有泰米尔语藏书 3000 册。至于较早开设泰米尔语课程的芝加哥大学、宾夕法尼亚大学、加利福尼亚大学等，其藏书数量就更加可观了 [1]。

三 中国主要南亚研究机构及文献收藏情况

目前，我国国内南亚研究主要集中在宗教、文学、国际关系、经济等方面。主要研究机构有：北京大学的南亚研究所、印度研究中心、巴基斯坦研究中心和梵文贝叶经与佛教文献研究所；中国社会科学院亚太与全球战略研究院；四川大学南亚研究所；深圳大学印度研究中心；云南大学国际关系研究院印度研究中心；云南省社会科学院；等等。

3.1 北京大学设有南亚研究所、印度研究中心、巴基斯坦研究中心和梵文贝叶经与佛教文献研究所，其研究以国际关系、文学为主

南亚研究所有自己的资料室，主要收藏印度宗教文献的经

1　张俊杰：《美国泰米尔文化研究简介》，《南亚研究》，1992 第 2 期。

典及其研究文献，以国内为主，也有部分国外的研究资料。

北京大学印度研究中心于 2003 年 6 月 23 日成立。北京大学的印度学教学和研究一直是国内印度学的中心，在国际上也具有相当的影响力。

北京大学外语学院图书分馆收藏了汉语、英语、德语、法语、西班牙语、俄语、日语、阿拉伯语、印地语、泰语、蒙古语、马来语、印尼语、波斯语、菲律宾语、乌尔都语、缅甸语、朝鲜语、越南语、希伯来语、梵巴语、葡萄牙语共 22 个语种的图书资料。全馆藏书总量达 22 万余册，中外文现刊 400 余种，音像资料 7000 多盘，以及学院举行的各类学术讲座、报告和会议的视频资料。据白婕《南亚研究领域的文献资源收藏及使用现状分析——以北京大学、北京外国语大学图书馆为例》，截止到 2011 年底，北京大学图书馆收藏中英文南亚研究相关图书占馆藏总量的 0.43%，即中文图书 3500 册，英文图书 8975 册，共计约 12500 册。这些收藏为南亚研究所、印度研究中心、巴基斯坦研究中心梵文贝叶经和佛教文献研究所提供了丰富的研究资料[1]。

3.2 中国社会科学院亚太与全球战略研究院，研究以宗教、国际关系为主

该院建有自己的图书馆 (http://yataisuo. cass. cn/tushuzl/index. asp)。该院图书馆建立于 1978 年，其前身为中国社会科学院和北京大学南亚所合办的图书馆。1990 年以前主要收藏南亚和东南亚研究方面的书刊资料。1988 年中国社会科学院亚洲太平洋研究所成立，后更名为亚太与全球战略研

---

1 白婕:《南亚研究领域的文献资源收藏及使用现状分析——以北京大学、北京外国语大学图书馆为例》,《大学图书馆学报》, 2013 第 6 期。

究院，其收藏重点也随之扩大为亚太地区政治、经济、社会文化、历史等方面的学术性、理论性的书刊资料。

由于该院建制及学科几经变化，图书资料也相应进行了大规模的调整。图书馆原有图书 4 万余册，现有馆藏外文图书7000 余册、中文图书 4000 余册；馆藏外文期刊 120 余种，中文专业期刊 200 余种。馆藏突出"专""精""新"的特点。

该院图书馆为了适应数字化时代的需求，分别建立了中文图书书目检索数据库和西文图书书目检索数据库，馆藏图书已全部采用计算机编目及流通。为了满足科研需求，还开发了有关亚太地区研究的一些专题资料数据库及编制亚太地区大事记。

中国社会科学院亚太与全球战略研究院、中国南亚学会主办的《南亚研究》为南亚国家和地区问题研究的核心期刊。1979 年创刊，自 2009 年起恢复为季刊。主要栏目内容有南亚地区的政治、经济、社会、文化、宗教、历史等[1]。

3.3 四川大学南亚研究所

该所为我国高校唯一专门研究南亚的学术机构，也是全国研究时间最长、研究人员最集中、研究资料最完整、研究设施最先进、研究成果最多的南亚研究机构，在全国南亚学界占有十分重要的地位，在国际南亚学界也有一定影响。中国南亚学界对四川大学南亚研究所的研究工作给予高度评价，认为该所是全国两个南亚研究中心（松散的北京地区南亚研究和集中的四川大学南亚研究）之一，并指出中国的南亚研究的希望在四川大学。该所至今完好保存有自 1965 年以来南亚研究方面的中外文图书报刊资料，为中国南亚研究领域资料最完整的机

---

1 中国社会科学院亚太与全球战略研究院图书馆网站：http://yataisuo.cass.cn/tushuzl/index.asp。

构。近年来，该所又加强了图书资料建设，购置了大量新版图书，丰富了该所图书资料室的藏书。四川大学南亚研究所建有国际关系及南亚研究图书资料库：中文 3400 多册，外文 2400 多册。

该所成立后就开始编辑《印度研究资料》，20 世纪 70 年代末期改为《南亚研究资料》，1985 年起出版国内外公开发行的学术刊物《南亚研究季刊》，主要刊登国内外学者研究南亚政治、经济、对外关系、历史、社会、文化等方面的学术论文。迄今该刊已出版 70 余期，在国内外产生了广泛的影响[1]。

3.4 深圳大学印度研究中心（http://www.szucis.com/），主要偏重于中印文化比较研究

该中心成立于 2005 年 7 月。2011 年 5 月，深圳大学对中心授牌嘉奖，同年 12 月确认印度研究中心为深圳大学人文社会科学重点研究基地。自 1984 年以来，深圳大学一直对印度研究保持良好的传统，先后开设《印度文学》《中国印度文学比较》《中国印度诗学比较》《印度文化史》《〈摩奴法论〉今析》《印度电影欣赏》《印度文化概要》等课程。《梵典与华章》《中国印度诗学比较》等研究成果荣获教育部和广东省大奖。该中心组织出版《中印研究丛书》，编印不定期刊物《深圳大学印度研究通讯》（内部交流）。

该中心依托有一个非常珍贵和独特的资料库，即谭云山中印友谊馆，这是深圳大学为纪念谭云山及所有为中印友谊做出贡献的人而建立的，位于深圳大学图书馆内。谭云山先生是现代中印文化交流的杰出使者，印度国际大学中国学院创院院长，一生为中印友谊奔走于两国之间，堪称现代玄奘。他对中

---

1 四川大学南亚研究所网站：www.isas.net.cn/。

印友谊的赤诚行为得到圣雄甘地、尼赫鲁、泰戈尔等印度名人和中国蔡元培、戴季陶、毛泽东、徐悲鸿等名人的大力支持。旅印 50 多年，他亲历诸多重大历史事件，与两国名流频仍的书信往来，成为研究现代中印文化交流史极为珍贵的文献。谭云山中印友谊馆收藏有大批有关谭云山先生的文献和文物，如《谭云山文献》、印度国家博物馆委托契特教授赠送的六件文物高仿复制品，以及台湾故宫博物院赠送的《龙藏经》等。谭云山中印友谊馆向深圳大学师生和所有中外访问学者开放，对他们研究印度文化、中印文化交流、中印经济发展、中印友谊与合作的课题提供方便 [1]。

3.5　云南大学国际关系研究院设有南亚研究所、印度研究中心

南亚研究所以周边问题和能源安全研究为亮点，融国际政治、国际经济与贸易、国际法律、国际教育、国际河流与跨境生态安全研究为一体，同时将国际关系学科与中国边疆问题有机结合，积极推进中国边疆学和国际关系学科区域建设。

云南大学的印度研究中心，与印度高校交往密切并合作开展了课程建设项目，承担了多项国家社科基金有关印度的研究项目，并出版了《中印关系》《中印边界问题》等 10 本关于中印研究的著作和教材，发表印度研究论文 100 余篇，培养了大批印度研究方向的硕士、博士，成为中国西南地区印度研究的一个重要基地。

经过多年的积累，国际关系研究院资料室收藏了大量中外文图书，形成了特有的馆藏文献资料。资料室现有中文图书 3 万多册，外文图书（包括英、法、日、俄、德、阿拉伯六个语

1　深圳大学印度研究中心网站：http://www.szucis.com/。

种）3000 多册，中文报纸近 20 份，中文期刊 100 多种，外文期刊 15 种，藏有 40 多年来过期装订期刊 9 万多册；还收藏有从 20 世纪 80 年代以来硕士及博士研究生的毕业论文 600 多本；藏有研究院老师出版的专著 50 多种、共 1 万多册；另外，还藏有研究院曾经主办出版过的《西南亚研究》《石油研究》《亚洲论坛》及目前的《周边要报》等，共 1000 多本。

3.6 云南省社会科学院（云南省东南亚南亚研究院南亚研究所）

云南省社会科学院是中国南亚研究重要基地之一，发表了大量的学术成果。其南亚研究始于 20 世纪 60 年代中期，当时，根据中央有关部门加强国际问题研究的指示，于 1964 年在原云南省历史研究所内成立了印、巴研究室，配备了研究人员，订购了外文报刊，开始了对印、巴等南亚国家的研究。"文革"期间研究工作一度中断。1972 年，云南省历史研究所恢复建制，并成立了南亚研究室。1981 年由原云南省历史研究所的东南亚研究室和南亚研究室合并组成云南省东南亚研究所，直属云南省社会科学院，其南亚研究着重印、巴，以现代研究为主，兼顾历史研究，与北京大学原南亚研究所合办《南亚译丛》（季刊）共 20 期。2000 年，在 1987 年成立的综合经济研究所和 1997 年成立的南亚研究中心的基础上，正式挂牌成立云南省社会科学院南亚研究所。该所同印度学术界保持着良好的关系，与印度中国研究所、阿萨德亚洲研究所等研究机构建立了学术交流和互访合作机制。本所主要从事中国（云南）与南亚国家之间以经济合作为主线的各项研究[1]。

主办的杂志《东南亚南亚研究》是国际问题学术刊物，反

1　宋天佑：《云南省社会科学院东南亚研究所南亚研究述评》，《东南亚》，1998 第 1 期。

映中国学术界对东南亚各国政治、经济、军事、社会、历史、民族等方面的研究成果，介绍东南亚南亚各国的各种基本情况，促进中国与东南亚南亚各国的文化交流，为中国的社会主义现代化建设服务，以学术性为主，兼顾知识性、趣味性。

云南省社会科学院图书馆收藏有中文图书 147034 种，外文图书 7 万多册，古籍 9 万多册，另外有光盘 600 盘，民族调查资料手稿 8000 多册，民族照片 1.2 万张，中文现刊订阅 224 种，报纸 20 种[1]。

以上就是中国主要南亚研究机构的文献收藏情况。当然，收藏南亚相关文献的不止这几家研究机构，国家图书馆、各省级图书馆还有全国高校图书馆，都不同程度地有收藏，但是这些图书馆的收藏经典不多，基本以各类研究成果为主。首先，在这些专门研究南亚问题的学术机构里，对南亚研究文献的收藏还是缺乏一定的体系；其次，文献形式比较单一，大多以纸质文献为主，应当加大对数字资源、照片、缩微资料等形式的采购，以方便研究者提高利用率；最后，国内研究成果收藏较多，但国外有价值的研究文献收藏量不够。众所周知，南亚是中国睦邻外交重点，是有重要战略意义的地区之一。对南亚的历史文化乃至政治经济的研究，具有举足轻重的作用，当前中国的南亚研究发展迅速，在文献收藏上仍需加大力度，形成有体系、有特色的南亚文献收藏格局。

1　云南省社科院网站：http://www.sky.yn.gov.cn/。

加州大学伯克利分校珍稀日韩文献的收藏、整理及利用

周欣平[1]

摘　要:

本文探讨了加州大学伯克利分校珍稀日韩文献的收藏和研究，着重讨论该馆日韩稿抄本的存藏和整理，包括罕见的日本写本、朝鲜写本和日本古地图。这其中也包括重要的汉籍抄本和用汉文撰写的日韩文献藏品，揭示了古代东亚汉字文化界内写本文化的一些端倪。

关键词:

日本写本　日本古地图　朝鲜写本　稿抄本　东亚汉籍

加州大学伯克利分校（University of California, Berkeley）东亚图书馆日韩珍稀文献的收藏始于 1948 年。当年，大学的东亚图书馆刚刚建立不到一年。该馆出生于东京的助理馆员伊丽莎白·麦金农（Elizabeth McKinnon）就被派往日本，用加州大学董事会拨付的专款采购日本文学和历史方面的教学所需书籍[2]。在日本，麦金农获悉，村上文库（Murakami Library）收录了日本文学和社会科学领域的 11000 册图书，

1　周欣平，美国伯克利加州大学东亚图书馆馆长，美国伊利诺伊大学厄巴纳—香槟校区（University of Illinois at Urbana-Champaign）语言学博士、图书馆学及信息科学硕士、武汉大学英语语言文学硕士。

2　Donald H. Shively, *The Mitsui Bunko and Murakami Bunko*, Tokyo: Waseda University Library, 1992.

几乎都是日本明治和大正时期的第一版，而这两个时期正是日本进入国际社会之时。麦金农请求用 2500 美元采购这批图书。在获得了馆方应允之后，麦金农购得了这批图书[1]。不久，麦金农又获悉，三井文库（Mitsui Library）中的八个文库共 10 万余册的藏书正在出售。当时，耶鲁大学已经获悉此事，但耶鲁大学决定不采购，而将这一消息转告给加州大学伯克利分校。东亚图书馆馆长伊丽莎白·赫夫（Elizabeth Huff）便拿到了三井文库的出售清单。赫夫本人是研究中国问题的专家，在哈佛大学攻读中国文学博士期间，前往中国做研究。当时正处在于抗战期间，她在中国做研究时被日本军队俘虏，在日军的集中营里度过了一段囚禁的生活。二战之后她回到美国完成博士学位，然后从哈佛大学来到加州大学伯克利分校，担任伯克利分校东亚图书馆的第一任馆长。刚到伯克利分校不久的她雄心勃勃，准备在美国西部的第一个东亚图书馆里大展宏图。根据拿到的这份清单，她马上断定这是一个千载难逢的机会。于是，赫夫便亲自向加州大学校长报告，如果伯克利分校能够收购三井文库的这八个特藏，伯克利分校将一跃成为美国最优秀的典藏日本善本的机构之一。校长及时采纳了赫夫的建议，并迅速要求所有的校董捐款来帮助学校收购三井文库出售的这批善本。校长的呼吁得到了校董们的积极响应，筹款工作很快完成。因此，赫夫便做成加州大学伯克利分校图书馆历史上迄今为止最重要的一项海外采购[2]，共购得日本、朝鲜和中国的珍贵善本 10 万多册。它们是三井家族多年来苦心收藏的东

1　Donald H. Shively, *The Mitsui Bunko and Murakami Bunko*, Tokyo: Waseda University Library, 1992.

2　Elizabeth Huff, Teacher and Founding Curator of the East Asiatic Library:From Urbana to Berkeley by Way of Peking, interview conducted by Rosemary Levenson, Berkeley:Regional Oral History Office, the Bancroft Library, University of California, Berkeley, 1977, p. 172.

亚珍稀文献之集大成。毫无疑问,三井文库的收购使得加州大学伯克利分校东亚图书馆的日本珍稀文献的收藏量迅速跻身全美前列,还整体拉动了该校对日本文献的收藏力度,今天,加州大学伯克利分校东亚图书馆依然是全美各大学中拥有最大日本馆藏的东亚图书馆。

赫夫从三井文库采购来的这批善本图书不仅增加了加州大学伯克利分校东亚图书馆的日文善本馆藏,同时也增加了该图书馆中文和韩文善本的收藏。这次所采购的书籍涉及的学科包括历史、哲学、宗教、文学、艺术和科学。图书样式包括木刻板图书、铜版纸印刷品、手抄本、屏风、卷轴、海报和游戏板等。其中有大量出自著名收藏家的收藏品,包括今关天彭(Imazeki Hisamaro)收集的中国文学著作,三井高坚(Mitsui Takakata)收藏的中国碑帖拓本和书法,以及由浅见伦太郎(Asami Rintarō)收集的4000多册古朝鲜的印刷品和精美手抄本,等等[1]。这批文献中又以日本江户时代的木刻印刷书籍、日本古代写本、日本古地图和浅见文库中的这批朝鲜刻本和写本最为著名,被收藏界认为是东亚之外日韩珍籍善本特藏之精华。

一 日本写本[2]

伯克利分校藏有 2800 种来自日本的写本, 共 7700 多册,

---

1 参见 Roger Sherman, The Acquisition of the Mitsui Collection by the East Asian Library, University of California, Berkeley, Master's thesis, University of California, Los Angeles, 1980。

2 关于这批日本写本的研究主要是依据加州大学伯克利分校东亚图书馆日文馆员 Toshie Marra 近年来对三井旧藏所做的整理和考据工作, 在此表示感谢。

这些写本的创作年代可追溯到 17 ～ 20 世纪，它们几乎全部来自三井文库。大批量的藏品是江户时代（1603~1867 年）的作品，但也有明治时代（1868~1912 年）和明治以后的材料。这批写本的类别大致如下 [1]：(1) 尚未出版过，且具有重要价值的手稿；(2) 已经出版过的重要且罕见印刷品的手稿；(3) 与同一出版物具有完全不同文本或文本差异极大的手稿；(4) 作品尚未出版之前就流行于坊间的手稿本；(5) 经著名学者点校过的稿本，且点校的部分尚未出版过；(6) 已经出版的作品中有残缺，但这些残缺部分可以从稿本里发现并作为修补之用的文稿；(7) 就文本的完整和准确性来说，优于目前常见出版品的稿本；(8) 年代久远的抄本；(9) 名人抄本；(10) 带有名人题跋印章的抄本。

由此可见，这些日本写本基本上是我们通常所指的稿抄校本。写本中有近 1/3 的藏品是土肥庆藏（1866 ～ 1931 年）的旧藏。特别值得一提的是这批来自三井文库的写本中有 16 种、共 97 册是带有浙江吴兴嘉业堂主刘承干印章的稿本。这是一个重要的发现。迄今为止，学界和收藏界尚未找到过嘉业堂珍本流到日本的记录 [2]。从伯克利分校三井旧藏中发现的这批嘉业堂的藏品可能是迄今为止第一批与日本藏家有关的藏品。嘉业堂创办人刘承干，字贞一，号翰怡、求恕居士，浙江省吴兴县（今湖州市）南浔镇人，生于光绪八年（1881 年），光绪三十一年（1905 年）贡生。民国初年流寓上海，1963 年病卒。南浔刘氏以丝业发家致富，亦商亦官。宣统二年（1910年），刘承干参加南洋劝业会，流连于金林书肆，遂有志藏书。民国十二年（1923 年），刘承干在南浔建筑嘉业堂藏书楼，分

---

1 出自 Nagasawa Kikuya 長沢規矩也, Kosho no hanashi 古書のはなし（Tōkyō:Fuzanbō, 1994），47-50。

2 见应长兴、李性忠主编《嘉业堂志》，国家图书馆出版社，2008。

设宋四史斋、诗萃室、希古楼等专藏书室，及校勘室、阅览室、刊印房等。藏书最盛时，计有 12450 部、20 万册、60 万卷。嘉业堂是中国近代最著名的藏书楼之一。20 世纪 30 年代，由于经济原因和日本侵华战争，嘉业堂由盛转衰，藏书精品开始流失，并被分批售出。辗转至今，其善本主要归台湾"中央"图书馆、浙江图书馆、复旦大学图书馆、浙江大学图书馆、中国国家图书馆、大连图书馆、香港大学冯平山图书馆、澳门何东图书馆和美国加州大学伯克利分校东亚图书馆收藏。其中，流失到美国的这一批善本珍品直到 21 世纪初才开始系统地记录和研究，并于 2005 年在加州大学伯克利分校东亚图书馆出版的《柏克莱加州大学东亚图书馆中文古籍善本书志》中得以全面记录。除了这批来自嘉业堂的稿抄本之外，我们还发掘整理了伯克利分校馆藏中其他嘉业堂旧藏，共计刻本、稿抄本 80 种、1292 册，其中宋刻本 3 种，元刻本 7 种，明、清刊本 52 种，稿本 10 种，抄本 6 种，《四库全书本》2 种，其中就包括这批三井文库写本中的 16 种（稿本 10 种、抄本 6 种）。关于伯克利分校这批嘉业堂旧藏中的大部分藏品是如何从日本来到美国的，作者将另撰文探讨，在此不再赘述。学界以前有人推断伯克利分校的这 80 种嘉业堂旧藏是由该校东亚图书馆原雇员 Richard Irwin 1949 年从上海购得[1]。而笔者查阅了 1949 年 Richard Irwin 中国采购之行的全部报告和东亚图书馆馆长赫夫对这次采购的总结记录，并没有发现有收购嘉业堂全部 80 种藏书的记录。Irwin 本人仅仅在他的 1949 年采购报告中提到这次的上海购书之行中他购买到了嘉业堂的 17 种方志和一部明版的《道藏辑要》，为嘉业堂的藏品，而他完全没有提到伯克利分校的其他嘉业堂藏书，包括宋元本、镐抄

1　见应长兴、李性忠主编《嘉业堂志》，国家图书馆出版社，2008。

校本等 62 种更为稀见的珍本的来源。

这批日本写本中尚未出版过的手稿包括桃花园三千麿撰写的《教训不鸣莺》、野々口隆正撰写的《古伝通解》、山中信古撰写的《増訂南海包譜》等。已经出版的著名文人的手稿和题跋包括福地桜痴的《元寇物語》、近松秋江的《疑惑》、芥川龙之介的《母》、坪内逍遥的《歌舞伎劇の保存に就いて》、武者小路实篤的《奈良を発つ前》、幸田露伴的《挿花について》和小山内薫的《夜明前》等。早期的写本包括 1305 年的《十一面観音修法口决》和 16 世纪的《伊势物语闻书》等。

这批写本中也包括一些汉籍刊印本的抄本，如《太古正音琴经》，由明张大命著，郑当时校阅，《续修四库全书》艺术类有此刊本，日本写本的格式与中国刊本一致，可定为根据中文刊本抄写而成。《历代琴式》，由明林有麟编辑，有万历四十一年（1613）自序，亦是日本人根据中文刻本抄写而成。

这批写本中有完全用汉字撰写或抄录的写本，反映了汉字在日本历史上的使用情况。这些用汉字撰写或抄写的作品包括《弁道》《迁斋先生学話附录》《近世名家文抄》《近思录》《近思录栏外书》《通鉴绅二》《野客丛书抄录》《开饮酒序》《阅史日抄》《随函录考》《杂字新箋》《（定本）韓非子纂闻》《正学指掌》《五经图汇》《二程治教并朱子行状抄》《今文孝经》《十七史商榷附考》《周易笔记》《多能鄙事》《大学定本》《孟子》《宗书抄录》《容膝亭杂录》《小学序讲义笔记》《尺牘清裁》《左传凡例》《布袋和尚忍字记杂剧》《抄书》《书经蔡氏集注私解》《礼记抄说》《礼记正文》《礼记贅说》《经学名徵》《老子道德经》《筍子》《芸苑巵言　附录书学部》《襪鈔》《誠斎先生易伝》《青藤山人路史》《韓子迂评》《墨子》等。

这批日本珍贵写本的整理工作 21 世纪刚刚起步。近年来，我们邀请了日本国文学研究资料馆的学者前来伯克利分校协助整理这批文献，并计划出版一部图录。与此同时，我们也就这批文献的整理举办过两次研讨会，邀请了日本和美国的学者前来参加。来自中国的学者近年来也不断来到伯克利分校研究这批文献。由加州大学伯克利分校东亚图书馆与中华书局合作并即将出版的《加州大学伯克利分校东亚图书馆中文古籍目录》中将附有这批日本汉文写本目录，以揭示这些珍稀文献的收藏情况（见图1）。

图1　三枝斐子（1759-？）《和泉日記》手稿（19世纪日本写本）

二　日本古地图

加州大学伯克利分校东亚图书馆有北美地区最大的日本古地图的收藏，共计藏有2200张日本古地图，其中包括木版画、铜版画以及手稿地图。这些日本古地图集中反映了日本历史上三个重要城市的历史沿革，即东京、京都和大阪，包括这些城市建制、发展、人口、风貌、文化和政治等方面，内容极其丰富。另外，还有专门用于诸如地震或火灾等事件发生时所绘制和记录的地图，它们包含大量宝贵信息和资料。这些日本古地图中最不寻常的是697张木版画地图和一些从江户时期（1603～1867年）开始制作的手绘地图，它们描绘了日本历史中一个个迷人的城市发展时期。除了江户（现东京）、京都和大阪外，这些地图中还有部分其他城市的地图，如名古屋、长崎、横滨等30多个城市。最早的地图有1656年的大阪市地图、1654～1668年的京都地图和1676年的江户（东京）地图。

近年来，加州大学伯克利分校东亚图书馆已经陆续将这批日本古地图数字化，并放在网上，供大众使用。网址是http://www.davidrumsey.com/japan/。目前已经可以上网使用的有超过800多张地图的图像，剩余的地图将在未来两年内全部数字化，并开放给大众使用。研究人员可以由网站所提供的远程浏览，放大和保存图像，并做分析，添加注释，或叠加地图和卫星图像等功能来进行地图图像的比较和研究（见图2）。

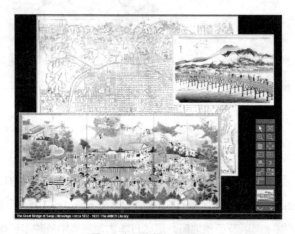

图2　十七世纪京都地图

（底图为伯克利分校藏日本历史地图，面图从 AMICO Library 载入做的图像比较和拼叠）

三 浅见文库

浅见伦太郎（Asami Rintaro，1869~1943 年）在日帝时代的朝鲜担任总督判事，相当于今天的大法官。他在汉城任职的 12 年里（1906~1918 年）大力收藏从公元 17 世纪到 19 世纪在朝鲜出版的珍贵活字印刷品，包括在朝鲜印刷出版的汉籍以及朝鲜历史、文学、民俗、文字、法律、艺术等方面的书籍，共 900 余种，近 4000 册，其版本之罕见，印刷之精美、种类之齐全，为人赞誉。这批文献根据收藏家而命名为浅见文库（见图 3），后来被浅见太郎带回日本，这批珍贵藏书在他过世后被转卖给了三井文库，成为三井文库的一部分。20 世纪中期，浅见文库随着加州大学伯克利分校对三井文库的收购一起来到伯克利分校，成为加州大学伯克利分校东亚图书馆的韩文特藏之一，堪称流传到北美的著名古代朝鲜活字印刷品珍品。

图 3 浅见文库一瞥

与浅见文库有关的还有一段插曲。已故著名书法家、民国闺秀张充和（1914-2015）和夫婿傅汉思（Hans Hermann Frankel，1916-2003）1949 年离开中国，来到伯克利分校任教，担任该校历史系讲师至 1959 年。在此期间，张充和参加了加州大学伯克利分校东亚图书馆浅见文库的整理和编目工作。当时浅见文库的书籍全是散册。东亚图书馆为浅见文库的这批善本特别制作了新的函套，将散装的书籍按书名入函。每个函套上都请张充和用她那著名的正楷体抄写了书名。函套数量上千，个个函套上都有张充和抄录的书名。她的题字至今仍优雅清新，光彩夺目，乃是书法家张充和一生赐墨数量最大的一批题字和书法作品，实为珍贵。张充和的书法也为浅见文库这个重要的文化宝藏增添了光辉。

　　以下仅辑录部分浅见文库中的重要朝鲜稿抄本（写本），根据惯例，目录中书名和著录用中文繁体记录，如表 1 所示。

表 1　浅见文库重要朝鲜稿抄本情况

書名	卷册	作者	年代	註解
星湖先生易經疾書	卷 1～6	李瀷（1682～1763）著	[19 世紀] 寫	6 卷 2 册. 無匡郭，無界，半葉 12 行 20 字，無魚尾 .28×19.5cm. 線裝. 楮紙.
易學緒言	卷 1～13	丁若鏞（1762～1836）著	[朝鮮朝末期] 寫	13 卷 4 册. 四周雙邊，半郭 19.7×13.8cm，有界，半葉 10 行 22 字，註雙行. 無魚尾. 25.2×16.7cm. 線裝（4 針）. 楮紙.
周易四箋	卷 1～24	丁若鏞（1762～1836）著	[朝鮮朝末期] 寫	24 卷 12 册. 四周雙邊，半郭 19.8×13.5cm，有界，半葉 10 行 23 字，註雙行. 無魚尾. 25.1×16.1cm. 線裝（4 針）. 楮紙.

续表

書名	卷冊	作者	年代	註解
梅氏書評	卷 1~9	丁若鏞（1762~1836）著	[高宗年間]寫	9卷3冊.四周雙邊，半郭19.6×13.6cm，有界，半葉10行22字，註雙行.無魚尾. 25.1×16cm.線裝（4針）.楮紙.
尙書補傳	卷 1~13	洪奭周（1774~1842）著	[19世紀]寫	13卷7冊.左右雙邊，半郭20.4×14.3cm，有界，半葉10行20字，註雙行.無魚尾. 34.9×21.2cm.線裝（4針）.楮紙.
甲乙錄	卷 1~5	尹光紹（1708~？）編	[19世紀]寫	5卷5冊.四周雙邊，半郭22.7×18cm，有界，半葉10行20字，註雙行.内向2葉花紋魚尾. 32×21.7cm.線裝.楮紙.
遣閒錄	卷 1~3	鄭載崙（1648~1723）著，清衍公主（莊獻世子第一女）筆	[18世紀後期]寫	3卷3冊.無匡郭，無界，半葉10行字數不定，註雙行.無魚尾. 28.8×20cm.線裝.楮紙.
遣閒錄	卷 1~3	鄭載崙（1648~1723）著	[朝鮮朝末期]寫	3卷3冊.無匡郭，無界，半葉10行18字，無魚尾. 36.1×21.7cm.線裝.楮紙.
癸巳記事		金𡹉（1765~？）著	純祖33（1833）寫	1冊.無匡郭，無界，半葉7行字數不定，無魚尾. 32×17.4cm.線裝.楮紙.
癸亥日史		洪翰周（1798~？）著	[19世紀]寫	1冊.無匡郭，無界，無魚尾. 20.9×16.6cm.線裝.楮紙.

書名	卷冊	作者	年代	註解
南漢紀略		金尚憲（1570～1652），金壽恒（1628～1689）共著	[19世紀]寫	不分卷2冊.無匡郭，無界，半葉12行24字，註雙行.無魚尾.25.3×22.4cm.線裝.楮紙.
南漢日記		石之珩（1610～？）著	[朝鮮朝後期]寫	不分卷4冊.左右雙邊，半郭19.5×13.5cm，烏絲欄，半葉10行22字，註雙行.上黑魚尾.26.5×17.5cm.線裝.楮紙.
老辣隨辭		李貴（1557～1633）著，安邦俊（1573～1654）編	[朝鮮朝末期]寫	4卷4冊.四周雙邊，半郭22.2×15.4cm，有界，半葉10行24字，上黑魚尾.25×18.6cm.線裝.楮紙.
丹巖漫錄		閔鎮遠（1665～1736）著	[19世紀]寫	2卷2冊.四周單邊，半郭22×15.6cm，有界，半葉10行24字，註雙行.無魚尾.32×20.3cm.線裝.楮紙.
湖西日記		尹東暹（1710～1780）著	英祖30～48（1754～1772）寫	4冊.無匡郭，無界，半葉11行20字，無魚尾.29.6×20.2cm.線裝.楮紙.
海營日記		徐邁修（1732～1818）著	[19世紀]寫	不分卷2冊.四周雙邊，半郭21.1×14.1cm，有界，半葉10行20字，内向2葉花紋魚尾.30.5×18.4cm.線裝.楮紙.
東國歷代總目		洪萬宗（肅宗朝）著	[18世紀]寫	1冊.四周單邊，半郭22×15.9cm，烏絲欄，半葉12行32字，無魚尾.30.3×20cm.線裝.楮紙.

書名	卷冊	作者	年代	註解
文獻總補		[編者未詳]	[高宗年間]寫	不分卷1冊（99張）.無匡郭，無界，半葉15行字數不定，註雙行.無魚尾.32×21cm.線裝.楮紙.
海東掌考		[編者未詳]	[朝鮮朝末期]寫	1冊.無匡郭，無界，半葉10行24字，註雙行.無魚尾.33×19.7cm.線裝.楮紙.
明季野聞	卷1~2	[編者未詳]	[朝鮮朝末期]寫	2卷1冊.四周雙邊，半郭20.9×14.9cm，有界，半葉10行22字，上2葉花紋魚尾.28×20.1cm.線裝.楮紙.
典律通補	卷1~6	具允明（1711~1797）編	[朝鮮朝末期]寫	6卷5冊.四周單邊，半郭23.5×17.2cm，有界，半葉10行18字，註雙行.上2葉花紋魚尾.35.1×23.2cm.線裝.楮紙.
內進宴翌日皇太子夜讌笏記		掌禮院（朝鮮）編	[光武年間]寫	1冊.無匡郭，無界，半折10段字數不定，朱絲欄.26.1×6.5cm.帖裝.楮紙.
內進宴翌日皇太子夜讌笏記		掌禮院（朝鮮）編	光武6（1902）寫	1冊.無匡郭，無界，半折4段字數不定，朱絲欄.25.9×6.5cm.帖裝.楮紙.
仁港日記		申憲（朝鮮）等記	[高宗年間]寫	2冊.無匡郭，無界，半葉10行字數不定，無魚尾.21.5×22.5cm.線裝.楮紙.
東寰錄		尹廷琦（1810-?）撰	哲宗10（1859）寫	不分卷1冊.四周雙邊，半郭17.7×11cm，無界，半葉9行24字，註雙行.無魚尾.23.8×15.4cm.線裝.楮紙.

書名	卷冊	作者	年代	註解
我邦疆域考	卷1~9	丁若鏞（1762~1836）著	[純祖－憲宗年間]寫	9卷3冊.四周單邊,半郭19.8×12.9cm,有界,半葉10行20字,註雙行.上黑魚尾.29.8×17.1cm.線裝.楮紙.
熱河日記抄		朴趾源（1737~1806）著,[抄者未詳]	[朝鮮朝末期]寫	不分卷1冊.四周單邊,有界,半葉10行22字,註雙行.上2葉花紋魚尾.25.4×16.8cm.線裝.楮紙.
燕行紀	卷1~4	徐浩修（1736~?）著	[18世紀]寫	4卷2冊.四周雙邊,半郭19.3×13.5cm,有界,半葉9行22字,註雙行.上黑魚尾.30.5×19.3cm.線裝.楮紙.
東槎日錄		吳允謙（1559~1636）著	龜川:龜巖書院[18世紀]寫	1冊.四周單邊,半郭24.3×16.5cm,有界,半葉10行24字,註雙行.無魚尾.34.7×22.5cm.線裝.楮紙.
日東記遊		金綺秀（1832~?）著	[高宗年間]寫	不分卷1冊.四周單邊,無界,半葉12行22字,無魚尾.34.5×20.7cm.線裝.楮紙.
大東輿地圖	卷1~21拓鋪	金正浩（?~1864）撰	哲宗12（1861）刊	21拓鋪.30.2×20.4cm.摺鋪裝.楮紙.
大朝鮮國全圖		[作圖者未詳]	建陽1（1896）頃刻	1帖.28.3×18.7cm.帖裝.楮紙.
東輿考實		[編者未詳]	[肅宗末期]寫	2帖.40.6×16cm.帖裝.黃染楮紙.

書名	卷冊	作者	年代	註解
中華圖		[作圖者未詳]	[17世紀] 寫	1冊（9張）. 半郭 29×30.2cm, 36.8×31.7cm. 帖裝. 楮紙.
樂書孤存	卷1~12	丁若鏞（1762~1836）著	[朝鮮朝末期] 寫	12卷4冊. 圖. 四周雙邊, 半郭 18.7×12.7cm, 有界, 半葉10行22字, 註雙行. 無魚尾. 24×15.5cm. 線裝（4針）. 楮紙.
烏雲稿略		李祖黙（1792~1840）	純祖23（1823）寫	1冊. 四周雙邊, 半郭 20.5×14.6cm, 有界, 半葉10行22字, 註雙行. 上1葉花紋魚尾. 27×18.8cm. 線裝. 楮紙.
尤菴先生文集	目錄, 卷1~39	宋時烈（1609~1689）著	[19世紀] 寫	40卷20冊. 左右雙邊, 半郭 21.7×14cm, 有界, 半葉10行20字, 内向3葉花紋魚尾. 30×18.7cm. 線裝. 楮紙.
破閑集	卷上下	李仁老（1152~1220）著	[17世紀] 刊	3卷1冊. 四周雙邊, 半郭 21.3×15.6cm, 有界, 半葉11行21字, 註雙行. 内向2・3混葉花紋魚尾. 32.3×20.2cm. 線裝. 楮紙.
花浦集	卷2,5	洪翼漢（1586~1637）著	肅宗35（1709）刊	2卷1冊. 四周雙邊, 半郭 20×16cm, 有界, 半葉10行20字, 註雙行. 内向2葉花紋魚尾. 32×21.7cm. 線裝. 楮紙.
玄同室遺稿	上下	鄭東愈（1745~1804）著	[19世紀] 寫	2卷2冊. 四周雙邊, 半郭 21.2×15.7cm, 有界, 半葉10行20字, 上2葉花紋魚尾. 31.6×20.7cm. 線裝. 楮紙.

書名	卷冊	作者	年代	註解
荷潭集	卷4～5，7	金時讓（1581～1643）著	[18～19世紀]寫	3卷2冊．無匡郭，無界，半葉10行18字，無魚尾．32×21.7cm．線裝．楮紙．
海東歌謠		李穡（1328～1396）等著，金壽長（朝鮮）編	[正祖～純祖年間]寫	不分卷1冊．無匡郭，無界，半葉16行字數不定，無魚尾．25×22cm．線裝．楮紙．
閑情錄		朴光秀（1675～1725）編	[18世紀]寫	1冊．無匡郭，無界，半葉10行16字，無魚尾．31.2×20cm．線裝．楮紙．
海上清云		[著者未詳]	[19世紀]寫	1冊．無匡郭，無界，半葉10行20字，無魚尾．28.5×18.5cm．線裝．楮紙．
紅白花傳		[著者未詳]	[18～19世紀]寫	1冊．無匡郭，無界，半葉13行32字，無魚尾．23.2×16.8cm．線裝．楮紙．
藝苑卮言	卷1～8	王世禎（明）著	[朝鮮朝後期]寫	8卷1冊．無匡郭，無界，半葉13行20字，無魚尾．28×18.6cm．線裝．楮紙．
綠帆詩話	卷1～6	[編者未詳]	[純祖～憲宗年間]寫	6卷2冊．半郭19.8×13.5cm，有界，半葉10行20字，註雙行．無魚尾．27.5×18.2cm．線裝．楮紙．
小華詩評		洪萬宗（1637～1700）著	[肅宗·英祖年間]寫	1冊．無匡郭，無界，半葉12行30字，無魚尾．29.9×20.3cm．假綴．楮紙．
東人詩話	卷1～2	徐居正（1420～1489）著	1910年寫	2卷1冊．無匡郭，無界，半葉12行20字，無魚尾．28.2×20cm．假綴．楮紙．

浅见文库的整理和研究工作从 20 世纪 60 年代就已经开始。当时，历史学家和图书馆专家房兆楹先生曾亲临伯克利分校研究并撰写出版了一部英文的浅见文库目录。从 2002 年开始，加州大学伯克利分校东亚图书馆又与韩国高丽大学的学者合作研究出版了一部浅见文库目录补编。而后，东亚图书馆又和韩国国家韩学研究院的学者合作研究出版了一部韩文的浅见文库目录。从 2005 年开始，东亚图书馆与美国的线上档案馆（Internet Archive）合作，完成了浅见文库善本的全部数字化工作，为学界对这批珍稀文献的研究使用提供了极大的方便。

以上仅为加州大学伯克利分校部分日韩珍稀文献之略论，由于文献量大，无法面面俱到，只能侧重在写本文献方面做一浅显讨论。如有错误之处，还祈方家指正。

参考文献

Huff, Elizabeth. Elizabeth Huff: Teacher and Founding Curator of the East Asiatic Library: From Urbana to Berkeley by Way of Peking, interview conducted by Rosemary Levenson（Berkeley: Regional Oral History Office, the Bancroft Library, University of California, Berkeley, 1977）.

Marra, Toshie. Revealing the Hidden: Uncatalogued Japanese Manuscripts at the C. V. Starr East Asian Library, UC, Berkeley, unpublished paper.

Nagasawa Kikuya 長沢規矩也. Kosho no hanashi 古書のはなし（Tōkyō: Fuzanbō, 1994）.

Sherman, Roger. The Acquisition of the Mitsui Collection by the East Asian Library, University of California, Berkeley（Master's thesis, University of California, Los Angeles, 1980）.

Shively, Donald H. The Mitsui Bunko and Murakami Bunko (Tokyo: Waseda University Library, 1992).

应长兴、李性忠主编《嘉业堂志》，国家图书馆出版社，2008。

北美地区对中亚、西藏和丝绸之路
研究的历史及相关资源的收藏

杨继东 [1]

摘　要：

　　北美地区学术界对中亚、中国西藏和丝绸之路的研究起步
较晚。在 20 世纪以前，除了极个别在欧洲受教育的学者以外，
美国几乎没有任何研究这个领域的专家。到 20 世纪上半叶，
由于从欧洲聘请来了一些顶尖的中亚学和藏学学者，美国才开
始培养自己在这个领域的人才。二战以后，有赖于政府和各种
教育机构的大力拨款，外语教育和地区研究在美国进入高速发
展时期，对中亚和西藏的研究也随之获得长足的发展。目前美
国在藏学领域的研究水平已经居于西方世界的领先水平。与此
同时，美国学术机构对中亚和西藏的资料收集也达到了很高的
水平，有力支持了相关学术活动的开展。

关键词：

　　北美　中亚研究　西藏研究　丝绸之路研究

　　本文将对北美（尤其是美国）地区研究中亚、中国西藏
和丝绸之路的历史及相关的文献资源收藏情况做一个简要的
介绍。由于写作时间和篇幅的限制，这个简介不免挂一漏万。

　　首先有必要对本文涉及的地理概念进行一些规定。在西
方学术界，中亚（Central Asia）、内亚（Inner Asia）、欧亚大

1　杨继东，美国斯坦福大学东亚图书馆馆长。

陆中部（Central Eurasia）这几个相互关联的概念长期以来缺乏统一和明确的界定，给研究者造成不少的困扰。俄国学者对中亚的定义最为狭窄，也就是哈萨克斯坦、吉尔吉斯斯坦、乌兹别克斯坦、塔吉克斯坦和土库曼斯坦这五个在帝俄时代被征服、后来于 1989 年从苏联获得独立的国家[1]。目前中国的地理学语库中的中亚概念基本上与俄国的相同。在欧洲学术界，对中亚的界定五花八门，但是大多比较宽泛，比如，由联合国教科文组织牵头、但是由欧洲学者主导编写的《中亚文明史》一书，就不仅涵盖了上述五个"斯坦"，还包括了蒙古、西伯利亚南部、阿富汗、巴基斯坦北部、印度西北部、伊朗东北部以及现属中国版图之内的新疆、西藏、青海和甘肃等地[2]。美国学术界对这几个地理概念的定义也曾长期混乱，学者们各取所需。但是这个局面到 1990 年《剑桥早期内亚史》出版后得以稍微改善。该书的主编、任教于印第安纳大学的丹尼斯·塞诺（Denis Sinor，1916–2011）在导言中讨论了这些概念并做出了区分[3]。在他看来，"内亚"和"欧亚大陆中部"这两个概念是重合的，涵盖了西起东欧草原，东至西伯利亚，北起北冰洋沿岸，南至高加索山脉、兴都库什山脉和喜马拉雅山脉的广大区域。显然，这是一个非常大的地理范围，包含了 13 世纪蒙古兴起以前欧亚大陆上曾经被游牧民族统治过的所有地方。相对于这个包罗万象的内亚概念，塞诺给出的中亚概念的外延就要小得多，只包括了 9 ~ 10 世纪以后陆续接受伊斯兰教文化

1　俄国学术界对中亚的定义，可从该国新近出版的三卷本《中亚历史》的覆盖范围得一大概：
　　Ю. Н. Рерих，*История Средней Азии*（Москва:Междунар. Центр，2004-2007）。

2　参看 A. H. Dani and V. M. Masson, eds.，*History of the Civilizations of Central Asia*（Paris:UNES-
　　CO, 1992）的第一卷导言。

3　Denis Sinor, "Introduction:the Concept of Inner Asia." In Denis Sinor, ed.，*The Cam-
　　bridge History of Early Inner Asia*（Cambridge, UK:Cambridge University Press, 1990），
　　pp. 1-18.

并由突厥系诸民族（Turkic peoples）占主导地位的那些地方，具体而言也就是哈萨克斯坦、吉尔吉斯斯坦、乌兹别克斯坦、塔吉克斯坦和土库曼斯坦，再加上现属中华人民共和国的新疆维吾尔自治区。本文所采用的中亚概念，与塞诺是一致的。西藏由于处于亚洲的正中间，其在西方学术传统上的地理归属很不固定。塞诺的大内亚概念毫无疑问包括西藏，但是西藏到底是属于中亚还是南亚，在西方学者中还没有统一的说法。本文将把西藏和中亚当作两个不同的地理单元分开进行处理。

如果与欧洲、俄国相比较的话，美国对中亚和西藏的研究在历史上长期处于相对落后的状态。这种局面的形成有其历史原因。首先，欧洲对包括中亚和西藏在内的整个东方的兴趣大致可以追溯到中世纪后期至文艺复兴时期，而且与基督教的传教事业密切相关。蒙古帝国征服欧亚内陆以后不久，丝绸之路畅通无阻，西方传教士得以避开阿拉伯人的阻隔前往更东的地区。这种传教活动在 16 世纪全球海路交通开通以后逐渐加强，到 18 ～ 19 世纪达到顶峰。为了达到传教目的，研究东方各民族的语言和文化是不可或缺的，因此欧洲的早期东方学几乎全部属于教会的知识体系 [1]，但是 19 世纪中叶以后逐渐进入大学和研究所等近代高等教育机构，并开始摆脱宗教的色彩。显然，欧洲学术界对于亚洲的知识有好几百年的积累过程，这当然是美国学术界所不具备的。至于俄国对亚洲的兴趣，除服务于东正教的传教目的外，还有一个极大的动力即领土扩张。在 19 世纪，整个中亚除了新疆以外陆续被纳入沙皇俄国的版图，俄语成为该地区的主要书面语言。在这个长期的征服和统治过程中，俄国人积累起来的对中亚的了解更是连欧洲人也无法望

---

1 研究欧洲早期东方学的中外文著作甚多，这里我仅举出一本比较晚近的同时也是影响较大的：Urs App, *The Birth of Orientalism*（Philadelphia:University of Pennsylvania Press, 2010）。

其项背的。

　　美国由于建国较晚，而且距离亚洲遥远，因此直到 19
世纪 20 ～ 30 年代才开始与亚洲发生直接的接触。19 世纪
40 年代，美国领土扩张到太平洋沿岸，与亚洲有了更便捷
的海路联系。与欧洲一样，最早的美国东方学包括汉学也带
有强烈的基督教背景 [1]。早在鸦片战争以前，美国新教的长老
会（Presbyterian Church）就已经开始向中国派出医务传教
士，战后这种派遣变得更加频繁。当时美国有关亚洲的第一
手知识，尤其是关于亚洲民俗、语言、文化、宗教等方面的
知识，大多是由传教士向国内传来的。建立于 1843 年的美
国东方学会（American Oriental Society）的许多成员都是
传教士，而且这种局面在整个 19 世纪后半叶没有太多的变
化 [2]。不过，被派遣到亚洲的美国传教士多半局限于沿海地带
活动，比如，中国、日本、东南亚和印度的沿海城市，很少
有深入亚洲腹地的，这也就使得美国对中亚和西藏的了解继
续落后于欧洲和俄国。尤其在 19 世纪末 20 世纪初，这种落
后的局面有进一步扩大的趋势，当时许多欧洲和俄国的探险
家（著名者如斯文·赫定、斯坦因、伯希和等）比肩接踵地
前往新疆和中亚其他地方考察，并带回了大量的原始文献和
影像资料以及第一手的考古勘探记录，而美国人则在这一轮
实地探险考察中基本缺席。直到 20 世纪 20 年代，美国人华
尔纳（Langdon Warner）才赶上了这个探险狂潮的末班车，
以相当卑劣的手段在敦煌石窟等地攫取并破坏了一些珍贵文

1　Michael C. Lazich, "E. C. Bridgman and the Missionary Roots of American Sinology," *Si-no-Western Cultural Relations Journal*, 20（1998）:13-33.

2　详情可参该学会学报（*Journal of the American Oriental Society*）在 19 世纪出版的各期上刊载的年会简报以及成员名单。

物[1]，但是其所获取的东西无论在数量还是价值上均与欧洲探险家们无法相比。

因此，在整个 19 世纪，美国对中亚和西藏的研究几乎一片空白，唯一值得一提的人物就是柔克义（William W. Rockhill，1854–1914）。他出生于费城，但是在 13 岁时随母亲移居法国巴黎。在那里他系统学习了汉语、藏语和梵语，从而成为第一个懂藏文的美国人。从 1883 年起，他在美国驻北京的使团任职，并去西藏等中国西部地区游历。此后他长期担任美国的职业外交官，前后被任命为副国务卿，驻希腊、塞尔维亚、罗马尼亚等国公使。义和团运动爆发后，他替美国国务院起草了著名的"门户开放政策"（Open Door Policy）。1905 年，他被任命为驻华公使，并担任此职达 4 年之久。此后他还陆续担任过美国驻俄国和土耳其公使[2]。除了外交官的角色，柔克义还是一个相当出色而且勤奋的学者。他有关西藏的专著有依据藏文甘珠尔和丹珠尔里的材料撰写的《佛陀的生平及其教派的早期历史》（*The Life of the Buddha and the Early History of His Order*）、《拉萨的历代达赖喇嘛及其与满清皇帝的关系》（*The Dalai Lamas of Lhasa and Their Relations with the Manchu Emperors of China, 1644-1908*）以及两本旅行记。在欧美的学术会议和刊物上，他也发表过一些有关西藏的文章。比如，在美国东方学会于 1884 年 10 月在巴尔的摩市召开的学术年会上，柔

---

1 Peter Hopkirk, *Foreign Devils on the Silk Road: The Search for the Lost Cities and Treasures of Chinese Central Asia*（Amherst: University of Massachusetts Press, 1984），pp. 209-228.

2 有关柔克义的生平，最概括而全面的介绍是他去世后不久刊布在英国的《皇家亚洲学会学报》上的一篇讣告：Alfred E. Hippisley, "Obituary Notice: William Woodville Rockhill," *The Journal of the Royal Asiatic Society of Great Britain and Ireland*, April, 1915, 367-374.

克义发表了对中世纪西藏诗人密勒日巴的作品《十万歌集》的研究[1]。那一次的会议充分显示出19世纪美国东方学的初级性。会议收到了14篇论文，其研究的课题包罗万象，从早期希腊文《圣经》到西亚楔形文字的起源，从公元5世纪的叙利亚文献到梵文词汇的语源问题，从中世纪西藏文学到中日韩三国文字的比较，涉及地域和时间跨度极大。

柔克义虽然是美国人，却是在法国接受了东方学的学术训练。这充分反映出美国早期的藏学和中亚学严重依赖欧洲的局面。柔克义一生忙于外交活动，从未在美国国内大学和研究机构担任过教职，因此没有培养出任何学生。他去世后，美国在这些学科领域依赖欧洲的局面仍无法改变。事实上，继柔可义之后美国研究中亚和西藏的第二个重要人物就是从欧洲移居美国的第一代移民，他就是劳费尔（Berthold Laufer，1874–1934）。此人出身于德国，1897年在莱比锡大学（Universityt Leipzig）获得博士学位，翌年即移民美国。他曾在中亚的阿姆河流域以及萨哈林岛等地参加考古发掘，到美国后，除短暂在哥伦比亚大学教授汉语并在美国自然史博物馆工作外，其后半生的大部分时间都在芝加哥著名的菲尔德博物馆（Field Museum）工作，担任该馆的人类学部主任长达27年，直至他突然跳楼自杀为止[2]。他最出名的著作，就是《中国伊朗编》（Sino-Iranica）[3]，该书充分显示了劳

1　"Proceedings at Baltimore, October 29th and 30th, 1884," *Journal of the American Oriental Society*, 11（1882-1885），cciii-ccxxxi.

2　Walter E. Clark, L. C. Goodrich, A. T. Olmstead and J. K. Shryock, "Berthold Laufer, 1874-1934," *Journal of the American Oriental Society*, 54.4（1934），349-362.

3　此书英文原本有一个很长的副标题，但是被通行的中译本（林筠因译）省去了。这个副标题其实对了解全书的内容和主旨很有帮助：*Chinese Contributions to the History of Civilization in Ancient Iran, with Special Reference to the History of Cultivated Plants and Products*（中国对古代伊朗文明史的贡献，尤其是从栽培植物和农产品历史的角度）。

费尔的古代汉语和波斯语功底，它主要运用语言学的对音方法，考证古代丝绸之路上的东西文化交流事实。此书很早就被介绍到中国学术界，对陈寅恪、季羡林、向达、邵循正、张广达等中国老一辈研究中西文化交流的学者产生过重大的影响。除了研究丝绸之路外，劳费尔也精通藏文，对伯希和带回法国的古代藏文文书进行过一些深入的研究，并发表了一些有影响的文章[1]。

由于基本上没有在美国大学里教过课，劳费尔也没有为美国培养出自己的中亚学和藏学家。于是他去世后，美国只得继续从欧洲引进相关人才。1935 年，加州大学伯克利分校（University of California, Berkeley）从德国请来蒙、藏学家费尔迪南·雷辛（Ferdinand D. Lessing, 1882–1961）出任该校的东方语言系（Department of Oriental Languages）主任。此人早在来美国之前就卓有成就，并曾参加过瑞典著名探险家斯文·赫定在中国新疆等地的探险活动。到美国之后，他出版过一些影响深远的学术著作，包括《雍和宫：北京喇嘛寺图解》(*Yung-ho-kung:An Iconography of the Lamaist Cathedral in Peking*)。但是他对美国学术界的最大贡献是在伯克分校利建立了全国第一套系统教授藏文和蒙文的课程，从而使美国开始在自己的领土上培养相关领域的人才[2]。

从 19 世纪末到 20 世纪中期，欧洲对中亚、西藏和丝

---

1 这里仅举两例："Loan Words in Tibetan," *T'oung-pao*, 17（1916），403-542. "Bird Divination among the Tibetans（Notes on Document Pelliot No 3530, with a Study of Tibetan Phonology of the Ninth Century)," *T'oung-pao*, 15（1914），1-110. 这两篇都是长达 100 多页的"文章"。

2 P. A. Boodberg, Y. R. Chao, and M. C. Rogers, "Ferdinand Diedrich Lessing, Oriental Languages, Berkeley," in University of California, *In Memoriam*（April, 1963），可从互联网获取:http://texts. cdlib. org/view?docId =hb0580022s;NAAN=13030&doc. view=frames&chunk. id=div00016&toc. depth=1&toc. id=&brand=calisphere（2016 年 12 月 8 日访问）。

绸之路历史的研究产生了飞跃性的发展，其主要原因是斯坦因、伯希和等欧洲探险家在中亚地区（尤其是中国的新疆地区）发现了大量的古代文书手稿，这些文书很多都是用早就消亡的古代语言和文字写成的，比如，属于印欧语系的梵语（Sanskrit）、粟特语（Sogdian）、犍陀罗语（Gāndhārī）和阗语（Khotanese）和吐火罗语（Tocharian 或 Tokharian），属于阿尔泰语系的古突厥语（Old Turkic）和古回鹘语（Old Uyghur），属于汉藏语系的古藏语（Old Tibetan）、古汉语和西夏语（Tangut），等等。当这些手稿被带回欧洲以后，引起了英、法、德、意、匈、俄等国的语言学和历史学家的极大兴趣，他们争先恐后地投入破译和解读工作，陆续复原了曾经在丝绸之路上流行的那些语言，从而有力推动了对中亚历史文化的了解[1]。而采用现代语言学方法研究中亚和丝绸之路的第一代中国学者（如季羡林、韩儒林等人），也是在欧洲接受了全面的学术训练后，回国将国内的相关研究领域推升到一个全新阶段的。

美国在二战以前，对于严格意义上的中亚地区的研究是一片空白，比当时的西藏研究还要落后很多。除了少数大学偶尔让从中亚地区移民来美国的大学生教过一些入门层次的语言课外，没有任何侧重于中亚历史文化的研究项目或课程计划。但是在二战结束以后的短短 20 年内，中亚研究在美国得到了迅速的发展。促进这个发展的部分原因当然是美国与中苏之间展开的冷战。由于中亚是中苏两国的重要

---

1 中国学者对西方和日本研究中国境内民族古文字的进展有持续的跟踪和观察。欲了解本文中提到的一些民族古文字在国外的研究情况，可参中国民族古文字研究会编《中国民族古文字研究》（北京：中国社会科学出版社，1984）；以及戴庆厦主编《二十世纪的中国少数民族语言研究》（太原：书海出版社，1998）。不过令人遗憾的是，尽管这些民族文字材料多发现于中国境内，但是到目前为止中国学者的研究成就（尤其是在对非汉藏语言的研究上）还远远落后于西欧、俄、美、日等国学者。

组成部分，美国对此地区产生兴趣并努力培养相关的人才是符合逻辑的。事实上，开展中亚研究的相当大一部分资金直接来自美国国防部。除了政府的拨款外，福特基金会（Ford Foundation）、洛克菲勒基金会（Rockefeller Foundation）、梅隆基金会（Mellon Foundation）、卡内基基金会（Carnegie Corporation of New York）以及美国学术团体理事会（American Council of Learned Societies）等私立机构也陆续拨款支持中亚研究。在获得充足的资助后，一批美国大学比如耶鲁大学（Yale University）、哈佛大学（Harvard University）、哥伦比亚大学（Columbia University）、印第安纳大学（Indiana University）和华盛顿大学（University of Washington）纷纷建立了[1]教学和研究课程。1953年，哥伦比亚大学成立了乌拉尔—阿尔泰语言系，这是全美第一个专门研究欧亚内陆的系科[2]。在整个20世纪50年代里，美国对中亚语言和文化研究的水平迅速上升，在若干课题上甚至达到了世界领先的地位，这充分体现在1962年由印第安纳大学编辑出版的一本阿尔泰语言学论文集中[3]。也就是在那一年，印第安纳大学在接受了国防部的资助（即所谓的"第六

1　乌拉尔和阿尔泰语言及民族学乌拉尔 - 阿尔泰语系（Ural-Altaic languages）是内亚地区的主要语言群系，包括了东欧的匈牙利语、北欧的芬兰语、整个突厥语族（含土耳其语、哈萨克语、吉尔吉斯语、土库曼语、维吾尔语等）、蒙古语、满语、阿穆尔语，等等，还有很多学者（包括日、韩两国学者）主张将朝鲜语和日语也纳入这个语系，但是目前这还不是被普遍接受的结论。在欧洲和美国，对乌拉尔 - 阿尔泰语言与文化的研究重点一直在操突厥语诸族上，也就是构成中亚地区人口主体的各民族。

2　Committee on Uralic and Altaic Studies, "Report on Uralic and Altaic Studies," September 30, 1958.

3　Nicholas Poppe, ed. , *American Studies in Altaic Linguistics*（Bloomington, Indiana University Press, 1962）. 有关美国当时在阿尔泰学领域的地位的评论，可参此书中的第一篇文章：Nicholas Poppe, "Altaic Studies in the United States," p. 1。

款经费"[1]）后，从英国的剑桥大学邀请到了匈牙利籍的著名阿尔泰学家、前面已经提到过的丹尼斯·塞诺，并在第二年成立了全美第二个乌拉尔—阿尔泰学系（Department of Uralic and Altaic Studies）。在塞诺的主持下，印第安纳大学的中亚学在此后几十年里获得迅速发展，成为美国学界在此领域内的领头羊[2]。

近20多年来，美国学术界的地区研究[3]领域兴起改名运动，以抛弃殖民时代遗留下来的一些不合适地理名称。比如，以前曾经反映西方中心主义的"东方"（Orient）和"远东"（Far East）概念逐渐就被"阿拉伯世界"（Arabic World）、"南亚"（South Asia）和"东亚"（East Asia）等概念取代。在欧亚内陆的研究领域，乌拉尔—阿尔泰学这个概念本身并没有欧洲中心主义的色彩，但是由于它忽略了曾经在该广大地区居住过的其他许多民族，比如，属于印欧语系和汉藏语系的诸民族，因此也逐渐被"欧亚学"（Eurasian Studies）这

1　第六款经费（Title VI funds），是美国从事国际研究的学者们最熟悉的术语之一。它指的是美国国会于 1958 年通过的《国防教育法案》（National Defense Education Act）中的第六款项。该法案是在苏联发射世界第一颗人造卫星的刺激下通过的，主要目的是鼓励与国防有关的教育和科研活动，而其第六款规定了要大力加强对外国语言和文化的研究。此后美国联邦政府用来支持外语教学和国际文化研究的款项多被学术界约定俗成地称为"第六款经费"。这个资助项目本来由联邦政府的国防部负责运作，但是后来转由教育部管理，欲了解其简史，可参美国教育部的网站：http://www2. ed. gov/about/offices/list/ope/iegps/history. html（2016 年 12 月 8 日访问）。亦可参 Patrick O'Meara, et al. , eds. , *Changing Perspectives on International Education*（Bloomington:Indiana University Press, 2001）, pp. 1-48。

2　Sinor 对印第安纳大学和美国学术的贡献，可参 "Denis Sinor and Central Eurasian Studies," 可从印第安纳大学网站上获取：http://www. indiana. edu/~ovpia/ovpia/newsletter/Spring2008/sinor. pdf（2016 年 12 月 8 日访问）。

3　作为美国学术概念的"地区研究"（area studies）实际上是指对美国以外（尤其是非西方的）的国家和民族的研究，而不是指对美国境内各地区的研究。参 David L. Szanton, "Introduction:the Origin, Nature, and Challenges of Area Studies in the United States," in David L. Szanton, ed. , *The Politics of Knowledge:Area Studies and the Disciplines*（Berkeley:University of California Press, 2004）, pp. 1-34。

个概念取代。目前,印第安纳大学的乌拉尔—阿尔泰学系已经改名为欧亚内陆研究系(Department of Central Eurasian Studies)。该校目前还有以塞诺命名的内亚研究所(Sinor Research Institute for Inner Asian Studies),负责协调该校各系科之间的内亚研究项目,组织一系列旨在提高社会公众对内亚兴趣和认知的活动,并出版一些学术刊物和专著。在印第安纳大学以外,哈佛大学是另外一个重要的欧亚内陆研究中心。与许多其他学校一样,在哈佛大学的学术史上,对近现代中亚的研究长期依附于苏俄研究,是后者的一部分,其原因当然是在1989年以前,中亚的大部分长期属于苏联。1948年,哈佛大学在卡内基基金会的资助下成立了俄国研究中心(Russian Research Center)[1],其研究的范围也包括中亚。苏联解体以后,该中心被改名为"戴维斯俄国与欧亚研究中心"(Davis Center for Russian and Eurasian Studies)。1995年,该中心又成立了"中亚及高加索项目"(Program on Central Asia and the Caucasus)[2],这是美国第一个培养研究现当代中亚五国人才的研究生计划。除此之外,哈佛大学还有一个主要从事中亚传统文化和语言研究的委员会,这就是建立于1972年的内亚与阿尔泰研究委员会(Committee on Inner Asia and Altaic Studies)。这个机构的主要职能是提供博士研究生教育,以培养相关领域的高级研究人才和师资力量。其课程涵盖的地域远远超过苏联的中亚五国,还包括西伯利亚、中国东北、蒙古、新疆、广义的西藏、甘肃和阿富汗、巴基斯坦等地[3]。过去40年里,印第安纳大学和哈佛大学向美国的很多大学提供了中亚

---

1 可参该中心网页上的介绍:http://daviscenter. fas. harvard. edu/about-us/history(2016年12月8日访问)。

2 http://daviscenter. fas. harvard. edu/research/targeted-research(2016年12月8日访问)。

3 详情可参该委员会网页:http://iaas. fas. harvard. edu(2016年12月5日访问)。

研究的师资力量。尽管从总体来说中亚研究在美国的规模还无法跟东亚研究相比，但是不少学校都有 1 ~ 2 个教授或讲师提供中亚语言的训练和历史文化课程。

需要指出的是，美国乃至整个西方的中亚学的主流派学者是从接受乌拉尔—阿尔泰语言学训练开始他们的学术生涯的，还有为数不少的基本属于汉学（或中国学）[1]阵营的学者也对中亚研究的进展做出了突出的贡献。造成这种现象的根本原因是对中亚历史文化的研究，除了要利用 19 世纪末和 20 世纪初在新疆等地发现的手稿外，在相当程度上还依赖于中文古籍对中亚的记载和描述。比如，古代中亚历史的大框架和年表，必须靠中文史料（二十四史里面的西域传、地理志以及法显、玄奘、丘处机等人留下的西行记等）才能得到复原。早年到中亚新疆等地探险考察的西欧学者中，不少人如法国的伯希和就是著名的汉学家，他们早就让西方学者了解到汉文资料对中亚学的重要性。前面已经提到的劳费尔的汉学功底也非常深厚，他的著作揭示了古代汉语通过中亚与印欧语系发生接触和互相影响的事实。在 20 世纪 30 年代末，一个年轻的美国汉学家欧文·拉蒂摩尔（Owen Lattimore，1900–1989）出版了影响深远的《中国的内亚边疆》[2]，进一步加深了西方研究中亚的学者对汉文史料价值的认识。二战结束以后，美国汉学界对亚欧内陆的兴趣延续下来，不少著名的汉学家都试图用古汉语资料为此领域做出贡献。比如，前不久刚去世的以研究中古时代中国历史和古汉语著称、长期

1 　与"汉学"一词相对应的英文词是 sinology。在美国，这个词目前渐渐地被"中国学"（Chinese Studies 或 China Studies）这个术语取代，后者带有更多的当代社会科学和跨学科的性质。不过大多数研究前现代中国的学者仍然不反对（有些甚至热衷于）将自己标志为"汉学家"（sinologist）。与日语的"支那学"一词不同，sinology 并不带歧视意味。

2 　Owen Lattimore, *Inner Asian Frontiers of China*（New York:American Geographical Society, 1940）.

在加拿大的不列颠哥伦比亚大学（University of British Co-
lumbia）执教的蒲立本（Edwin G. Pulleyblank，1922–2013）
就对中亚历史有持久的兴趣，并在晚年出版了《中亚以及古
代中国的少数民族》一书[1]。笔者本人在美国留学期间的导师、
任教于宾夕法尼亚大学（University of Pennsylvania）的梅
维恒（Victor H. Mair，1943– ）也是许多对中亚研究做出杰
出贡献的美国汉学家中的一位[2]。

　　至于美国的西藏研究，最大的转折点发生在1959年，也
就是达赖喇嘛及其追随者从西藏出走到印度的那一年。那次历
史事件以后，美国政府和民间基金会均加强了对西藏研究的资
助。光是洛克菲勒基金会就一口气在欧洲和美国的八个大学和
研究所建立了西藏研究项目[3]。其中位于西雅图的华盛顿大学的
西藏研究中心办得最为成功，该校的藏学项目主持人是威利
（Turrell V. Wylie，1927–1984），他成功地将一些西藏籍僧侣
和学者引入美国，在华盛顿大学教授西藏语文等课程，为美国
藏学的后续发展培养了一批急需的博士生[4]。在此后几十年里，
陆续有更多的居印藏人和僧侣移民美国，在美国多地建立寺院
或西藏文化中心，并与当地的大学合作开设西藏语言和文化的
课程。

　　总体来说，目前美国的西藏研究实力和水平远远超过中

1　Edwin G. Pulleyblank, *Central Asia and Non-Chinese Peoples of Ancient China*（Alder-
　　shot:Ashgate, 2002）.

2　梅维恒出版过大量有关中亚、南亚、中西文化交流以及敦煌学的论文和专著。在中国学术
　　界影响比较大的有《绘画与表演》（*Painting and Performance:Chinese Picture Recitation
　　and Its Indian Genesis*, Honolulu:University of Hawaii Press, 1988）。

3　Ramon N. Prats, "Preface," in *The Pandita and the Siddha:Tibetan Studies in Honour of
　　E. Gene Smith*（Dharamshala:Amnye Machen Institute, 2007）, p. v.

4　Andrew Miller, "Turrell V. Wylie," *Journal of the International Association of Buddhist
　　Studies*, 9.1（1986）, 150-152. 威利对西方藏学的一大贡献是改进了藏文的拉丁文转写
　　法，该法现在仍为西方藏学界和图书馆界所使用。

亚研究。尽管在威利去世以后，华盛顿大学的藏学项目后继乏人，但是在许多其他学校，藏学研究相当兴盛。除了少数几个学校有西藏研究所或者中心外，藏学教授一般归属于南亚、东亚、人类学、历史学或者宗教学系。作为中亚学重镇的印第安纳大学也有很强的藏学队伍，其欧亚内陆研究系陆续出了一些重要学者，比如，白桂思（Christopher Beckwith，1945– ）[1]就是研究吐蕃时代西藏的领军人物。自 20 世纪 60 年代以来，美国的西藏协会（The Tibet Society）也一直以该校为基地展开活动[2]。与印第安纳大学一样位于美国中西部的另外一个重要的公立高等院校——威斯康星大学麦迪逊分校（University of Wisconsin-Madison）也为美国的藏学研究培养了不少人才。该校的藏学项目隶属于南亚研究之下[3]。在美国的南方，弗吉尼亚大学（University of Virginia）从 20 世纪 70 年代起迅速成为美国研究西藏的另外一个重镇，它的西藏中心（Tibet Center）成立以后一直非常活跃[4]，不仅提供学术训练，还提供与西藏有关的各种文化活动。另外一个也在南方的爱默里大学（Emory University）最近也在开展与西藏有关的学术活动[5]。在东北部，哈佛大学一直是一个培养藏学人才的中心，此外，哥伦比亚大学也有多年的藏学传统。2004 年，哥伦比亚大学的东亚研究所接受了来自亨利·鲁斯基金会（Henry Luce

---

1 其简历可参该校网站：http://www. indiana. edu/~csres/faculty/beckwith_christopher. php（2016 年 12 月 8 日访问）。

2 详情可参该协会曾经编辑出版过的三种刊物：即协会的通讯（*The Tibet Society Newsletter*）、通报（*The Tibet Society Bulletin*）以及学报（*Journal of the Tibet Society*）。但是目前均已停刊。其学报的全文可以从互联网免费获取：http://www. digitalhimalaya. com/collections/journals/jts/index. php（2016 年 12 月 8 日访问）。

3 该校南亚中心的网页:http://southasia. wisc. edu（2016 年 12 月 8 日访问）。

4 可参考该中心的网页：http://www. uvatibetcenter. org（2016 年 12 月 8 日访问）。

5 可参看该校与西藏合作项目的网页：http://tibet. emory. edu/index. html（2016 年 12 月 8 日访问）。

Foundation）的一笔高达 300 万美元的资助，建立了现代西藏研究项目（Modern Tibetan Studies Program）[1]。除了上述这些学校以外，耶鲁大学、纽约州立大学（State University of New York）、密歇根大学（University of Michigan）、科罗拉多大学（University of Colorado）、斯坦福大学（Stanford University）、不列颠哥伦比亚大学以及其他一些美国和加拿大大学目前也有专门从事西藏研究的教授，他们中的不少也是卓有成就的。显然，尽管从事藏学研究的师资力量在多数北美大学校园里跟东亚研究无法相比，但是综合起来看，也呈现出遍地开花的局面，成为北美地区研究领域的一个重要分支。目前在整个西方世界，北美地区的藏学也是属于领先的，尤其是在一些非语言学的研究方向上。

最后简要介绍一下北美学术机构对中亚和西藏研究资料的搜集情况。上面已经提到，美国在 19 世纪末 20 世纪初的中亚探险浪潮中基本缺席，因此此后几十年推动欧洲中亚学和藏学发展的一些重要资料，比如，斯坦因、伯希和从新疆和河西走廊带回欧洲的各种古代中亚文手稿及吐蕃占领敦煌时期（公元 8~9 世纪）留下的大量古藏文资料，还有俄国人从额尔济纳河下游的哈拉浩特（黑水城）遗址获取的西夏文文献，等等，美国学者均难以利用（在文献缩微技术普及以前尤其如此）。但是，在 19 世纪末以前，美国的工业化已经基本完成，经济实力已经占全球首位。在 20 世纪上半叶，财力雄厚的北美新兴富有阶层和各种公私机构通过各种渠道从国际上采购了不少中亚、西藏和古代丝绸之路的艺术品。比如，位于美国首都华盛顿、全美收藏亚洲艺术品最多的国立弗里尔和赛克勒博物馆

---

1 详情可见哥大东亚研究所的网站：http://www. columbia. edu/cu/weai/modern-tibet-an-studies. html（2016 年 12 月 8 日访问）。

（Freer and Sackler Galleries），就是从 20 世纪初位于底特律的一个火车车厢制造商的私人收藏品起源的[1]，里面有大量价值不菲的中亚和西藏艺术品。此外，位于纽约市的大都会博物馆（The Metropolitan Museum of Art）、旧金山市的亚洲艺术博物馆（Museum of Asian Art）、多伦多市的皇家安大略博物馆（Royal Ontario Museum）等许多美国和加拿大的博物馆都有大量的此类艺术品，比如，犍陀罗风格的雕像、新疆各石窟的壁画残片、中亚草原民族的动物风格装饰件和马具，等等。所有这些艺术品，至今还是研究中亚、西藏和丝绸之路历史的重要原始材料。除了艺术品，还有一定数量的古代手稿也流传到了美国，包括敦煌和吐鲁番文书[2]。

第二次世界大战结束以后，随着中亚和西藏研究在北美迅速发展，相关的文献收藏工作也大大加快了。本文中提到的一些研究重镇基本上都设立了自己的特藏。而缩微技术的普及，使北美的学者可以便利地利用收藏在欧洲各机构的原始文献资料。有一些美国大学建立了专门的中亚学资料室。比如印第安纳大学的欧亚内陆研究系就有自己的图书资料室，笔者本人曾于三年前参观过这个位于美国中西部乡下小城的特色资料室，发现它尽管已经书满为患，但是收藏得确实非常齐全，尤其是俄文书刊的完整程度[3]，甚至是位于东岸的那些名校难以企

1　有关这两个合为一体的亚洲艺术博物馆的简史，可参看其网页：http://www. asia. si. edu（2016 年 12 月 8 日访问）。

2　比如普林斯顿大学（Princeton University）的东亚图书馆就藏有一些敦煌吐鲁番文书，见 Huaiyu Chen, "Chinese Language Manuscripts from Dunhuang and Turfan in the Princeton University East Asian Library," *East Asian Library Journal*, 14.2（2010），1-208.

3　由于中亚五国长期隶属于俄国和苏联，而且俄语至今仍是其学术界的通用语言，因此俄文资料对研究该地区来说是极为重要的。比如说，对中亚地区的古代文化遗址进行的考古发掘报告，在 20 世纪末以前几乎全都是用俄文发表的。近年来陆续有一些美国大学（比如宾夕法尼亚大学和哈佛大学）派出考古队参加合作挖掘工作，但是双方的工作语言和成果的发表主要还是用俄语。

及的。随着藏学研究在北美各地的开展，各校也开始注重对于西藏文献的搜罗。不过自 1959 年后，美国收藏的藏文资料的绝大多数出自印度的达兰萨拉（Dharamshala），也就是达赖喇嘛及其追随者出逃中国以后居住的地方。谈到这些藏文资料的搜集工作，就不能不提及美国的国会图书馆和藏学家金·史密斯（E. Gene Smith，1936~2010）。

国会图书馆在二战结束以后美国"地区研究"的发展过程中扮演了一个非常关键的角色。该馆在世界各地[1]建立了采购办公室负责进口各国的书刊资料。这几个办公室不仅为国会图书馆服务，同时也替美国各大学图书馆采购外文资料。由于美国的学术图书馆普遍缺乏懂得世界各国语言的人才[2]，因此国会图书馆的采购（以及编目）服务保证了它们也能获得支持校内教学和研究所需的外文资源。来自达兰萨拉的藏文资料多半是由国会图书馆在印度新德里的办公室采购的，金·史密斯曾长期在该办公室任职。他出生于犹他州的一个摩门教徒家庭，20世纪50年代至60年代初，在西雅图的华盛顿大学学习了中、蒙、藏等语言，并逐渐将其学术兴趣确定在西藏研究上。当时美国研究西藏的学者和学生都痛感藏文资料的缺乏，使得教学和研究工作很难进行。史密斯拿到博士学位后，于 1965 年到达印度，跟达兰萨拉的一些藏学家继续学业。1968 年，他受雇于国会图书馆在新德里的办公室并于 1980 年被任命为主任。在新德里工作的 19 年里，史密斯获得美国联邦政府的资助，将数以千计的西藏文献用现代方式印刷出来，并将它们发

1　具体而言是埃及的开罗、巴基斯坦的伊斯兰堡、印度的新德里、印度尼西亚的雅加达、巴西的里约热内户、肯尼亚的内罗毕。详情可参国会图书馆的相关网页：http://www. loc. gov/acq/ovop（2016 年 12 月 8 日访问）。

2　在美国大学图书馆里，只有欧洲语言和东亚语言的资源采购基本上是由各馆独立进行的，因为各馆多数有所需的语言人才。

送到北美以及世界各地的学术图书馆，使得全世界的藏学家有了学习、研究西藏语言和文化的基本资料，同时也抢救了大量保存不佳、濒临灭绝的藏文文献。20世纪90年代末，从国会图书馆退休后，史密斯在纽约市创办了西藏佛教资源中心（Tibetan Buddhist Resource Center）。由于他的终生贡献，史密斯在全世界的藏学界享有极高的荣誉[1]。在他生前的最后十年里，史密斯与中国大陆的一些藏学机构也建立了联系，并向西南民族大学等机构捐赠了不少藏文资料。史密斯去世后，西南民大的民族文献研究中心将其文献馆以金·史密斯命名。

目前在北美地区的大学图书馆里，哈佛、哥伦比亚、密歇根、印第安纳、弗吉尼亚、威斯康星、华盛顿、伯克利等校都有相当可观的藏文收藏。个别学校比如哥伦比亚和弗吉尼亚还有专门的藏文图书馆员或专家负责采购和编目等工作。近十年来，位于纽约的西藏佛教资源中心展开了大规模的藏文文献数字化工作，在该中心的英、藏、汉三语网站上已经可以免费获得大量藏文资料[2]。另外一个从事藏文文献数字化工作的是西藏与喜马拉雅图书馆（The Tibetan and Himalayan Library）[3]。该馆尽管有独立法人地位，但是其主要的工作是在弗吉尼亚大学图书馆的支持下开展的。

但是总的来说，北美的大学图书馆收藏中亚和藏文资源的工作仍然面临诸多的挑战。缺乏拥有足够语言知识的工作人员当然是最大的困难。藏文的情况还相对好些，要搜集中亚的

1　经常发表美国文化名人逝世讣告的《纽约时报》在史密斯去世后也发表了讣告，对其生平也有详细的介绍：Margalit Fox, "E. Gene Smith, Who Helped to Save Tibetan Library Canon, Died at 74," *New York Times*, December 28, 2010, http://www. nytimes. com/2010/12/29/world/asia/29smith. html（2016年12月8日访问）。

2　http://www. tbrc. org（2016年12月8日访问）。

3　http://www. thlib. org（2016年12月8日访问）。该网上图书馆前几年被称作 The Snowland and Himalayan Digital Library（雪域与喜马拉雅数字图书馆），后改今名。

各种语言文献，比如维吾尔语、哈萨克语、乌兹别克语和土库
曼语的文献，困难就大得多。个别学校偶尔会有一些图书馆
工作人员懂一两门这些语言。比如我以前在密歇根大学图书馆
工作时，就有一位出生在土耳其的同事，她能够看懂维吾尔文
书籍[1]，因此我得以从中国采购一批维文书籍，并请她编目。但
是这样的运气当然是可遇而不可求的。在 2012 年的美国东亚
图书馆协会的年会上，笔者做了一个简短的报告，讨论在美国
搜集中国境内少数民族文字资源时遇到的各种困难以及可能的
解决方法[2]。笔者个人认为，随着数字化时代的到来、各大学图
书馆间的合作不断加强，以及图书供应商提供的服务日益全面
化，解决这些困难的办法还是现实存在的。

---

1 突厥语系诸语言（Turkic languages）之间的相似度很大，因此母语为土耳其语的人可以
   轻易听、读懂维吾尔语。
2 Jidong Yang, "Collecting Non-Chinese Materials from China:Needs, Methods, and
   Issues," presentation at the annual meeting of the Council on East Asia Libraries, Toronto,
   March 15, 2012.

梵蒂冈图书馆馆藏中国周边国家古代写本文献

余 东[1]

摘 要：

梵蒂冈图书馆馆藏中国周边国家古代写本文献主要来自于印度次大陆、印度支那半岛、印尼群岛和东北亚地区，时间跨度主要集中在 17 世纪和 18 世纪。根据不同的来源，它们被汇集在不同的收藏里。这些文献的内容涉及广泛，包括教会史、原住民宗教、文学、字典等，用不同的语言文字写成：安南语、巴塔克语、缅甸语、印地语、日语、爪哇语、高棉语、孔卡尼语、韩语、老挝语、马拉巴尔语、马来语、马拉雅拉姆语、蒙语、尼泊尔语、尼瓦尔语、巴利语、普拉克利特语、梵语、暹罗语、僧伽罗语、泰米尔语、泰卢固语、藏语、乌尔都语等，其载体主要是纸张，另外有贝叶，还有刻文字的金属板。

梵蒂冈图书馆还藏有上万件日本 17 世纪的写本文献，由慈幼会传教士 Mario Marega 在日本收集，并于二战期间运往罗马。目前图书馆正开始对这批文献进行整理、数字化和编目。

关键词：

梵蒂冈图书馆 写本—南亚 写本—东南亚 写本—日本东西文化交流

---

1 余东，梵蒂冈图书馆东方文献负责人。

一 收藏历史简介

众所周知，梵蒂冈图书馆本质上是罗马教宗的私人图书馆。它汇集了有史以来人类的精神财富和文化宝藏。历史上的宗座图书馆可追溯到教会建立初期教宗专用的学习室和藏书室。现代宗座图书馆由人文主义学者 Tommaso Perentucelli 即教宗尼古拉五世（Nicholas V，在位时期 1447~1455年）重建。他在位的七年里收集了约 1300 件写本，并任命了首任宗座图书馆馆长 Giovanni Tortelli，由此梵蒂冈图书馆成为西方世界最大和最重要的藏书机构之一。自建馆伊始尼古拉五世就要求这个新的图书馆具有两个特色：第一，必须是"为有学问的人的共同利益"而开放；第二，必须具有"普世"的性质。

第一个要求具体意味着，该图书馆不是像之前的宗座图书馆，仅提供给罗马教廷各办公室使用，而是将对一般学者开放。第二个特色意味着图书馆的藏书必须响应知识的"普遍性"。普遍性主要表现在两个方面，首先是寻求普遍感兴趣的科目，比如其藏书不能像当时欧洲大学的那些大图书馆那样，仅局限于神学或法律方面，而是对人类知识的所有领域都兼容并蓄，包括文学领域（甚至是非基督教的拉丁文和希腊文的经典文献）和科学领域（如医学、天文学、数学文献）。"普遍性"的第二个方面反映在藏书的各种文字上：最开始图书馆搜集由拉丁文和希腊文写成的书籍，这是当时欧洲学界和文化界的两种主要语文（而之前的阿维尼翁教宗图书馆藏书里只有拉丁文文献）；在此两种文字之上很快加上希伯来文，之后又增加了很多其他种语文，从欧洲的白话文字到地中海沿岸及近东的文字，然后是远东的印度、日本和中国文字。

自此几个世纪以来梵蒂冈图书馆保持其一贯之原则，持续不断地接待来自世界各地的学者，依据同样的标准丰富充实其收藏。随着时间的推移，它搜集材料的品种也更丰富：在写本书籍的基础上增加了档案资料、印刷书籍、素描、版画、地图、艺术品、纪念章和硬币。

梵蒂冈图书馆自建馆起就拥有由各位教宗收集而来的丰富的写本收藏。随着几百年时间的推移，来自不同渠道的重要收藏不断加入进来，有来自教宗的个人藏书，来自王室或私人的图书馆（如瑞典克里斯汀女王图书馆、乌尔比诺公爵图书馆、海德堡的帕拉汀图书馆等）。目前梵蒂冈图书馆总计藏有 82000 种不同文字的写本，100000 个存档单元的档案资料，1600000 本纸质书（其中有 8700 部摇篮本书），400000 枚硬币和勋章，100000 张版画、绘画和印版以及浮雕作品，150000 张照片，保存着从基督纪元最初数世纪至今的人类历史和思想、艺术和文学、数学与科学、法律与医学领域的大量文献资料，涵括从远东到哥伦比亚之前的美洲西部等地区的多种语言和文化，以及具有极高价值的人文背景资料。

上述这些大量的收藏里，中文收藏共约 7000 种（包括逾 2000 种中国古籍善本），以及 200 多件已经记录在案的中国周边国家的古文献写本。没有包括在内的是上万件正在整理的日本 17 世纪的写本文献。

虽然梵蒂冈教廷与东方国家的外交关系上溯自 13 世纪，梵蒂冈档案馆（Archivio Segreto Vaticano）收录有相关的文献反映当时教廷和一些东方君主的书信往来，如 1246 年由成吉思汗之孙贵由汗（Khan Guyuk, *c.* 1206–1248，在位 1246~1248 年）从喀喇昆仑（Karakorum）寄给教宗英诺森四世（Innocenzo IV）的信[1]。但梵蒂冈图书馆第一次对其所藏东方语种文献的记录仅开始于 1481 年[2]，而有关其中国及远东文献收藏的最早记载则更是推迟到 16 世纪下半叶。大英图书馆（British Library）有一册法文写本，是法国奥尔良年轻的考古学家和人文主义者 Nicolas Audebert（1556–1598）记录他在 1574 年至 1578 年间在意大利的旅行日记[3]，其中讲到在梵蒂冈图书馆看到一件《中文字母表》（*Alfabetum Idiomatis de Cina*，

1　见 G. Levi Della Vida, *Ricerche sulla formazione del piu antico fondo dei manoscritti orientali della Biblioteca Vaticana*, Città del Vaticano 1939（Studi e testi, 92）, pp. 29-30, nt. 2;*Catalogo della mostra di manoscritti e documenti orientali tenuta dalla Biblioteca Apostolica Vaticana e dall'Archivio Segreto nell'occasione del XIX Congresso internazionale degli Orientalisti*, Città del Vaticano 1935, pp. 13-14.

2　当年的目录著有 22 件阿拉伯文写本文献。见 Levi Della Vida, *Ricerche* cit. , p. 31。

3　"Voyage d'Italie", British Library, *Lansdowne* MS 720, ff. 275-277. Lino Pertile 把对此写本及对其著者的鉴定等相关的研究成果详细地列在他的一篇长文里。见 L. Pertile, "Un umanista francese in Italia:il Voyage d'Italie（1574-1578）di Nicolas Audebert", *Studi mediolatini evolgari* 21（1973）:90-214. 大英图书馆这本旅行日记写于十六世纪，但直到近三百年后才有人开始对它研究。首先是 1880 年 Jean Paul Richter 的文章，见 J. P. Richter, "Ueber Kunst, Archtaäologie, und Cultur in Italien. Nach zwei unedirten französischen Reiseberichten des 16. Jahrhunderts", *Repertorium für Kunstwissenschaft*, vol. III（1880）:288-300; 七年后对其著者的首次鉴定:1887 年 Pierre de Nolhac 依据 Audebert 父子（Nicolas 和他的父亲 Germain, , 1518-1598, 律师和人文主义者，因其所吟歌咏意大利的拉丁文诗而著名）在作 Nicolas 意大利之行的准备工作期间以及旅行结束之后与几位意大利和法国作家（包括学者和藏书家 Fulvio Orsini, 1529-1600）之间的通信往来，在没有直接参阅旅行日记写本原件的情况下认定其作者就是 Nicolas. 见 P. de Nolhac, "Nicolas Audebert, archéologue orléanais", *Revue Archéologique*, III serie, X（1887）:315-324. 梵蒂冈图书馆藏有两封 Germain Audebert 在 1585 年从奥尔良写给 Orsini 的信（*Vat. lat.* 4104, ff. 219r, 229r）, 和四封 Nicolas 在 1583-1586 期间分别从巴黎和奥尔良写给 Orsini 的信（*Vat. lat.* 4104, ff. 102r, 174r, 237r, 254r）. 在前人的研究基础上，旅行日记的校订批判版分两册在二十世纪八十年代初出版，见 N. Audebert, *Voyage d'Italie*, a cura di A. Olivero, Roma 1981-1983（Viaggiatori francesi in Italia, 1-2）. 近期的研究成果中还包括:M. T. Guerrini, "La pratica del viaggio di istruzione verso i principali centri universitari italiani nel Cinquecento", *Storicamente*, 2（2006）, http://www.storicamente. org/02guerrini. htm（2016 年 12 月 21 日）; 日本学者高天凯雄（T. Takata）近期的文章 *A note on the 16th century manuscript of the "Chinese Alphabet"*, http://www.zinbun. kyoto-u. ac. jp/~takata/newtakata. pdf（2016 年 12 月 21 日）。

有翻译为《中文方言手册》），收藏在第三阅览室[1]。文艺复兴時期著名法国作家蒙田（Michel de Montaigne，1533—1592）在其《旅行日记》中记载有 1581 年 3 月 6 日他对梵蒂冈图书馆的访问，在这里蒙田看到的十件"宝贝"中，有一册中文书[2]。

梵蒂冈图书馆自 1450 年前后对学者开放始，收藏不断扩大，一个世纪之后成为欧洲收藏最丰富的图书馆，位于古老的 15 世纪建筑内的空间已不能满足图书馆对其藏书有系统地存放。1590 年新的图书馆建成并使用至今。

图 1　*Disegni. Generali.* 2, 西斯廷大厅（View of the Sistine Hall）水彩画，Vincenzo Marchi（1818—1894）作于 1860 年

1　经本文作者对照，可以肯定 Audebert 所抄写的这件汉字和拉丁字母注音的 "Alfabetum Idio-matis de Cina" 的原件为今 *Vat. estr. -or.* 66, f. Vr. 这本册子在教宗 Urbano VIII（1623-1644）和枢机馆员 Francesco Barberini（1626-1633）在位期间被用羊皮纸重新装订，封面和封底又贴上绿色羊皮纸，并分别盖上教宗和枢机馆员的纹章。重订时 f. V 这叶纸和另外一叶用西方墨水写的中文数字的拉丁字母注音但无汉字的 "Numero di la china" 被订在卷首正文之前（初衷为卷末正文之后。这是延续至今的粘接写本卷内散叶的装订习惯。但由于不懂文字，装订时全部正文部分的上下前后都装反）。参见 C. D. Yu, "Sulla presenza di testi cinesi in Vaticana nel Cinquecento:Nicolas Audebert e il *Vat. estr. -or.* 66", *Mi-SCELLANEA BIBLIOTHECAE APOSTOLICAE VATICANAE*, XXI（Studi e testi 496），Città del Vaticano 2015, pp. 559-595.

2　中文书当为原书号为 *Vat. lat.* 3771 今为 *R. I. III.* 332 的《事林廣記》，或原书号为 *Vat. lat.* 3772, 后为 *I. Racc. III.* 333, 今为 *Vat. estr. -or.* 66 的《纂賓治通鑑節要》。这是当时图书馆通常向参观者展示的两件中文宝藏。蒙田看到的另一件东方文献是埃及纸莎草纸，其原书号应为 *Vat. lat.* 3777. 参见上注；参见 M. de Montaigne, *Journal de Voyage de Michel de Montaigne en Italie, par la Suisse & l. Allemagne en 1580 & 1581*, Paris 1774, p. 147. 此书中文译本题名 "蒙田意大利之旅" 已由上海书局出版。

图书馆从旧址迁到新馆的工作始于 1596 年，与此同时对其所藏文献进行系统的整理，按内容和著者重新排架给序号，统一著录。拉丁文献所给的序号是 *Vat. lat.* 1–4888，其中包括当时数量很有限的东方语种文献。这些近五千件的拉丁写本收藏通常被称为梵蒂冈图书馆的旧藏（Fondo antico）。具体做这项工作的是当时的两位图书管理员 Domenico（1555–1606）和表弟 Alessandro Ranaldi（?–1649）[1]。两位图书管理员给的这批序号一直沿用至今，仅非拉丁语种的东方文献被转移进后来陆续设立的特定的收藏。当时图书馆还专门集中了一组有精致插图的拉丁文写本以及一小组所谓的"异国情调写本"作为镇馆之宝向好奇的访客展示，这一小组异国情调写本编号为3771–3778[2]，共 8 件，包括两件中文（3771 和 3772），一件印度文（3773，实际上是彩绘在鹿皮上的墨西哥写本，今著名的Codex Mexicanus Vaticanus）[3]，一件波斯文（3774），两件阿拉伯文（3775 和 3777。其中[4]，一件日文（3776，实际上是泰米尔文贝叶经，今 *Vat. ind.* 38）[5]，一件撒玛利亚文（3778，实际上是梵文贝叶经，今 *Vat. ind.* 39）[6]。这 8 件"异国情调的写本"著录

---

1 *Storia della Biblioteca apostolica vaticana. II, La Biblioteca vaticana tra Riforma cattolica, crescita delle collezioni e nuovo edificio（1535-1590）*, Città del Vaticano 2012, p. 312; *Guida ai fondi manoscritti, numismatici, a stampa della Biblioteca Vaticana*, Città del Vaticano 2011, I, pp. 623-624.

2 Levi Della Vida, *Ricerche* cit. , pp. 168-169; C. D. Yu, *Sulla presenza di testi cinesi*, cit. , pp. 581-584.

3 时间为哥伦布发现新大陆前。为现世仅存的 6 件发现新大陆之前的美洲文献之一。此书可能在发现新大陆不久即入藏梵蒂冈图书馆。参见 *Quinto centenario della Biblioteca Apostolica Vaticana 1475-1975:catalogo della mostra*, [Città del Vaticano] 1975, pp. 49-50（num. 128）.

4 3777 为古埃及纸莎草纸）3777 号文献目前和后入藏的一些纸莎草纸收藏在一起，书号 *Pap. Vat. dem.* 1. 参见 *Quinto centenario* cit. , p. 50（num. 129）。

5 可能来自于海德堡的帕拉丁图书馆。帕拉丁图书馆藏书于 1623 年进入梵蒂冈图书馆收藏。

6 来自于 Fulvio Orsini（1529-1600）图书馆。Orsini 图书馆全部藏书于 1602 年进入梵蒂冈图书馆收藏 . 见 Levi Della Vida, *Ricerche* cit. , p. 169, nt. 1。

在 Domenico Ranaldi 始作于 1595 年至 1596 年间，由不同人抄写，Alessandro Ranaldi 标注新的书号，并标注在以后年间不断补充的拉丁文献目录草稿中[1]（见图 2）。

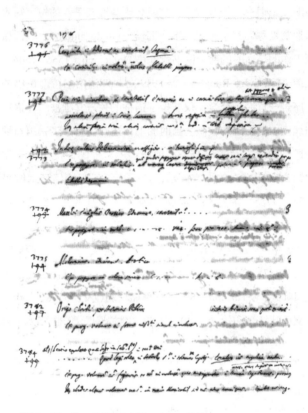

图 2　*Vat. lat.* 6949, f. 169v, *Armarij librorum paruorum Camerae ultimae Secrae.*

注：自 153 叶正面至 204 叶反面著录的是小尺寸的书

1　*Vat. lat.* 6949. 参见 J. Bignami Odier, *La bibliothèque Vaticane de Sixte IV à Pie XI:recherches sur l'histoire des collections de manuscrits*, Città del Vaticano 1973（Studi e testi, 272）, p. 93, nt. 70;P. Petitmengin, "Recherches sur l'organisation de la Bibliothèque Vaticane à l'époque des Ranaldi［1547-1645］..." Mélanges d'Archéologie et d'Histoire, 2 (1963): pp. 591-592. 感谢我的同事拉丁文献专家 Antonio Manfredi，他多年前首次向我谈及这本目录草稿对中日文文献的著录。

籍，收藏在图书馆新馆的末密室的书柜里（图书馆搬到新馆后，拉丁文献被重新分类分藏三室：Salone Sistino 西斯汀大厅，Prima Secreta 首密室，Ultima Secreta 末密室）。此面著录的 8 份文献书籍藏在末密室的第 14 号书柜，书的编号分别为 195, 196, 192, 193, 194, 197, 199, 200;Ranaldi 给的新的编号分别为 3776, 3777, 3773, 3774, 3775, 3782, 3784, 3785. 其中 3773-3777 为上述异国情调写本，其他 3 件（3782, 3784, 3785）均为拉丁文字的文献。叶面中间主体部分是对每件文献的描述；右面的带星号的阿拉伯数字为此文献在当时已存在的辅目录上的编号（至今尚不能确认是哪些目录。当时在梵蒂冈图书馆应该存在有不少的写本目录或书单，有些可能保存至今，有些可能已经遗失。当时的主目录是 1550 年 Ruano 目录）。

当时的馆藏东方文献远不止这 8 件[1]，但可以肯定，它们大都是在 16 世纪下半叶进入图书馆的[2]。另一同时期 Marino Ranaldi（?–1606）所做并由 Federico Ranaldi（?–1590）修改加注的东方文献目录草稿[3] 著录有 82 件东方写本，其中 1 ～ 51 号和 3 件无编号为阿拉伯文献，52 ～ 79 号主要为叙利亚文献，包括 15 件写于印度的叙利亚文写本。这 15 件写本

---

1 仅此拉丁文献目录手稿还著录了不同数量的各语种的其他东方文献，如另外 1 件印度文献（3738），2 件中文文献（3612 和 3802；其中 3802 被著录为日文），2 件日文文献（3800 和 3801），希伯来文献，等等。

2 Ranaldi 书号为 Vat. lat. 6949 的目录里标著有旧书号，上述这些文献有一些有旧书号并都带星号，表示在 1550 年 Ruano 编的目录里没有，但出现在某个辅目录里。辅目录具体是哪些至今不清楚，肯定的是上述文献都没有收在大约编于 1556 年的 Cervini 目录。另外一些没有带旧书号。所以可以说，它们大都是 1556 年至 1597 年之间入藏图书馆的，只有极少部分是 17 世纪初入藏，如上述印度文献 *Vat. lat.* 3778（今 *Vat. ind.* 79）。参见 J. Bignami Odier, *La Bibliothèque Vaticane* cit. , p. 52;p. 97, nt. 105.

3 *Arch. Bibl.* XV, ff. 86-88. 著于 1574 年前。另见 Levi Della Vida, *Ricerche* cit. , pp. 146-198.

大多由当时的首任印度主教 Mar Josef（1556–1569）抄写或收集于 16 世纪中叶并于 16 世纪 60 年代带到罗马[1]。

17 和 18 世纪来自于中国周边国家的写本文献收藏量不断增加。如上述两件贝叶经文献，即 1602 年入藏的 Vat. lat. 3778，以及另一件原书号为 Vat. lat. 3776，可能随 1623 年德国海德堡的帕拉丁图书馆藏书并入梵蒂冈图书馆[2]。1686 年馆里两位阿拉伯文献和叙利亚文献馆员 Abramo Ecchellense 和 Giovanni Matteo Naironi 所著目录，对当时馆藏的东方文献有更详细的描述[3]。此目录著录有叙利亚、科普特、阿拉伯、波斯、土耳其等不同文种的东方文献共 288 件。

Giuseppe Simon Assemani（1687–1768）[4] 计划全套出版当时图书馆所有写本的目录，共 20 卷：6 卷著录东方各种语文的写本，4 卷著录希腊文献，10 卷著录拉丁文献。对东方语种文献的著录他请了希伯来文、埃塞俄比亚文、科普特文、中文各方面的合作者[5]。最后的结果是，实际上只出版了 3 卷。Assemani 和他侄子 Antonio 所著目录的未出版部分的手稿保存在 *Vat. lat.* 13202，后来由 Angelo Mai 放在他的 *Scriptorum Veterum Nova Collectio* 里出版（Roma, 1831 年），但省略了手稿上原有的东方文字。在此目录的第二卷里，著录有 Assemani 时即有收藏的叙利亚文写本，并简短涉及印度和中

1　它们是 *Vat. sir.* 2, 3, 4, 17, 22, 45, 46, 62, 65, 85, 86, 87, 88, 89, 128. 见 Levi Della Vida, *Ricerche* cit. , pp. 177-184, 187. 在此之前的叙利亚文文献图书馆仅藏有 2 件 :*Vat. sir.* 9 和 15，均为 Elia Maronita 分别于 1518 和 1519 年在罗马抄写。见 Levi Della Vida, *Ricerche* cit. , pp. 133-139.

2　当时被认为是土耳其文献，实际为印度文献，今 *Vat. ind.* 38. 参见 Levi Della Vida, *Ricerche* cit. , p. 291, nt. 6, 319. 参见上注 11。

3　*Vat. lat.* 13201. 见 Levi Della Vida, *Ricerche* cit. , pp. 5-6.

4　梵蒂冈图书馆叙利亚文献馆员，1739 年被任命首席图书管理员（primo custode）直至去世。

5　Levi Della Vida, *Ricerche* cit. , pp. 2-3.

国来的写本文献（第 112 至 113 页）[1]。

20 世纪伊始两大重要图书馆藏书进入梵蒂冈，它们是巴贝里尼图书馆（Biblioteca Barberiniana）和传信部图书馆（Biblioteca della Congregazione de Propaganda Fide），两者都含有丰富的东方古代文献。1921 年藏书家 Giovanni Francesco De Rossi（1796–1854）的收藏进入梵蒂冈图书馆，其中含有大量的西方古版书，以及两件印度贝叶经。

二　不同的收藏单位

根据不同的来源，中国周边国家文献被汇集在不同的收藏里。

巴贝里尼东方文献收藏（Barberini orientali）[2]：共有 165 个文献号，来自巴贝里尼图书馆。它是由巴贝里尼家族创立于 17 世纪早期并在两个世纪内收藏大量增加的家族图书馆。这是个在 17 和 18 世纪很有势力的家族，出了很多的枢机主教和一位教宗，枢机主教里老弗朗西斯（Francesco Barberini senior，1597–1679）于 1626 ~ 1633 年是梵蒂冈图书馆的第十二任枢机馆员，其叔父是教宗乌尔班八世（Urbano VIII，1623–1644），两人对珍本善本的喜好和收集对其家族图书馆馆藏的快速增长起了决定性的作用。巴贝里尼图书馆的整馆藏书和书架于 1902 年由梵蒂冈图书馆收购。

巴贝里尼收藏里中国周边国家文献的文种有日文、马拉雅拉姆文、暹罗文、泰米尔文：日本文献大致 8 件（5 件

1　Levi Della Vida, *Ricerche* cit. , p. 4.

2　*Guida ai fondi manoscritti* cit. , pp. 348-351.

17 世纪日本天主教徒的信件[1]，2 件早期耶稣会木刻本[2]，1 件日本木匣[3]），泰米尔文献 1 件（*Barb. or.* 109），暹罗文献 2 件 [*Barb. or.* 151（5）a-b]，法属东京文献 1 件（Barb. or. 158）。

博尔加印度文献收藏（Borgiani indiani）[4]：共 71 件。原文献号共 74 号，但 *Borg. ind.* 15，17，24 被转移至"博尔加法属东京文献收藏"，新号分别为 *Borg. tonch.* 23，41，24。和其他博尔加收藏一样，它们都来自传信部图书馆，其原型是成立于 1627 年的乌尔班神学院图书馆（Biblioteca del Collegio Urbano），后来汇集了学者和收藏家 Stefano Borgia（1731–1804）由其家族继承下来并留给传信部的写本收藏（*Borg. ind.* 5，6，31，36，38，51，54，63，70）。Borgia 曾任传信部秘书（1770~1789 年）和部长（1802~1804 年），热衷于文献和考古物件的征集。他委托受传信部所派服务于世界不同地区的传教士收集当地文献和古董并送到罗马。所以这个收藏文献非常丰富，仅中国周边国家文献就包括不同文字的写本，有缅甸文、柬埔寨文、印第文、马拉雅拉姆文、尼泊尔文、巴利文、梵文、暹罗文、泰米尔文、藏文、乌尔都文等。此外，在"博尔加拉丁文献收藏"（Borgiani latini）中也有一定数量的和印度研究有关系的文献（*Borg. lat.* 524–525，532，534–537，569，583，632）。整个传信部图书馆的古代收藏于 1902 年进入梵蒂冈图书馆，其中中国周边国家的文献包括来自 Velletri 的博尔加家族博物馆（Museo Borgiano di Veletri）的 18 件，在今博尔加印度收藏和博尔加拉丁收藏；来自传信部的印度文

1　*Barb.* or. 152（1-5）.

2　*Barb.* or. 153A（1-2）.

3　*Barb.* or. 157.

4　*Guida ai fondi manoscritti* cit.，pp. 372-375，关于博尔加收藏的通史，pp. 356-360。

献 36 件，其中 12 件在今博尔加印度收藏里可以鉴别出来；另有 3 件（*Borg. ind.* 64，41，35）来自印度学家 Paolino da S. Bartolomeo（俗名 Johann Philipp Wesdin，1748–1806）；来自 Stefano Borgia 的遗产有 *Borg. ind.* 5，6，31，36，38，51，54，63，70。

博尔加暹罗文献收藏（Borgiani siamesi）[1]：共 2 件，均为 18 世纪教会文献。

博尔加法属东京文献收藏（Borgiani tonchinesi）[2]：共 41 件，为 18 世纪末 19 世纪初的文献，基本上为当时在安南传教的耶稣会士 Felippe do Rosario（Philipê Binh，1759–1832）所有。这批文献内容大多涉及宗教，也有安南历史（*Borg. tonch.* 1–2）、字典（*Borg. tonch.* 8，26）。另有一些文献来自原传信部长 Stefano Borgia（*Borg. tonch.* 29，32，35，或许 31）。

梵蒂冈远东文献收藏（Vaticani Estremo orientali）[3]：1922 年法国汉学家伯希和（Paul Pelliot，1878–1945）应邀来梵蒂冈图书馆整理远东文献。在他的指导下，图书馆汇总了当时散见于梵蒂冈收藏的远东写本文献，形成了这一特定收藏。它包含了梵蒂冈图书馆最古老的以及后来陆续入藏直到今天的远东文献，包括一定数量的中国周边国家文献，如 3 份 18 世纪和 19 世纪的安南文献（*Vat. estr. –or.* 12，24，36），1 份蒙文领洗指令（*Vat. estr. -or.* 25），15 件日本文献（*Vat. estr. -or.* 19，32，33，35，41A，48，57，64（1），82，83，84，

---

1 *Guida ai fondi manoscritti* cit. , p. 380;P. Pelliot, *Inventaire sommaire des manuscrits et imprimé chinois de la Bibliothèque Vaticane*, Kyoto 1995, p. 61.

2 *Guida ai fondi manoscritti* cit. , pp. 382-383. 其中 22 件：Vat. tonch. 1-21, 24 著录在 G. Schurhammer S. I. , "Annamitische Xaveriusliteratur" , *Sonderdruck aus Missionswissenschaftliche Studien*, Aachen, 1951, pp. 300-314。

3 *Guida ai fondi manoscritti* cit. , pp. 579-582.

93，94，109–111，113），内容包括教会史料、字典、舞蹈、书法绘画等，小部分为当代艺术作品；3 份朝鲜文献（*Vat. estr. -or.* 50，65，96）；1 份 19 世纪缅甸文献（*Vat. estr. -or.* 59），1 份 19 世纪暹罗文献（*Vat. estr. -or.* 67），2 份僧伽罗文献（*Vat. estr. -or.* 85，86），6 份不同文字的贝叶经（*Vat. estr. -or.* 87–92. 其中 87，88，90，91，92 为泰或高棉文；89 为缅甸文）。

梵蒂冈印度文献收藏（Vaticani Indiani）[1]：共 74 件。由印度次大陆、印度支那半岛以及印尼群岛的不同的文字写成：巴塔克（Batak）、缅甸（Burmese）、爪哇（Javanese）、孔卡尼（Konkani）、马拉雅拉姆（Malayalam）、马来（Malay）、尼瓦尔（Newari）、巴利（Pali）、帕克里提（prakriti）、梵（Sanskrit）、暹罗和高棉（Siamese or Khmer）、僧伽罗（Sinhalese）、泰米尔（Tamil）、泰卢固（Telugu）等各种文字。其组成主要是 18 世纪下半叶和 19 世纪头十年进入梵蒂冈图书馆的文献，加上更早期的一些写本（如前述的图书馆拉丁旧藏 3776 号和 3778 号文献现为 *Vat. ind.* 38 和 39）。载体也多样，除西洋纸张（部分来自于传教文献）外，还有大量的贝叶，更有一件刻文字的金属板（*Vat. ind.* 72）。这个特定的收藏成立于 19 世纪初。1831 年 Angelo Mai 出版的目录里列了前 22 件（*Vat. ind.* 1–22）。其中 Vat. ind. 1–11 来自于荷兰东方学家 Adriaan Ree land（1676–1718）。*Vat. ind.* 12–18 来源于罗马的下属圣潘克拉齐奥的赤足加尔默罗会的"宣教神学院"（"Seminarium Missionum" dei Carmelitani scalzi di S. Pancrazio），约在 18 世纪末进入梵蒂冈图书馆。*Vat. ind.* 19 属于图书馆最早的 3 件印

1　Ibid,pp. 616-622.

度文献之一，于 17 世纪即在馆藏里 [1]。*Vat. ind.* 20 来自于 Niko-laos Kefalas（1763–1847），1825 年入藏本馆。*Vat. ind.* 21–22 曾属于 Pietro Della Valle（1586–1652），由其外甥 Rinaldo Del Bufalo 于 1718 年赠给梵蒂冈图书馆。19 世纪末东方学家 Frederick William Thomas（1867–1956）做了一个目录 [2]，著录了 *Vat. ind.* 1–37。1922 年伯希和将前述的拉丁旧藏里的 3778 号和 3776 号归入印度文献收藏，分别给了新的号码 *Vat. ind.* 39 和 38。20 世纪上半叶的入藏，均为呈给教宗庇护十一世（Pio XI，1922–1939）的赠品：*Vat. ind.* 40 由印度 Karwar 的 Victor Coelho 于 1929 年赠给庇护十一世；巴塔克文献 *Vat. ind.* 41 由马耳他骑士团（Order of Malta）于 1930 年送给庇护十一世；*Vat. ind.* 42 也是送给庇护十一世的赠品，于 1932 年入藏梵蒂冈图书馆。*Vat. ind.* 43–46 原藏于图书馆的远东文献收藏（原 *Vat. estr.* –or. 38，39，41B，46，今空号），其中 43 号和 44 号应为 1931 年 Costanza di Scizia 的大主教 Pietro Pisani（1871–1960）送给庇护十一世的两件抄本。*Vat. ind.* 47 来自印度喀拉拉（Kerala）的德里久尔圣托马斯学院（St. Thomas College of Trichur）；Vat. ind. 48 为 Tjondro Negoro 家族的一员于 1969 年送给教宗保罗六世（Paolo VI，1963–1978）。*Vat. ind.* 49–74 在过去年间陆续进入图书馆但未经整理，至 1973 年正式归入梵蒂冈印度文献收藏；*Vat. ind.* 75 由 Reeland 所有的不同文种的文献纸张汇集而成；最后两件 *Vat. ind.* 76–77 为梵文，由负责中东文献同事 Delio V. Proverbio 购于古董市场并于 2005 年赠予图书馆。

梵蒂冈印度支那文献收藏（Vaticani indocinesi）[3]：共 1

1　Levi Della Vida, *Richerche* cit.，p. 372 nt. 1.

2　目录草稿在 *Vat. lat.* 13212, ff. 178r-191r。

3　*Guida ai fondi manoscritti* cit.，p. 622.

件，为老挝文写本。形成于 2004 年。

三　来自印度次大陆的文献

　　马拉雅拉姆文献（Malayalam manuscripts）[1]（见图 3）：
39 种写本，包括 17 件贝叶经。涉及马拉巴尔（Malabar）海
岸古基督教史和托马斯基督徒的历史文献和神学及教理文
献，包括写在贝叶上的天主教要理和祈祷文；马拉雅拉姆语语
法（包括葡萄牙文或拉丁文的马拉雅拉姆语法）、字典以及文
学作品。时间上主要集中在 17 世纪和 18 世纪，个别文献更
早，如戴拜（Diamper）主教会议法令（1599 年）[2]；安加马里
（Angamaly）教区章程（1606 年）[3]。这些文献收藏由三部分构
成：博尔加印度收藏（Borgiani indiani，29 件，*Borg. ind.* 1，
2，3，10，14，18，19，20，21，22，23，25，26，27，34，35，
38，40，41，52，53，54，55，57，58，60，64，73，74. 其中
后 14 件均为贝叶经；*Borg. ind.* 2，25，27 为葡萄牙文的马拉
雅拉姆语法），罗西收藏（Rossiani，*Ross.* 1190，1191，均为
贝叶经。前者内容为教义要理，后者为祈祷文），梵蒂冈印度
收藏（Vaticani indiani，8 件，*Vat. ind.* 12，13，14B，15，16，
17，18，35. 其中 *Vat. ind.* 13 为葡萄牙文写成的马拉雅拉姆语
法；12，13，14A 为拉丁文写成的马拉雅拉姆语法；35 为写
在贝叶上的天主教要理）。

1　A. Vallavanthara CMI, *A catalogue of the Malayalam manuscripts in the Vatican Library*,
　　Mannanam 1984.（Sala. Cons. Mss. Rosso. 554）;J. Filliozat, *Les manuscrits en écritures
　　indiennes et derives âl a Biblbiothèque Vaticane*, rev. , Città del Vaticano 2001, p. 18.

2　1599 年戴拜主教会议法令文献共有 4 件，其中 3 件为马拉雅拉姆文写本（*Borg. ind.* 3, f.
　　1-169;21;18），一件葡萄牙文写本（*Borg. ind.* 14B）.

3　*Borg. ind.* 18.

图 3　*Borg. ind.* 3, ff. Vv-1r, 1599 年戴拜主教会议法令
（马拉雅拉姆文）

巴利文献（Pāli manuscripts）[1]：共 9 件，主要为贝叶经。
包括 6 件缅甸文、2 件暹罗文、1 件僧伽罗文。集中在"博尔
加印度文献收藏"（3 件，*Borg. ind.* 49，51，72）和"梵蒂
冈印度文献收藏"（6 件，*Vat. ind.* 43，44，45，51，52，53），
抄写时间大致 18 世纪或 19 世纪。其中 *Borg. ind.* 51 是和其
他书籍一起由缅甸僧侣送给主教 Percoto 的礼物。主教是巴利
文和缅甸方面博学多才的学者，曾把很多天主教文献翻译成缅
甸文，并将缅甸僧侣送的缅甸文佛经翻译成拉丁文。之后主教
将他所有的全部缅甸文献送给了传信部。

梵文和印地语文献（Sanskrit and Hindi manuscripts）[2]（见
图 4）：共 14 件。其中"博尔加印度收藏"6 件（*Borg. ind.*

1　J. Filliozat, *Les manuscrits en écritures indiennes* cit. , pp. 19-35;J. Filliozat. , "Nine Pāli
manuscripts in the Vatican Library" , *Journal of the Pali Text Society* 26（2000）:139-
160.

2　J. Filliozat. , *Les manuscrits en écritures indiennes* cit. , pp. 36-37.

11, 19, 37, 40, 41, 64)、"梵蒂冈印度收藏" 8 件（*Vat. ind.* 8, 20, 21, 22, 30, 39, 66–67）。包括马拉雅拉姆文献中的 3 件（*Borg. ind.* 19, 40, 41）、格兰塔文（Grantha）3 件、荷兰文的字典 1 件、纳加里文（Nāgarī）4 件。*Borg. ind.* 11 是天主教文献，附有意大利文翻译。

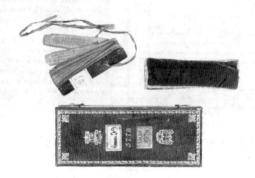

图 4 *Vat. ind.* 39, 梵文贝叶经

（曾为梵蒂冈图书馆镇馆之

宝之一向参观着展示。原藏于 Orsini 图书馆，17 世纪初

为梵蒂冈图书馆收藏）

僧伽罗文献（Singhalese manuscripts）[1]：贝叶经，共 10 件，其中 8 件在 "梵蒂冈印度收藏" 里（*Vat. ind.* 28, 54, 55, 60, 64, 65, 66, 72），时间上大致为 18 世纪；另 2 件在 "梵蒂冈远东收藏"（Vat. estr. –or. 85, 86）。

泰米尔文献（Tamil manuscripts）[2]（见图 5）：共 27 件，其中 "巴贝里尼东方收藏" 1 件（*Barb. or.* 109），"博尔加印度收藏" 18 件（*Borg. ind.* 6, 7, 8, 12, 28, 29, 30, 55, 56, 57, 58, 60, 61, 69, 70, 71, 73, 74），"梵蒂冈印度收藏" 8

---

1 J. Filliozat. ,*Les manuscrits en écritures indiennes* cit. , pp. 40-44.

2 J. Filliozat. , *Les manuscrits en écritures indiennes* cit. ,pp. 45-46.

件（*Vat. ind.* 19，36，38，57，58，59，61，68）。时间上在 17
世纪和 18 世纪。有不少教会文献[1]。

图 5 *Vat. ind.* 38，泰米尔文贝叶经

（曾为梵蒂冈图书馆镇馆之

宝之一向参观者展示。可能来自于海德堡的帕拉丁图书馆。

帕拉丁图书馆藏书于 1623 年进入梵蒂冈图书馆收藏）

此外，图书馆还有 5 件尼泊尔文献（Nepali manuscripts）、4
件泰卢固语文献（Telugu manuscripts）、3 件马拉地文献（Mara-
thi manuscripts）、1 件卡纳达文献（Kannada manuscripts）[2]。

---

1 如 Vat. ind. 19，早期的泰米尔文贝叶经。护套上题名为 *Vitae 13 Sanctorum linguae Tamul
de Cioromandel*（科罗曼德泰米尔文 13 圣徒行实），护套的正反面都印有教宗亚历山大八
世（1689-1691）的纹章。

2 Filliozat, *Les manuscrits en écritures indiennes* cit. , p. 5.

叙利亚文的马拉巴教会文献（Syriac manuscripts from Malabar）（见图 6）：16 世纪下半叶有 15 件写于印度的叙利亚文写本进入图书馆收藏 [1]，其中最古老的是 *Vat. sir.* 22，成书于 1301 年，写于马拉巴 Singale 城圣奇里亚科（S. Ciriaco）教堂的保罗书信经文选（lezionario delle Epistole paoline）[2]；其他 14 件大部分在时间上属于 16 世纪中叶（只有 *Vat. sir.* 17 写于 1510 年），大多由当时的首任印度主教 Mar Josef 抄写或收集。他在生命末期从印度来罗马，于 1569 年初去世。很可能他把自己的藏书随身带到罗马，后由梵蒂冈图书馆收购 [3]。

图 6　*Vat. sir.* 22, f. 94v, 写于马拉巴 Singale 城圣奇里亚科

（S. Ciriaco）教堂的保罗书信经题（1301）

1　它们是 Vat. sir. 2, 3, 4, 17, 22, 45, 46, 62, 65, 85, 86, 87, 88, 89, 128. 见 Levi Della Vida, *Ricerche* cit. , pp. 177-184, 187. 在此之前的叙利亚文文献图书馆仅藏有 2 件 : Vat. sir. 9 和 15, 均为 Elia Maronita 分别于 1518 和 1519 年在罗马抄写。见 *Ibid.* , pp. 133-139。

2　Levi Della Vida, Ricerche cit. ,p. 176.

3　Levi Della Vida, Ricerche cit. ,pp. 187-189.

四　来自印度支那半岛的文献

安南和法属东京文献（Annamese and Tonkinese manu-
scripts）（见图 7）：1 件藏在"巴贝里尼东方收藏"，即 *Barb.
or.* 158A，刻印在银板上，为法属东京王 Trinh Trang 在 1627
年写给当时视察澳门的教廷特使 Andrea Palmerio 神父的信。
"博尔加东京文献收藏"里有 41 件（*Borg. tonch.* 1–41），内
容多属宗教，也有历史和字典。"梵蒂冈远东收藏"里有 3 件
18 世纪和 19 世纪的安南文献（*Vat. estr. -or.* 12，24，36），其
中第一件为教会文献，第二件和第三件分别为 1783 年和 1853
年安南一个村庄的文书。

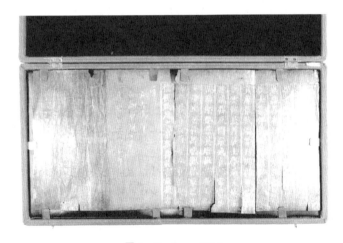

图 7　*Barb. or.* 158A

（法属东京王 Trinh Trang 在 1627 年写给

教廷特使 Andrea Palmerio 神父的信，刻印在银板上）

缅甸文献（Burmese manuscripts）[1]（见图 8）：共 21

1　Filliozat, *Les manuscrits en écritures indiennes* cit.，pp. 9-17.

件，其中"博尔加印度文献收藏"10 件[1]，"梵蒂冈印度文献收藏"9 件[2]，"梵蒂冈远东收藏"2 件[3]，包括很多贝叶经和 Parapuik 装订（中文经拆装）纸写本。时间上以 18 世纪为主，内容涉及宗教、缅甸语言文字、法律等。

图 8 *Vat. ind. 49, Mālālankāravatthu*（*Mala lingara wuthtu*）*Vita illustrata Budhae*（图解佛祖的一生，19 世纪）
［*Mālālankāravatthu* 是缅甸文的第一个叙述佛的一生的完整版本，僧人 Dutiya Medi Hsayadaw（1747-1834）著，
本文献图下的释文仅是原文的缩写］

暹罗和高棉文献（Siamese and Khmer manuscripts）[4]：共 8 件，其中"巴贝里尼东方收藏"2 件（*Barb. or.* 151（5）a-b），"博尔加印度收藏"6 件（*Borg. ind.* 33，39，42，43，46，62），"梵蒂冈远东收藏"1 件 19 世纪文献（*Vat. estr. -or.* 67），"梵蒂冈印度收藏"1 件（*Vat. ind.* 29），时间上大致 18 世纪。在"梵蒂冈远东收藏"里还有 5 件泰或高棉文的贝叶经

---

1 *Borg. ind.* 5, 9, 31, 44, 45, 47-48, 50, 63, 66.

2 *Vat. ind.* 27, 34, 49, 50, 56, 62, 63, 73, 74.

3 *Vat. estr. -or.* 59, 89.

4 Filliozat, *Les manuscrits en écritures indiennes* cit. , pp. 38-39.

（*Vat. estr. -or.* 87，88，90，91，92）.

老挝文献（Laotian manuscript）（见图9）：1 件，由一位佛教界重要人物在 1973 年送给教宗保罗六世（Paolo Ⅵ，1963–1978）。

图9　*Vat. indocin.* 1

五　印尼群岛文献

巴塔克、爪哇和马来文献（Batak，Javanese and Malay manuscripts）[1]：集中在"梵蒂冈印度文献收藏"里，共 11 件（*Vat. ind.* 1，2，3，4，5，6，10，23，48，71，75），内容有暹罗王及王后传记、日历、字典、语法等。

六　朝鲜和日本文献

日本文献（见图10）：在图书馆的拉丁文旧藏里，有两件日文木刻本，旧书号为 3800 和 3801，今书号 R. I. III. 340–341，为两册 *Guia do pecador*，由日本耶稣会学院印制于 1599 年。另有两件同时期日本耶稣会学院印制的教会文献木刻本见

1　Filliozat, Les manuscrits en écritures indiennes cit. , pp. 7-8.

于巴贝里尼收藏，书号 *Barb. or.* 153. A（1–2）. 其他当时教
会文献包括对传教工作不可缺少的字、词典。

图 10　西斯汀大厅壁画

（首次出使欧洲的四个日本青年参加

西斯托五世隆重的加冕仪式并朝拜新教宗）

　　1585 年和 1615 年日本先后两次遣使来罗马朝圣，有一件首次
来朝使节递交给威尼斯共和国的信的日文原件和意大利文翻译件来
自于传信部图书馆的博尔加收藏，书号 *Borg. cin.* 536（见图 11）。

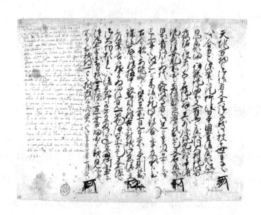

图 11　*Borg. cin.* 536

（日本首次出使欧洲使团呈给威尼斯

共和国的信件，日文和意大利文，1585 年 7 月 2 日）

无论是"巴贝里尼东方收藏"还是"梵蒂冈远东收藏"，都有不少当时日本教民写给教宗的信件和其他当地教会史料。另外还有一些 17 世纪至 20 世纪的日本文学、艺术作品。"巴贝里尼收藏"含 8 件日本文献，包括 5 件 17 世纪日本天主教徒的信件（*Barb. or.* 152（1–5）），2 件早期耶稣会木刻本（*Barb. or.* 153A（1–2）），1 件日本木匣（*Barb. or.* 157）；"博尔加中国收藏"里有 4 件日本文献（*Borg. cin.* 501，502，520，536），包括写本和木刻本，时间为 16 世纪 至 18 世纪，内容有字典、民俗、教会史料，包括上述首次日本遣欧使团给威尼斯共和国的公函。"梵蒂冈远东收藏"里有 12 件古代日本文献（*Vat. estr. -or.* 19，32，33，35，41A，48，57，83，84，93，94，113），多为写本，含少量木刻本，内容多样，涉及教会史料、字典、文学、舞蹈、书法、绘画等。以上是有记录的日本文献。图书馆还有上万件日本 17 世纪的写本文献，由慈幼会传教士 Mario Marega（1902–1978，在日本 1930~1946 年，1949~1974 年）在日本收集，并于二战期间运往罗马。目前图书馆已开始对这批文献进行整理、数字化和编目。

　　朝鲜文献：朝鲜写本文献仅 2 份，全部藏在"梵蒂冈东方文献收藏"里，时间为 19 世纪和 20 世纪。它们是 *Vat. estr. -or.* 96 和 50。其中 96 号为 19 世纪朝鲜天主教徒名单；50 号为 20 世纪韩国总统盖印的国书。另外图书馆还有一定数量的朝鲜木刻本，其中 1 件道光十九年的诏书《纶音》藏在"梵蒂冈东方文献收藏"（*Vat. estr. -or.* 65），其他在图书馆的普通东方印刷品收藏（Raccolta Generale Oriente），内容主要是蒙学读物，如 19 世纪印刷的《千字文》（*R. G. Or. II.* 162（2））、18 世纪的《五伦行实图》（*R. G. Or. III.* 292（1–4））、《童蒙先习》（*R. G. Or. III.* 458）等（见图 12）。

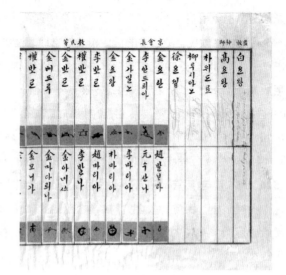

图 12　*Vat. estr. -or.* 96

（朝鲜教会信徒名单，19 世纪）

七　目前为止对中国周边国家文献的整理和研究

几百年来，由于对东方各种语言文字认识的局限或缺乏，图书馆的绝大多数的目录根本不提及这些早期的远东文献，仅有少数的不同时期的图书馆目录对上述的周边国家文献有所著录。这些著录在形式和内容上是最简单的，有时甚至著录的内容完全错误。但这些当时的记录为我们今日的研究至少提供了蛛丝马迹的线索。真正对梵蒂冈所藏远东文献的研究开始于20 世纪。以下是著录有中国周边国家写本文献的图书馆各时期目录及有关的学者个人研究的清单。

（1）*Arch. Bibl.* XV，ff. 86–88：著于 1574 年前。Marino Ranaldi（?–1606）所作并由 Federico Ranaldi（?–1590）修

改加注的东方文献目录草稿著录有 82 件东方写本，包括 15 件写于印度的叙利亚文写本。这 15 件写于印度的叙利亚文写本大多由当时作的首任印度主教 Mar Josef（1556–1569）抄写或收集于 16 世纪中叶并于 16 世纪 60 年代带到罗马。

（2）*Vat. lat.* 6949：由 Domenico Ranaldi 始作于 1595 年至 1596 年间，由不同人抄写、Alessandro Ranaldi 标注新的书号，并在以后年间不断补充拉丁文献目录草稿。其中著录有一小组当时作为镇馆之宝向好奇的访客展示的所谓"异国情调的写本"，编号为 3771–3778，共 8 件，包括泰米尔文贝叶经（3776 号，今 *Vat. ind.* 38），梵文贝叶经（3778 号，今 *Vat. ind.* 39），以及另外 1 件印度文献（3738 号），2 件日文文献（3800 和 3801 号）等等。

（3）*Vat. lat.* 15349（4）：梵蒂冈图书馆拉丁写本目录第 4 卷。著于 17 世纪，至今使用。著录文献的范围 *Vat. lat.* 2142–3915，其中著录有当时藏于拉丁旧藏里的东方文献。目前阅览室供读者使用的是目录的复制品，书号 *Sala Cons. Mss.* 304 rosso。

（4）*Vat. lat.* 13201：著于 1686 年。著者为馆里两位阿拉伯文献和叙利亚文献馆员 Abramo Ecchellense 和 Giovanni Matteo Naironi，对当时馆藏的东方文献有更详细的描述。此目录著录有叙利亚、科普特、阿拉伯、波斯、土耳其等不同文种的东方文献，共 288 件。

（5）*Bibliotheca Orientalis Clementino-Vaticana, in qua Manuscriptos Codices Syriacos, Arabicos, Persicos, Turcicos, Hebraicos, Samaritanos, Armenicos, Aethiopicos, Graecos, Aegyptiacos, Ibericos, & Malabaricos, jussu et munificentia Clementis XI. Pontificis maximi Ex Oriente conquisitos, comparatos, avectos & Bibliothecae Vaticanae addictos* recensuit, digessit & genuina scriptaà spuriis secrevit, addita singulorum auctorum vita, J. S. Assemanus. Romae 1719–1728: 其中第 1 册第 592 页著录有 *Vat. ind.* 22 和 21。

（6）*Vat. lat.* 13202: Giuseppe Simon Assemani 和他侄子 Antonio 著录的未出版部分的目录的手稿。后来由 Angelo Mai 放 在 他 的 *Scriptorum Veterum Nova Collectio*（Roma 1831）出版，但省略了手稿上原有的东方文字。

（7）A. Mai, *Scriptorum veterum nova collectio e Vaticanis codicibus edita*, Romae 1831: 在此目录的第二卷里，著录有 Assemani 时即有收藏的叙利亚文写本，并简短涉及印度和中国来的写本文献（第 112 页至 113 页）。

（8）*Vat. lat.* 13212, ff. 178r–191r: 著于 19 世纪末，东方学家 Frederick William Thomas（1867–1956）做的一个目录，著录范围 *Vat. ind.* 1–37。

（9）巴贝里尼图书馆东方文献目录: *Inventarium codicum mm. ss. Bibliothe-cae Barberinae* redactum et digestum a D. Sancte Pieralisi bibliothecario, et in tomos vigintitres distributum, II, 著 于 19 世 纪，索 书 号 *Sala Cons. Mss.* , 377 rosso，著录的东方文献范围 *Barb. or.* 1–154, 161–164（*olim Barb. gr.* 557–560）; *Index Codd. Mmss. Graecorum et Orientalium Bibliothecae Barberinae* redactus et digestus cura studio Reverendi Domini Sanct. Pieralisi Bibliothecarii, V, ff. 203r–408r, 著于 19 世纪。索书号 *Sala Cons. Mss.* , 173 rosso。

（10）传信部图书馆东方文献目录: Paulinus a S. Bartholomaeo, *Examen historico-criticum codicum Indicorum Bibliothecae Sacrae Congregationis de Propaganda Fide*, Romae 1792; id. , *Musei Borgiani Velitris Codices Manuscripti Avenses*

Peguani Siamici Malabarici Indostani, Romae 1793; A. De Gubernatis, "Manoscritti indiani del Museo Borgiano nel Collegio di Propaganda", *Bollettino italiano degli studii orientali*, ser. I (1876–1877), fasc. 3, nrr. 4–5, pp. 82–85。

（11）*Vat. lat.* 13213：伯希和 1922 年打字版目录。高田时雄修订版，Kyoto 1995. 著录至当时收藏的中国、日本、朝鲜、蒙古文献和一些东南亚文献。

（12）G. Schurhammer S. I., "Annamitische Xaveriusliteratur", *Sonderdruck aus Missionswissenschaftliche Studien*, Aachen, 1951, pp. 300–314. 仅涉及 *Borg. tonch.* 1–21, 24 和 *Borg. lat.* 668。

（13）G. Moraes, *Inventario dei codici indiani della Vaticana*, 1973：手写卡片的复印件装订成册供读者使用，书号 *Sala Cons. Mss.* 553 rosso。

（14）J. L. Swellengrebel, "Verkorte weergave van Prof. Dr. A. A. Cense's ontwerp-beschrijving van zes Maleise handschriften in de Bibliotheca Vaticana", *Bijdragen tot de Taal-, Land-en Volkenkunde* 135 (1979):359–367。

（15）A. Vallavanthara CMI, A *catalogue of the Malayalam manuscripts in the Vatican Library*, Mannanam 1984 (Tools for Scirntific Research Series, 1), pp. 36–83。

（16）J. Filliozat, "Nine Pāli manuscripts in the Vatican Library", *Journal of the Pali Text Society* 26 (2000):139–160。

（17）J. Filliozat, *Les manuscrits en écritures indiennes et dérivées à la Biblbiothèque Vaticane*, rev., Città del Vaticano 2001。

（18）F. Sferra–V. Vergiani, "Due manoscritti sanscriti preservati nella Biblioteca Apostolica Vaticana: *Vat. ind. 76* e *Vat. ind. 77*", *Miscellanea Bibiothecae Apostolicae Vaticanae*, XV, Città del Vaticano 2008（Studi e testi, 453）:303–310。

图书馆的长远计划是把所有的写本收藏电子化。中国周边国家文献目前正在整理著录并电子化的是 Marega 收藏，约计万件档案文献，由慈幼会传教士 Mario Marega 在日本收集，并于二战期间运往罗马。收藏的内容集中为 17 世纪日本天主教原始档案文献，尤其是江户时代天主教徒所受到的迫害。几乎全部为日文。这些文献共装成 13 大捆，在打开之前由图书馆的保护修复部门分别装入真空密封包装内进行杀虫杀菌。对这些文献的整理工作正在进行，要完全数字化，并按档案资料进行详细编目。整个工作由梵蒂冈图书馆和来自日本人间文化研究机构（NIJL）、东京大学等不同机构的有关方面的专家合作进行。

此外，有关中国周边国家文献现有一些正在进行或有意向的合作项目，如和日本关西大学、北京外国语大学和罗马大学合作的远东小语种文献电子化及出版项目；和菲律宾国家档案馆合作的菲律宾历史档案搜集和电子化项目；等等。随着时间的推移，尤其近年来西方对亚洲的探索兴趣以及亚洲国家对自己散轶文献的搜集需求不断增强，有望使本馆在几百年间陆续收藏的亚洲古籍文献得到更好的整理和更方便的使用。为更好地保存所藏的人类宝贵的文化遗产，更有效地提供给世界各地的学者使用，积极谋求并欢迎来自全球各界的支援与合作。

第 五 部 分

附　录

附录 1：编著者名录

（以姓氏笔画为序）

王乃时，吉林大学图书馆采编部，馆员。历史学硕士，毕业于吉林大学东北亚研究院。

王立，美国布朗大学东亚图书馆馆长，高级研究馆员。毕业于北京大学；美国西肯塔基大学人文学硕士，爱荷华大学宗教学博士，爱荷华大学图书馆与信息科学硕士。

王晓燕（Julie Wang），美国纽约州立宾汉姆顿大学图书馆，亚洲与亚裔研究馆员，东亚馆藏负责人。北京师范大学中国语言文学学士，美国南康州大学图书馆与信息管理科学硕士。

司徒萍，美国亚利桑那大学图书馆，研究馆员。毕业于北京外国语大学；美国亚利桑那大学西班牙语语言学硕士，亚利桑那大学图书馆与信息科学硕士。

朱本军，北京大学图书馆，副研究馆员，中国高校人文社会科学文献中心（CASHL）秘书长。北京大学教育学硕士。

朱强，北京大学图书馆馆长，兼任中国高校人文社会科学文献中心（CASHL）管理中心主任，中国高等教育文献保障系统（CALIS）管理中心副主编，教育部高等学校图书情报工作指导委员会主任委员，《大学图书馆学报》主编。其他社会兼职：中国图书馆学会副理事长、高校分会主任委员；2006~2011 年，任国际图书馆协会联合会（IFLA）管理委员会（Governing Board）委员；2013~2017 年，任国际图联 FAIFE 专门委员会委员。

庄虹，兰州大学图书馆，研究馆员。兰州大学历史学学士。

刘静，加拿大不列颠哥伦比亚大学图书馆，中国研究馆员。毕业于武汉大学；美国华盛顿大学图书馆与信息科学硕士，加拿大不列颠哥伦比亚大学亚太政策硕士。

阮小妹，广西民族大学图书馆，副研究馆员。广西民族大学文学学士。

李国庆，美国俄亥俄州立大学图书馆，中韩文部主任，终身教授。毕业于北京大学、美国印第安纳大学。

李爱华，计算机专业，理学学士，副研究馆员，吉林大学图书馆参考咨询部副主任。

杨玉蓉，美国宾夕法尼亚州立大学图书馆，亚洲研究馆员。云南大学外语系英语专业文学学士，云南大学民族史博士，美国夏威夷大学图书馆与信息科学硕士。

杨明博，北京师范大学图书馆，文献建设部副主任，馆员。北京师范大学生态学博士。

杨继东，美国斯坦福大学东亚图书馆，馆长。北京大学历史学硕士，美国罗格斯大学图书情报学硕士，宾夕法尼亚州立大学亚洲与中东研究博士。

肖珑，北京大学图书馆，副馆长，中国高校人文社会科学文献中心（CASHL）全国管理中心副主任，研究馆员。毕业于北京大学图书馆学系。

何妍，美国乔治·华盛顿大学图书馆，中国研究馆员。北京大学历史学博士，匹兹堡大学图书馆学与信息科学硕士。

余东，梵蒂冈图书馆写本部研究员，东方文献负责人。毕业于武汉大学图书情报学院图书馆学专业。

张冬林，兰州大学图书馆，副研究馆员。兰州大学历史学硕士。

张晓文，广西大学图书馆，副研究馆员，广西大学研究生毕业。

张雪莲，兰州大学图书馆，馆员。西北师范大学文学硕士。

张颖，广西卫生职业技术学院图书馆，助理馆员，广西民族大学图书馆学硕士。

陈晰，美国加州大学圣地亚哥分校图书馆，中国研究馆员。毕业于南京理工大学；美国北卡罗来纳大学教堂山分校图书馆与信息科学硕士，美国南达科他大学教育学硕士。

周欣平，美国加州大学伯克利分校东亚图书馆馆长。武汉大学英语语言文学硕士，美国伊利诺伊大学厄巴纳—香槟分校语言学博士，图书馆学及信息科学硕士。

郑力人，美国康奈尔大学东亚图书馆馆长，研究馆员。毕业于厦门大学，康奈尔大学历史学硕士，博士。

郑咏青，厦门大学图书馆，馆员。毕业于福建师范大学。

郑美卿，加拿大麦吉尔大学图书馆，东亚研究馆员。毕业于中国人民大学；美国俄亥俄州立大学东亚语言文学硕士，加拿大多伦多大学图书馆与信息科学硕士。

柳瀛，加拿大维多利亚大学图书馆，亚洲研究馆员。上海海事大学英语翻译专业硕士，加拿大麦吉尔大学图书馆与信息管理硕士。

赵晋凯，广西壮族自治区文化厅文物保护与考古处处长，处理研究员。广西师范大学法学硕士。

姜曼莉，吉林大学图书馆，研究馆员。

袁欣，清华大学图书馆特藏部主任，副研究馆员。清华大学化学系理学博士。

黄国凡，厦门大学图书馆信息技术部，副研究馆员。毕业于北京师范大学图书情报学系。

黄洁，美国宾夕法尼亚州立大学图书馆特别项目，编目馆员。俄克拉荷马大学图书馆学与信息科学硕士。

蒋树勇，美国伊利诺伊大学厄巴纳—香槟分校图书馆，中国研究馆员，地区研究部主任，副教授。华东师范大学古代文学批评史硕士，美国威斯康星大学图书馆与信息科学硕士、中国文学博士。

褚兆麟，广西师范大学图书馆，研究馆员。广西师范大学研究生班毕业，文学学士。

薛燕，美国加州大学伯克利分校东亚图书馆咨询服务部主任，研究馆员。中国人民大学政治学学士、硕士，加拿大西安大略大学图书馆与信息科学硕士。

附录 2：中国高校人文社会科学文献中心和北美中国研究图书馆员学会简介

中国高校人文社会科学文献中心（China Academic Social Sciences and Humanities Library，CASHL）是在中国国家教育部的领导下，以"共建，共知，共享"为原则，以"整体建设，分布服务"为方针，为高校人文社会科学的教学和科研提供文献资源的保障体系。中国高校人文社会科学文献中心的具体职责是组织具有学科优势、文献资源优势、服务条件优势的若干高校图书馆，有计划地、有系统地引进和收藏国外人文社会科学文献资源，借助现代化网络，采用集中式门户（http://www.cashl.edu.cn/portal/）和分布式服务相结合的方式，为中国高校、研究机构和学者提供综合性的文献信息服务。中国高校人文社会科学文献中心的资源服务体系由 2 个全国中心（北京大学、复旦大学），7 个区域中心（武汉大学、吉林大学、中山大学、南京大学、四川大学、兰州大学、北京师范大学）和 8 个学科中心（东北师范大学、华东师范大学、南开大学、山东大学、清华大学、厦门大学、浙江大学、中国人民大学）构成。

北美中国研究图书馆员学会（Society for Chinese Studies Librarians，SCSL）是一个在美国注册、非营利、非政治的学术组织。北美中国研究图书馆员学会的宗旨是在北美为从事中国研究的图书馆员提供一个开展学术活动、交流专业经验、共享信息资源、加强合作的平台。2010 年 3 月，学会成立于费城，成员来自北美 50 余所高校研究型图书馆，多为东亚图书馆馆长、中文部主任、资深研究馆员，以及兴趣于中国文献资源的学者。由于学会成员都毕业于中国最优秀的大学，在北美取得硕博士学位，长期从事文献资源的研究、教学、图书馆专业工作，耳濡目染于中西文化，兼具中西学术底蕴和语言专长，因此在促进中外文化交流，特别是在图书馆领域，发挥了特殊的桥梁作用。学会的学术刊物是《天禄论丛》。

自 2011 年以来，中国高校人文社会科学文献中心和北美中国研究图书馆员学会在厦门大学、兰州大学、四川大学共同组织了三届中美高校图书馆合作发展论坛，第四届论坛将在 2017 年在加拿大多伦多大学举办。

附录 3：中国高校人文社会科学文献中心核心馆一览（2015）

北京大学图书馆

馆藏卷册数 （普通图书、期刊；电子图书、期刊；古籍；学位论文）	馆舍面积	图书在岗员工	在岗教职人数	在校学生人数
纸本图书：5947897 册 纸本期刊：888658 册 电子图书：2812822 册 电子期刊：56218 册 古籍：123 万册 学位论文：73801 篇	900000 平方米	247 人	10596 人	58304 人

简介：

　　1898 年，京师大学堂藏书楼建立，辛亥革命后，京师大学堂藏书楼改名为北京大学图书馆。百余年来，北京大学图书馆已发展成为资源丰富、现代化、综合性、开放式的研究型图书馆。

　　经过几代北京大学图书馆人的辛勤努力，北京大学图书馆形成了宏大丰富、学科齐全、珍品荟萃的馆藏体系。到 2015 年底，总、分馆文献资源累积量约 1000 万册（件）。其中纸质藏书 800 余万册，以及近年来大量引进和自建的国内外数字资源，包括各类数据库、电子期刊、电子图书和多媒体资源约 300 余万册（件）。馆藏中以 123 万册中文古籍为世界瞩目，被国务院批准为首批国家重点古籍保护单位。此外，还有燕京大学学位论文、名人捐赠等特色收藏。北京大学图书馆馆舍历经变迁，目前的馆舍由总馆、医学馆、38 个分馆、储存馆组成，总面积约 90000 平方米，其中，总馆面积约 53000 平方米，阅览座位4000 余个。2009 年建成国内首例远程储存图书馆面积近 5000 平方米。馆舍水平的提升为图书馆面向现代化的发展奠定了坚实的基础。

北京大学图书馆的办馆宗旨是"兼收并蓄、传承文明、创新服务、和谐发展",坚持"以研究为基础,以服务为主导"的办馆理念,以数字图书馆门户为窗口,为读者提供信息查询、书刊借阅、信息与课题咨询、馆际互借与文献传递、用户培训、教学参考资料、多媒体资源、学科馆员、软件应用支持等服务。北京大学图书馆还努力为全国高校图书馆服务,积极参与图书馆资源共建共享,并逐步加快国际化的步伐。目前,CALIS 管理中心和全国文理中心、CASHL 管理中心和全国中心、DRAA 秘书处、中国图书馆学会高校分会秘书处、《大学图书馆学报》编辑部等机构设在北京大学图书馆。北京大学图书馆作为中国高等教育文献资源共享的重要枢纽,为高校图书馆事业的发展做出了积极的贡献。

北京大学图书馆不仅以雄伟壮观的建筑跻身北京大学著名的"一塔湖图"三景,更以博大精深的丰富馆藏、深厚绵长的精神魅力吸引着无数知识的追求者。多少大师在这里读书思索,无数学子在这里徜徉书海,她见证了名师的学术辉煌,传承着北大的学术命脉,已成为北大人心中的知识圣殿。

复旦大学图书馆

馆藏卷册数 (普通图书、期刊;电子图书、期刊;古籍;学位论文)	馆舍面积	图书在岗员工	在岗教职人数	在校学生人数
纸本图书:5173727 册 纸本期刊:464964 册 电子图书:2631037 册 电子期刊:67046 册 古籍:371268 册 学位论文:65980 篇(指本校硕博士毕业生的学位论文)	66137 平方米	168 人	6002 人	41681 人

简介:

复旦大学图书馆前身为 1918 年由学生集资购置图书建立的戊午阅览室,1922 年始建图书馆楼。现由分布在四个校区的文科馆、理科馆、医科馆、张江馆和江湾馆等组成。

借助优质馆藏及数字化信息资源平台,为学校乃至全球的学术活动、决策咨询提供文献信息资源服务，为知识学习、学术思想交流提供开放式空间，激发探索与创造。

提供多功能文献信息服务，如馆藏书刊借阅、数字资源利用、馆际互借与文献传递、空间与设施服务、科技查新、查收查引服务，情报研究与学科服务。

重视人才培养与科研。从 2004 年开始招收图书馆学科学硕士研究生，2014 年成为图书馆学专业硕士授予点并招生。2014 年成立中华古籍保护研究院，2015 年成立复旦大学国家古籍保护中心人才培训基地、国家级古籍修复技艺传习中心复旦大学传习所。

参与资源共建共享。它是国家古籍重点保护单位，中国高校人文社会科学文献中心（CASHL）的两个全国中心馆之一，教育部面向全国和华东地区的外国教材中心，教育部科技查新工作站（综合类），上海市科委科技查新站（计算机与生物），全国医学文献检索教学研究会副理事长馆，中国索引学会秘书处单位，承担《中国索引》编辑出版工作。

武汉大学图书馆

馆藏卷册数 （普通图书、期刊；电子图书、期刊；古籍；学位论文）	馆舍面积	图书在岗员工	在岗教职人数	在校学生人数
纸本图书：5929213 册 纸本期刊：966176 册 声像缩微资料：219552 件 电子图书：7937542 册 电子期刊：1459863 册 古籍：20 余万册 学位论文：14 万余篇	78004 平方米（含院系资料室）	275 人（不含非事业编制职工）	7735 人	107265 人其中：58125 人（全日制）49500 人（其他）

简介：

武汉大学图书馆以其历史悠久、藏书丰富、建筑宏伟、环境幽雅而闻名于世，其前身是 1893 年湖广总督张之洞创办的湖北自强学堂图书室。现由分布在四个校区的总馆、工学分馆、信息科学分馆、医学分馆组成，全校图书馆总面积达 78004 平方米。

截至 2015 年底，馆藏文献资源总量达 1651 万余册。其中印刷型文献共 711 万册，各类文献数据库 474 个，电子文献共 940 万册；线装古籍 20 余万册，有 300 多种收入《中国古籍善本书目》，66 种入选《国家珍贵古籍名录》。学科覆盖面广，遍及文、理、工、农、医等各个领域，其中尤以学校重点学科文献的收藏最为完整。已经形成印刷型、数字型和网上文献信息三位一体的文献资源保障体系。

图书馆为读者提供研修间、学习共享空间、创客空间及电子阅报机、自助借还、自助打复印、3D 打印等服务空间和设施；并提供外借、阅览、视听、参考咨询、查收查引、科技查新、定题服务、学科服务、信息素养教育、阅读推广、馆际互借、文献传递等多类型、多层次服务。现有各种计算机终端及设备近 2800 台（套），可通过网络向读者提供全天 24 小时不间断服务。

百年名校，人文荟萃；珞珈山下，卷帙飘香。100 多年来，武汉大学图书馆大力推进管理改革创新、文献资源保障创新和读者服务创新，努力建设现代化、综合性、开放式、研究型的大学图书馆。

中山大学图书馆

馆藏卷册数 （普通图书、期刊；电子图书、期刊；古籍；学位论文）	馆舍面积	图书馆在岗员工	在岗教职工人数	在校学生人数
纸本图书：6030476 册 纸本期刊：1189793 册 电子图书：1941718 册 电子期刊：47316 册 古籍：373332 册（未含 338000 册） 学位论文：82773 篇	116660 平方米	267 人	267 人	51137 人

简介：

中山大学图书馆，创办于 1924 年，初名国立广东大学图书馆，由国立广东高等师范学校、广东政法专门学校、广东农业专门学校和广东公医学校图书馆合并而成，1926 年改名为国立中山大学图书馆。1952 年全国高等学校院系调整，原国立中山大学图书馆的文理学科藏书、私立岭南大学图书馆藏书和中南地区其他高等学校图书馆的部分藏书组成新成立的中山大学图书馆。总馆位于广东省广州市海珠区，现馆舍包括广州校区南校园总馆（1982 年）和伍舜德图书馆（1994 年）、北校园医学图书馆（1916 年）、东校园图书馆（2004 年）、珠海校区图书馆（2000 年）和深圳校区图书馆（2016 年，建设中），总建筑面积超过 17 万平方米。

截至 2016 年底，馆藏总量达 640 多万册（件）；年新书刊资料增长量 36 余万件；年订购中文期刊 4252 余种，外文期刊 1214 余种；网络数据库 300 多个；多媒体光盘资源 1.6 万余张；可获取利用的中外文电子期刊 4.7 万余种；电子图书 194 万余册。建有中山大学学位论文数据库、民国期刊全文数据库、缩微胶卷数据库等特色数据库。馆藏古籍 37.3 万册，其中善本 2000 多种，约 3 万册，以明刻本见长，具有不少海内孤本、珍贵稿本和名家批校本；朝鲜刊本和日本刊本古籍 260 多种、1800 册；中国历代石刻拓片 3.8 万件，徽州文书 33.8 万余册（件）。馆藏广东地方文献、医学文献、孙中山研究文献、港澳研究文献丰富且具有鲜明的特色，清末与民国时期华南地区出版的中外文报刊数量多且系统。设有邹鲁校长纪念室，陈寅恪、商衍鎏、商承祚、梁方仲、李新魁、戴镏龄、安志敏、金应熙等多个中文专藏纪念室，以及哈佛大学喜乐斯、陈纶绪司铎和美国加州大学赠书等外文专藏。

秉承"智慧与服务"的馆训和"自由、开放"的理念，图书馆在国内率先推行"借阅无限量"和"超期豁免日"等政策。图书馆使用统一的图书馆自动化管理系统 Alpha500，总分馆之间建立了无缝联结，实现了图书资料通借通还和数据资源的共建、共知与共享。图书馆还提供书目信息查询、网络数据库检索、虚拟参考咨询、电子文献传递服务等电子信息服务，以及科技查新、代查代检、定题服务等深层次信息服务。

图书馆与欧美等国及港澳台地区的大学图书馆一直保持交流与合作关系，与国内外近 200 个单位建立了文献交换和馆际互借关系。是中国高等教育文献保障体系（CALIS）华南地区中心，CALIS 数字图书馆基地，中英文图书数字化国际合作计划（CADAL）项目成员馆，中国高校人文社会科学文献中心（CASHL）华南区域中心，第一批全国古籍重点保护单位，国家级古籍修复中心和国家古籍保护人才培训基地，设有国家级古籍修复技艺传习中心中山大学传习所。

南京大学图书馆

馆藏卷册数 （普通图书、期刊；电子图书、期刊；古籍；学位论文）	馆舍面积	图书馆在岗员工	在岗教职工人数	在校学生人数
纸本图书：6021283 册 纸本期刊：951018 册 电子图书：3643523 册 电子期刊：338493 册 古籍：400000 册 学位论文：约 3000000 篇	73100 平方米	125 人	7119 人	53657 人

简介：

南京大学图书馆前身为 1902 年建立的三江师范学堂图书室，1915 年改名为南京高等师范图书馆，1919 年改称东南大学图书馆。1922 年，齐孟芳捐款建造馆舍，1924 年底落成，遂有"孟芳图书馆"之称；1928 年改称中央大学图书馆，1949 年 5 月改现名。1952 年以文理科藏书为基础，又接收原金陵大学藏书，沿用金陵大学 3000 平方米图书馆楼。2003 年，为迎接南京大学百年校庆，鼓楼校区总馆进行了改造扩建；2007 年 5 月，建成了浦口校区思源图书馆；2009 年 9 月 1 日，南京大学仙林校区杜厦图书馆正式使用。

南京大学图书馆馆藏丰富，经长期积累，形成了比较系统、完整的综合性的藏书体系。作为首批入选"全国古籍重点保护单位"的图书馆，馆藏古籍近 40 万册，其中善本 3 万余册，其中古代地方志共收藏有 4000 余种、4 万余册。收藏的现当代地方文献约 3 万余册，涉及全国 1900 多个各级行政区。还收藏了历代碑帖拓片约 1 万件，形成了自己的地方志、古代目录学与考古学文献的馆藏特色。收藏了 80 多个国家和地区 20 多个语种的期刊，尤以物理、生物、地学、数学、东方学为主要特色。1949 年以前的中文社会科学书刊与自然科学文献及港台书刊也收藏颇丰。

近年来，南京大学图书馆将哲学系犹太研究所近 20000 册书刊整体搬迁进来，成立了"犹太文化研究特藏室"。以郑资约教授捐赠的地图、书籍等资料为主体，整合了图书馆各部门与南海相关的文献资源，成立"南海文献特藏室"。为学校创新平台的评估提供了文献保障。

进入 21 世纪以来，南京大学图书馆加大了发展电子文献的力度，至 2016 年底，可提供利用的中文数据库 57 个，西文数据库 104 个。其中外文电子全文期刊已达到馆藏外文纸本期刊的 9.1 倍。

南京大学图书馆现有鼓楼、杜厦两个馆，馆舍面积共 73100 平方米。采取浏阅一体化服务模式，分为中文图书、期刊、外文图书、期刊、古籍图书、港台图书、艺术图书、理科图书、样本图书等阅览区域，阅览座位 5661 个，45 个研究小间，3 个音乐鉴赏室。年接待读者 260 万人次，借阅文献 130 万册次。

南京大学图书馆开通了"智慧图书馆"服务系统，配备有自助打印、复印机、自助借还机、轻印刷设备以及高精度数字化扫描仪。在图书馆主页上开发了个性化图书馆 NJU BOOK+、MOBILE+、PAD+，方便读者通过更多的媒介访问图书馆资源。

截止到 2016 年底，全馆工作人员 125 人，其中高级职称 23 人，中级职称 60 人。

南京大学图书馆是江苏省高等教育文献保障系统（JALIS）管理中心、江苏省高校图书情报工作委员会秘书处所在单位，积极推进江苏高校图书馆的协作与交流、江苏与兄弟省的交流；作为中国高等教育文献保障系统（CALIS）华东北地区中心、中国高校人文社会科学文献中心（CASHL）华东北区域中心，承担着为华东北地区（江苏、山东、安徽三省）的高等院校提供信息服务、协作、资源共享、管理的重任。

四川大学图书馆

馆藏卷册数 （普通图书、期刊；电子图书、期刊；古籍；学位论文）	馆舍面积	图书馆在岗员工	在岗教职工人数	在校学生人数
纸本图书：4790280 册 纸本期刊：1576484 册 电子图书：2722805 册 电子期刊：1048540 册 古籍：300000 册 学位论文：56216 篇	63100 平方米	192 人	10845 人	62070 人

简介：

四川大学图书馆由文理馆、工学馆、医学馆、江安馆四个分馆组成。

自西汉文翁兴学，两千余载，蜀地文籍浩繁，向有"蜀学比于齐鲁"之誉。清光绪二十二年（1896年），四川中西学堂创立，其藏书楼为今文理馆之肇端。光绪二十八年（1902年），四川中西学堂、锦江书院、尊经书院合并为四川通省大学堂，图书悉归该堂藏书楼。1910年，美国、英国、加拿大的5个基督教会组织在成都创办私立华西协合大学，其图书馆为今医学馆之前身。1954年，全国院系调整时建立成都工学院，其图书馆为今工学馆之前身。江安馆于2005年建成于双流县四川大学江安校区。

四川大学图书馆是中国西南地区历史最为悠久、藏书规模最大的大学图书馆。

兰州大学图书馆

馆藏卷册数 （普通图书、期刊；电子图书、期刊；古籍；学位论文）	馆舍面积	图书馆在岗员工	在岗教职工人数	在校学生人数
纸本图书：353.8万册 纸本期刊：1071816册 电子图书：693942种 电子期刊：27509种 古籍：130000册（件） 学位论文：35219册	60000平方米	120人（含编制外）	4296人	31763人（全日制）65934（其他）

简介：

兰州大学图书馆的历史可追溯到1909年，1913年以清代贡院遗留的"观成堂"为书库，"至公堂"为阅览室，1946年以后修建二层独立馆舍一座，名曰"积石堂"，1962年建成图书馆楼。1998年5月，香港邵逸夫先生捐助部分款项，国家教育部批准立项扩建盘旋路校区图书馆，2005年9月建成榆中校区图书馆，总建筑面积达61000平方米。

截至目前，馆藏拥有纸质文献344余万册（件）、音像资料2000余种，年订购中外文印本报刊3000余种，中外文电子数据库100多个。涵盖理、工、农、文、史、经、哲、法、教育、管、医等21个学科门类。馆藏文献在文史古籍、自然科学、医学、外文权威检索期刊收藏上系统完整，具有特色。有影印文渊阁四库全书、四库全书存目丛书、丛书集成、中华文史论丛、中国边疆丛书和方志丛书，还有较多考古图籍和金石甲骨文字著述；善本书有《皇明经世文编》等 200 余种。建成了兰州大学机构知识库（IR），开展了"兰大文库""学位论文"等特色资源征集、保存与数字化工作，设立了西北地方边疆文献中心、伊斯兰文献中心和日文文献中心。

兰州大学图书馆是全国高等学校图书情报工作指导委员会之委员馆、CALIS 甘肃省中心、CASHL 西北区域中心、CADAL 甘肃省服务中心、教育部综合类查新站、全国古籍重点保护单位、中国图书馆学会第八届理事馆、中国索引学会常务理事单位、中国高校机构知识库联盟理事单位、甘肃省情报学会副理事长单位、甘肃省图书馆学会常务理事单位、甘肃省古籍重点保护单位、甘肃省高等学校图书情报工作委员会主任委员馆及秘书处所在馆，同时为全国医学文献检索教学研究会常务理事单位、全国高等院校医药图书馆协会委员单位、中华医学会医学信息学会甘肃省分会主任委员单位和全国医学文献资源共享网络省级中心，亦为中国图书馆学会与甘肃省图书馆学会授予的全国阅读推广示范基地与省级阅读推广示范基地。

北京师范大学图书馆

馆藏卷册数 （普通图书、期刊；电子图书、期刊；古籍；学位论文）	馆舍面积	图书馆在岗员工	在岗教职工人数	在校学生人数
纸本图书：419.81 万册				
纸本期刊：47.84 万册				
电子图书：746.87 万册	38000 平方米	112 人	4328 人	27219 人
电子期刊：10.25 万册				
古籍：40 万册				
学位论文：8.43 万篇				

简介：

北京师范大学图书馆始于 1902 年的京师大学堂师范馆图书室，现由 1 个主馆、2 个分馆及 8 个学科资料室组成。

截至 2015 年底，图书馆引进各类型中外文数据库 310 个，建设各类型特色资源数据库 26 个。北京师范大学图书馆是国务院批准公布的首批全国古籍重点保护单位之一，现藏有古籍线装书 3 万余种、40 万余册，善本古籍 3500 余种，宋元刊本逾 30 种，多为国家一级文物，馆藏 126 种古籍入选《国家珍贵古籍名录》。

作为高等师范院校图书馆，北京师范大学图书馆一直以学术性的学科专业文献资源建设为主体，并形成重点学科／特色学科的丰富文献资源集合，其中教育学科文献资源是图书馆一贯坚持建设的重点，也是馆藏百余年积淀中颇具特色且比较丰富的重点部分。馆内不仅藏有中国近现代教育类书刊，更有反映古代教育情况的各地书院志、各类蒙学读物以及反映近代教育改革的文件、章程、法令、法规等，并对清末以来的中小学教科书有较为系统的收藏。图书馆还收藏了人民教育出版社、各省市教育出版社以及专业出版社等 70 余家出版的中小学各科教材以及台湾地区、香港地区中小学基础教材及配套教材、美英等国外中小学教材。

图书馆奉行"秉承传统，强化特色，拓展服务，臻于至善"的理念，遵循"存古开新，修己惠人"的办馆精神，不断拓展服务内容，拓宽服务领域。目前，图书馆实施全开架、借阅藏一体化服务模式，提供多途径咨询服务，开展多层次、嵌入教学科研全过程的信息素养教育，提供国内外馆际互借与文献传递，依托科技查新站推进科研分析服务，并不断改进学科服务模式。1990 年创办"专家讲座"，以强化图书馆的文化育人功能。1999 年创刊的《教育信息摘编》关注国内外教育动态，持续发行 150 期。2016 年 1 月，与学校国际与比较教育研究院《世界教育新闻》合并为《世界教育动态》。

图书馆已建成以 PC 服务器、多层级存储、网络、客户机系统、中心机房为主要构成的信息化基础设施，实现了全馆有线网络万兆升级和无线网络全覆盖，建设与引进了以图书馆网站、自动化集成管理、学术资源门户、特色资源发布、统一资源发现、移动图书馆、自助服务与空间管理等为主体的图书馆资源、服务、管理等软件应用系统，并在下一代图书馆服务平台、RFID 技术应用等方面开展深入探索与扩展应用。

图书馆设有馆长办公室、综合保障部、文献建设部、特色资源建设中心、古籍与特藏部、文献借阅部、信息服务部和系统技术部八个部门。采取多元用工方式推进各项工作。

作为全国师范院校图书馆联盟常务理事馆与秘书处所在馆、

CASHL 华北区域中心、BALIS 培训中心主任馆、北京地区高教学会图书馆工作研究会编目委员会主任馆、CCEU 秘书处所在馆等，图书馆积极履行业界职能，推进相关工作。同时，图书馆积极开展校内外各种类合作，谋求开放创新，持续发展。

东北师范大学图书馆

馆藏卷册数 （普通图书、期刊；电子图书、期刊；古籍；学位论文）	馆舍面积	图书馆在岗员工	在岗教职工人数	在校学生人数
纸本图书：3654001 册 纸本期刊：2152 种 4372 册 电子图书：229.5 万种 电子期刊：4.4 万种 古籍：32 万册 学位论文：3.4 万篇	38300 平方米	126 人	2734 人	27026 人

简介：

　　东北师范大学图书馆创建于 1946 年，是国务院批准的首批"全国古籍重点保护单位"，"大学数字图书馆国际合作计划"全国 8 个数据中心之一、8 个地区中心之一、20 个服务中心之一，中国高校人文社会科学文献中心的 17 个中心馆（学科中心）之一，中国高等教育文献保障系统的成员馆和服务馆，教育部科技查新工作站，"人教数字校园"实践基地，"全民阅读"示范基地。设有"云服务研究与试验中心"和"信息资源组织与知识挖掘试验中心"。

　　图书馆总建筑面积 3.83 万平方米，阅览座位 5054 席。截止到 2015 年 12 月 31 日，图书馆和各学院资料室藏书总量约 365.4 万册。图书馆馆藏古籍资源丰富，日伪时期东北地方文献、解放前的重要期刊、东北解放区出版的期刊收藏较全。电子图书 229.5 万种，订购各种网络数据库 134 种，图书馆自建特色数据库 21 个。实现了资源一站式发现与获取，提供以数字资源为主、纸质资源为辅的多种资源融合的立体化文献资源保障体系。负责网络教学平台 Blackboard 平台的运维、数据管理、培训和进行无纸化考试等工作。基于 Moodle 开发建设了开放课程资源仓储和信息素养网络课程。与人民教育出版社合作，成立"人教数字校园"实践基地，为各个学院老师提供实践教学的素材和案例，支持师范生数字化学习与实习。

华东师范大学图书馆

馆藏卷册数 （普通图书、期刊；电子图书、期刊；古籍；学位论文）	馆舍面积	图书馆在岗员工	在岗教职工人数	在校学生人数
纸本图书：457.88 万余册				
纸本图书：375.62 万余册				
纸本期刊：38.08 万余册	5.3 万余平方米	127 人	4426 人	32984 人
电子图书：173.88 万种				
电子期刊：5.95 万种				
古籍：33.14 万余册				
学位论文：纸质 3.34 万余册，电子 281.68 万余篇				

简介：

　　华东师范大学图书馆创建于 1951 年 10 月，现由两个校区馆组成，馆舍总面积 5.3 万余平方米。2006 年 9 月启用的闵行新校区图书馆总面积 3.6 万余平方米，是学校的标志性建筑。

　　图书馆于 1991 年成为国际图书馆协会联合会（IFLA）的机构成员，2002 年加入 CALIS 联机合作编目并成为 B+ 级成员馆，2004 年设立教育部科技查新工作站，2006 年加入 CASHL 中国高校人文社会科学文献中心成为学科中心馆，2009 年入选全国和上海市古籍重点保护单位。

　　经过多年的建设和发展，华东师范大学图书馆已形成具有师范大学特点、文理工专业兼收的研究型馆藏和服务特色。馆藏以与本校各专业有关的学术著作、教学参考书、工具书和相关电子资源为重点，其中教育科学、心理学、地学、经济学、哲学、史学、文学类文献收藏比较完备，地方志文献、古籍成为特色馆藏。截至 2015 年底，图书馆拥有印刷型文献总量 457.88 万余册，其中含古籍文献 33.14 万余册；各类电子文献数据库 131 个（330 个子库）。

　　图书馆建有现代化信息服务环境，可提供新型数字图书馆服务功能，是学校文献信息服务中心，在学术交流和文化传承等方面也发挥了积极作用。"十三五"期间，图书馆将努力实现向智慧型图书馆的战略转型，为学校实现世界知名高水平、研究型大学的目标做出贡献。

南开大学图书馆

馆藏卷册数 （普通图书、期刊；电子图书、期刊；古籍；学位论文）	馆舍面积	图书馆在岗员工	在岗教工人数	在校学生人数
纸本图书：254.9 万册 纸本期刊：40.5 万册 电子图书：394 万种册 电子期刊：11 万种册 古籍：28.6 万册 学位论文：6 万篇	71000 余平方米	128 人	1993 人 （专任教师）	26000 余人

简介：

南开大学图书馆创建于 1919 年，前身为 1927 年卢木斋先生捐资兴建的木斋图书馆和西南联大时期的联大图书馆。伴随南开大学的整体战略发展，图书馆现有津南校区（中心馆）和八里台校区（逸夫馆、理科馆、经济分馆）两个校区的四处馆舍，总建筑面积 7.1 万余平方米，总阅览座位 4000 余席。

历经 90 余年的积累，南开大学图书馆藏书总量达 306.9 万余册，中、外文现刊 1935 余种。馆藏文献以经济、历史、数学、化学等学科最为系统丰富。图书馆拥有古籍线装书 30 万册，是国家重点古籍保护单位。近年来，图书馆大力加强网络化和数字化文献资源的建设，截至 2014 年底，图书馆拥有电子文献 51.4 余万册，可访问的中外文数据库系统 96 个，子库 306 个，基本上覆盖了学校的所有学科和研究领域，种类丰富、品质优良的数字资源为全面提高学校教学科研和学科建设水平提供了有力保证。

津南校区的中心馆于 2013 年 6 月奠基，2015 年正式投入使用。图书馆位于校区中心位置，建筑面积 46418 平方米，地上共 9 层，风格庄重大气。津南中心馆在布局和设计上充分体现学科服务的理念，以最大限度方便读者利用为目标，采用一门式管理模式，推行大开放、大服务格局。中心馆集"藏、查、借、阅、参"于一体，兼具管理中心职能。中心馆投入使用后，图书馆的硬件水平有了极大的提升，在此基础上不断拓展各种形式的创新服务，除传统的纸质文献借阅、多媒体阅览、参考咨询、馆际互借、文献传递、学科服务、科技查新及讲座、展览等服务之外，移动图书馆、RFID 系统、座位管理系统、3D 导航、自助借还、自助文印系统等智能化信息管理系统的应用使图书馆的现代化水平日益提高。此外还增设了多个研修间以及多媒体体验区、休闲讨论区和具备院线级高清视频和 3D 视频播放功能的放映厅，力求以更加人性化的服务，为读者打造舒适温馨的阅读环境，使图书馆成为学校的文献保障中心、学术交流中心和文化传播中心。

八里台校区的逸夫馆以文科图书的收藏和借阅为主；理科馆以理科图书和文理科期刊的收藏与借阅为主；经济学分馆专门收藏与借阅经济和管理类中外文书刊。图书馆以服务师生为宗旨，不断推进优质服务工作。各借书处和阅览室均实行开架借阅，周开放时间达 114 小时。2013 年，图书馆引进了汇文软件公司的 LIBSYS 图书管理系统，进一步优化了全馆各工作环节计算机集成化管理，各馆之间实现高速网络连接，图书和信息资源共享，网络资源提供 7×24 小时不间断服务。为加强用户教育，图书馆还通过开设面向本科生的公共选修课"信息素养与信息资源检索"，以及多种形式的用户培训，不断提高用户的信息素质和应用技能。

南开大学图书馆是"中国高等教育文献保障系统"（CALIS）成员馆和天津市高校数字图书馆建设的文理科文献保障中心，天津市高等学校图书情报工作委员会秘书处也设于图书馆，为全国高等教育的资源共享和天津市高校数字化图书馆建设做出了积极贡献。图书馆设有"教育部科技查新工作站"和"教育部外国教材中心"，为学校的教学科研活动提供了有力的保障。

山东大学图书馆

馆藏卷册数 （普通图书、期刊；电子图书、期刊；古籍；学位论文）	馆舍面积	图书馆在岗员工	在岗教职工人数	在校学生人数
纸本图书：5148258 册 纸本期刊：381543 册 电子图书：165000 册 电子期刊：38556 册 古籍：385546 册 学位论文：5900000 篇	62509.5 平方米	283 人	7759 人	60000 人

简介：

　　山东大学图书馆前身是始建于 1901 年的山东大学堂藏书楼，是我国较早的近代新型图书馆之一。2000 年山东大学与山东医科大学、山东工业大学合并，2016 年山东大学青岛校区招生，实现济南、威海、青岛三地办校。山东大学图书馆实行总馆分馆制，下设文献资源建设、网络信息技术、信息咨询服务三个中心，情报研究所、特藏部、办公室，济南 6 个校区分馆、青岛校区及威海校区图书馆。

　　截至 2015 年底，山东大学图书馆馆藏纸质书刊 5148258 册（含院所资料室等），光盘 6838 种，缩微胶片 5367 尺。山东大学图书馆入选国务院批准的第二批"全国古籍重点保护单位""山东省重点古籍保护单位"。收藏古籍 31 万余册件，其中善本、碑帖等珍贵特藏 3.6 万余册件。古籍收藏历史悠长，量多质优，主要特色表现在明清善本古籍多、地方志古籍全以及古籍书目文献丰富三个方面。

　　山东大学图书馆是首批中国高等教育文献保障系统（CALIS）的成员馆之一，CALIS 山东省文献信息服务中心，CASHL 学科服务中心，卫生部和教育部的科技查新工作站，山东省高等学校图书馆工作委员会秘书处所在单位。近年来图书馆不断加强资源建设，不断提高读者服务水平和数字化图书馆建设力度，在信息资源、服务方式和信息技术等方面力争达到国内外高水平大学图书馆的水平。

清华大学图书馆

馆藏卷册数 （普通图书、期刊、电子图书、期刊、古籍、学位论文）	馆舍面积	图书馆在岗员工	在岗教职工人数	在校学生人数
实体馆藏：491.2 万册 / 件 电子期刊：69737 种 电子图书：840.3 万册 电子版学位论文：353.3 万篇 古籍：22 万册	55000 平方米	200 人	1.36 万人	43000 人

简介:

　　清华大学图书馆成立于 1912 年，目前由校图书馆和 6 个专业分馆组成，形成了基本覆盖全学科、包含丰富文献类型和载体形式的综合性馆藏体系，为全校师生提供良好的阅读与学习环境。图书馆的建设目标是与世界一流大学相匹配的研究型、数字化和开放文明的现代化图书馆。

厦门大学图书馆

馆藏卷册数 （普通图书、期刊；电子图书、期刊；古籍；学位论文）	馆舍面积	图书馆在岗员工	在岗教职工人数	在校学生人数
纸本图书：499 万册	138000 平方米	163 人	4800 人	40000 人
纸本期刊：26396 种				
电子图书：500 万册				
电子期刊：67390 种				
古籍：1 万多种，13 万册				
学位论文：53938 篇（本校硕博毕业论文）				

简介:

　　厦门大学图书馆始建于 1921 年，著名图书馆学家袭开明、博物馆学家冯汉骥、文学巨匠林语堂、金融学家朱保训和数学家陈景润等都曾任职于此。图书馆历经 95 年的积累，文献收藏涉及各学科领域，尤以哲学、管理学、政治学、法学、经济学、语言学、历史学、数学、物理学、化学、生物学、海洋学、机械与电子工程、计算机科学等学科领域的文献更为系统，在东南亚研究和台湾研究的资料建设方面具有特色优势。馆内还拥有大量的古籍线装书、光盘、录音（像）带、缩微平片、地图资料等资源，是国家古籍重点保护单位。图书馆现有馆舍面积 13.8 万平方米，阅览座位 11000 个。目前学校分四个跨海校区（厦大校本部、翔安校区、漳州校区、马来西亚校区），图书和信息资源与校本部共享；同时已实现全校图书资源统一配置，面向全校师生开放。

浙江大学图书馆

馆藏卷册数 （普通图书、期刊；电子图书、期刊；古籍；学位论文）	馆舍面积	图书馆在岗员工	在岗教职工人数	在校学生人数
纸本图书：683 万册 纸本期刊：1044344 册 电子图书：170 万余种 电子期刊：79480 种 古籍：古籍 18 万余册 学位论文：76184 篇	86000 平方米	171 人	8331 人	46970 人 +5849 人 （留学生）

简介：

　　浙江大学图书馆前身是始建于 1897 年的求是书院藏书楼。历经变迁与合并，目前的图书馆由玉泉校区图书馆、紫金港校区基础分馆、紫金港校区农医分馆、西溪校区图书馆、华家池校区图书馆五大馆舍组成，总建筑面积约 8.6 万平方米，总阅览座位达 5282个。实体馆藏总量已超 600 万册，包括线装古籍 18 万余册；订购各类文献数据库 400 余个，其中中外文电子图书 170 万余种，电子期刊 79480 种，形成了覆盖学校所有学科的综合性藏书体系、协调性馆藏布局和数字资源服务体系。图书馆提供流通、阅览、咨询、导读及文献检索、原文传递、引证查新等基础服务，同时还着力打造"和·雅"文化、"悦空间"校园文化品牌，举办"艺术史"等系列文化讲座和展览；提供古籍碑帖藏、展、研全景式服务；开展多层次信息素养教育；提供知识产权情报分析、学科评估与人才评价等新型服务。浙江大学图书馆还是大学数字图书馆国际合作计划（CADAL）、浙江省高校数字图书馆（ZADL）牵头馆，中国高等教育文献保障系统（CALIS）省中心，中国高校人文社会科学文献中心（CASHL）学科中心，浙江省高校图书情报工作委员会秘书长单位。

中国人民大学图书馆

馆藏卷册数 （普通图书、期刊；电子图书、期刊；古籍；学位论文）	馆舍面积	图书馆在岗员工	在岗教职工人数	在校学生人数
纸本图书：3559859 册 纸本期刊：218944 册 电子图书：2561746 册 电子期刊：74820 册 古籍：30 余万册 学位论文：56605 篇	56000 平方米	125 人	3014 人	25183 人

简介：

　　中国人民大学图书馆简称人图，前身是始建于 1937 年的陕北公学图书馆，以及后来的华北联合大学图书馆、北方大学图书馆、华北大学图书馆。现拥有新馆、藏书馆两座馆舍，总建筑面积 5.6 万多平方米。人图新馆于 2011 年正式投入使用，建筑面积约 4.5 万平方米，是集藏书、阅览、展览、研究、办公为一体的智能化、信息化、数字化图书馆。在功能布局上，体现厚重、开放、谨严、方便的理念。

　　图书馆实行总分馆制，设有总馆和藏书馆、国际关系与政治学分馆，阅览座位 4000 余个，可提供借阅、咨询、检索、视听、复印、装订等多类型多层次的服务。

　　新馆投入使用后，图书馆在服务技术手段和服务内容等方面均有新的拓展。移动图书馆、RFID 系统、座位管理系统、自助复印系统等智能化信息管理系统的应用使图书馆的现代化水平日益提高。另外，图书馆新馆还设置了多个学习室、研讨室以及视听欣赏区、休闲讨论区等，以更加人性化的服务，尽力使读者拥有舒适温馨的阅读环境。同时，图书馆也在大力开展图书情报学研究，建立学科馆员制度，提供个性化专家服务。

　　目前，北京地区高校图书馆工作委员会秘书处、北京高教学会图书馆工作研究会秘书处、北京地区高校图书馆文献资源保障体系（BALIS）管理中心和中国高等教育文献保障系统（CALIS）北京中心均设于图书馆，图书馆已成为北京地区高等教育文献资源共享的重要枢纽和中国高等学校以人文社会科学为收藏重点的著名图书馆。图书馆还是国际图联（IFLA）机构会员，同境外很多院校图书馆或研究机构建立了资料交换关系。

吉林大学图书馆

馆藏卷册数 （普通图书、期刊；电子图书、期刊；古籍；学位论文）	馆舍面积	图书馆在岗员工	在岗教职工人数	在校学生人数
纸本图书：5543264 册 纸本期刊：943287 册 电子图书：2823562 册 电子期刊：135453 种 古籍：40.8 万册 学位论文：10 万篇	112464 平方米	387 人	12968 人	91261 人

简介：

　　吉林大学图书馆前身为东北行政学院图书馆，1946 年创办于哈尔滨。1952 年改称东北人民大学图书馆。1958 年改称吉林大学图书馆。2000 年原吉林大学、吉林工业大学、白求恩医科大学、长春科技大学和长春邮电学院合并组成新吉林大学，原五校图书馆也随之合并。合校后的吉林大学图书馆设有中心馆、工学馆、医学馆、地学馆和信息学馆。2004 年中国人民解放军军需大学并入吉林大学，其图书馆改为吉林大学农学部图书馆。

　　吉林大学图书馆建立了以人文、社会科学、理学、工程技术科学、医学、地质科学和信息科学文献为主体的多种类型、多种载体的综合文献资源体系，覆盖了人文社科、理工农医军等全部十三大学科。地方志与谱牒、金石拓片与古文字文献的收藏在高校图书馆中名列前茅。这些珍贵文献与亚细亚文库、满铁资料一起成为吉林大学图书馆的特色收藏。图书馆近年来注重数字化文献资源的建设，自建了东北亚研究、地学、汽车、满铁资料等 12 个数据库。吉林大学图书馆的自动化、网络化、数字条件实现了跨越式的发展。2000 年引入了美国 SIRSI 自动化管理系统，统一了各专业图书馆管理软件，实现各校区资源共享，为读者提供全流通、开放式的服务。目前，图书馆实现了万兆核心交换机、千兆汇聚层交换机、百兆桌面的网络环境，基于校园网络实现了大规模并发用户的访问和全年 365 天、每天 24 小时的全天候远程服务。

吉林大学图书馆是经教育部批准建立的中国高等教育文献保障系统（CALIS）东北地区中心、大学数字图书馆国际合作计划（CADAL）项目成员馆、中国高校人文社会科学文献中心（CASHL）东北区域中心、教育部引进文科图书中心书库、教育部化学学科外国教材中心、文化部第二批全国古籍重点保护单位、教育部科技查新工作站和吉林省高校图工委秘书处所在馆。

　　吉林大学图书馆重视馆际间的学术交流，先后与30多个国家和地区的多家学术机构和图书馆，建有业务联系和文献交换关系。

附录 4：北美研究型图书馆协会成员一览（2015）

学校	馆藏卷数（卷）	购书经费（美元）	图书馆员工（人）	教授（人）	学生（人）
ALABAMA	4391464	10887008	197	1130	29036
ALBERTA	8398944	19743693	289	1691	35789
ARIZONA	6877849	14660978	234	1637	36510
ARIZONA STATE	4669306	12123498	195	2692	61923
AUBURN	4416728	6594618	105	1184	21093
BOSTON	3688478	11590533	278	2478	25797
BOSTON COLLEGE	3174742	11902501	185	758	12921
BRIGHAM YOUNG	4633306	10961990	367	1237	25084
BRITISH COLUMBIA	6631545	16763126	327	2764	42387
BROWN	5415232	11511759	179	871	8527
CALGARY	3945194	12140520	242	1749	28944
CALIFORNIA, BERKELEY	12548223	22726792	500	1620	34405
CALIFORNIA, DAVIS	4510293	8940658	158	1596	32766
CALIFORNIA, IRVINE	3430327	9318324	189	1129	27925
CALIFORNIA, LOS ANGELES	12007941	15610465	504	2007	41252
CALIFORNIA, RIVERSIDE	4134518	4424542	117	822	20771
CALIFORNIA, SAN DIEGO	5583014	9566270	271	1309	27401
CALIFORNIA, SANTA BARBARA	3123554	5860806	150	969	19076
CASE WESTERN RESERVE	3173419	7656923	117	667	9270
CHICAGO	11560575	19176653	304	1964	12960
CINCINNATI	4473475	10177665	177	1157	25873
COLORADO	7641471	11200366	215	1424	26242
COLORADO STATE	2245807	7823526	176	1435	23546
COLUMBIA	13119661	29500049	589	2276	26889

学校	馆藏卷数 （卷）	购书经费 （美元）	图书馆员工 （人）	教授 （人）	学生 （人）
CONNECTICUT	3923364	10693308	210	1877	25874
CORNELL	9198958	21560997	493	3091	22543
DARTMOUTH	3363205	10695121	195	836	6185
DELAWARE	3235685	10469873	160	1174	19685
DUKE	7607727	18720375	317	1136	14894
EMORY	4184484	17697641	348	2300	13181
FLORIDA	5021000	12827981	312	3468	42490
FLORIDA STATE	2836043	9440934	259	1494	35658
GEORGE WASHINGTON	3134858	12193022	221	1343	18650
GEORGETOWN	4798606	14399422	238	1003	14407
GEORGIA	5089626	12831691	293	1774	35197
GEORGIA TECH	2489518	7474554	136	1065	18743
GUELPH	2021024	7160715	124	760	20273
HARVARD	19848652	44854018	794	1662	20350
HAWAII	3466292	7856488	206	1435	15548
HOUSTON	3352322	11419248	178	1388	28488
HOWARD	2947284	5769950	118	1034	8190
ILLINOIS, CHICAGO	2315361	8053918	182	1246	23096
ILLINOIS, URBANA	14072988	19212701	435	2176	41118
INDIANA	9934302	16027788	397	2014	37467
IOWA	7311554	18603258	243	1377	24295
IOWA STATE	2858602	13756647	143	1445	29410
JOHNS HOPKINS	4460406	18496385	269	1220	13660
KANSAS	4693070	10131719	253	2171	23411
KENT STATE	3316723	5381081	108	1321	30600
KENTUCKY	4608331	10976643	218	1351	25658
LAVAL	4180577	11952746	214	1475	29670
LOUISIANA STATE	5038796	7208499	152	1312	27632
LOUISVILLE	2332386	9924829	145	1774	17198
MCGILL	5486918	16657221	190	3108	32071
MCMASTER	2253025	9111792	133	1413	29765
MANITOBA	2519848	9405558	193	1203	23206
MARYLAND	4328653	11400148	274	3378	32199
MASSACHUSETTS	4351859	7571461	161	1263	22808
MIT	2881988	9876035	177	1000	11138
MIAMI	3610359	13280160	256	1061	15597

学校	馆藏卷数（卷）	购书经费（美元）	图书馆员工（人）	教授（人）	学生（人）
MICHIGAN	13250648	25459121	669	4254	41152
MICHIGAN STATE	6721988	16308972	264	2770	44007
MINNESOTA	8256400	17963662	363	1956	38767
MISSOURI	4682304	8660675	186	1409	30670
MONTREAL	3814783	12510606	340	1937	48158
NEBRASKA	3791910	8618714	176	1310	20873
NEW MEXICO	3389401	9341631	221	3304	21065
NEW YORK	6253028	27275816	485	3971	34238
NORTH CAROLINA	7814952	15557364	373	1630	24390
NORTH CAROLINA STATE	4919705	10679211	258	1783	26770
NORTHWESTERN	6251124	15702473	361	3256	15458
NOTRE DAME	4591712	13352304	230	1118	11908
OHIO	3386986	4993681	119	1100	24208
OHIO STATE	8926559	18977914	686	2848	56040
OKLAHOMA	6116152	14299029	229	2376	24236
OKLAHOMA STATE	4104776	8882554	192	1334	24748
OREGON	3245882	7443692	227	1313	21920
OTTAWA	3360829	13959115	159	1269	35159
PENNSYLVANIA	7410549	18385481	438	1978	21344
PENNSYLVANIA STATE	7281750	20287723	633	5927	73567
PITTSBURGH	7124077	16617295	302	1889	31044
PRINCETON	8663694	25837011	369	904	8014
PURDUE	3747273	13428913	207	2063	34871
QUEEN'S	3119094	8921980	131	777	21509
RICE	2842929	9946063	120	656	6356
ROCHESTER	4207872	9944292	188	2028	9284
RUTGERS	5455299	14110365	445	3322	52612
SASKATCHEWAN	2669043	11708485	147	1106	18785
SOUTH CAROLINA	5679527	8941910	262	1816	28655
SOUTHERN CALIFORNIA	5571398	22428916	356	1883	35775
SOUTHERN ILLINOIS	3360046	6948240	136	843	14478
SUNY-ALBANY	2511510	6033091	123	606	14393
SUNY-BUFFALO	4130967	9065327	174	1220	24813
SUNY-STONY BROOK	2209471	8401621	105	1332	20043

学校	馆藏卷数（卷）	购书经费（美元）	图书馆员工（人）	教授（人）	学生（人）
SYRACUSE	4039493	9570554	200	1049	19092
TEMPLE	4584591	11511310	191	2034	31535
TENNESSEE	3522904	14781177	245	1734	26283
TEXAS	11393355	20922649	486	2446	47416
TEXAS A&M	5173340	23609080	340	3527	54291
TEXAS TECH	3478869	14256641	320	2361	31832
TORONTO	13923039	29724687	647	2407	72201
TULANE	4479101	11913606	162	1059	13867
UTAH	3671129	8796235	325	1428	23438
VANDERBILT	4614805	11950301	198	3353	11965
VIRGINIA	5655334	12109120	342	1326	21086
VIRGINIA TECH	3147160	9161016	182	1442	28591
WASHINGTON	9463768	16067994	432	3897	45489
WASHINGTON STATE	2946984	6847684	141	1242	23604
WASHINGTON U. -ST. LOUIS	5128983	13711438	236	1914	12078
WATERLOO	2487344	8864282	154	1139	33140
WAYNE STATE	2976886	9463490	207	1041	18096
WESTERN	5271741	13289824	172	1410	27533
WISCONSIN	9575506	12797066	545	3297	38428
YALE	13547882	38783883	577	2513	11927
YORK	4325241	10995381	200	1523	44858
BOSTON PUBLIC	4341961	4463585	399		
NATL RES COUNCIL CANADA			113		
CENTER FOR RESEARCH LIBS		1234430	58		
LIBRARY OF CONGRESS	39156157	24539936	3138		
NATL AGRICULTURAL LIB	2402664	5468996	100		
NATL ARCHIVES	186770	106000	2655		
NATL LIB OF MEDICINE	2781201	3166118	254		
NEW YORK PUBLIC	10417846	12752000	432		
NEW YORK STATE	2874214	2139711	91		
SMITHSONIAN	2006334	2211929	117		
总数	687307700	1590160561	38143	204144	3102802

附录5：北美东亚图书馆一览（2015）

学校	馆藏卷数（卷）	购书经费（美元）	工作人员（人）
Arizona	190998	90885.00	0.30
Arizona State	142186	153900.00	5.50
Binghamton	33361	29049.00	2.01
Brigham Young	86935	28000.00	3.00
British Columbia	645351	34000.00	10.74
Brown	185350	174713.00	4.25
California, Berkeley	1121717	1133255.47	16.99
California, Irvine	114851	N/A	3.63
California, Los Angeles	675816	511884.00	9.45
California, Riverside	90145	32600.00	3.00
California, San Diego	202402	305570.00	5.93
California, Santa Barbara	175215	85694.33	2.80
Chicago	839676	805864.90	17.60
Claremont Colleges	45641	29867.00	1.50
Colorado, Boulder	97507	66327.44	4.00
Columbia, Starr East Asian	1031946	1446641.00	24.29
Cornell	708056	978280.00	8.00
Duke	292650	636213.31	9.10
Emory University	148980	144916.00	4.00
Far Eastern Research Library	60956	77400.00	4.00
Florida	49922	17105.00	2.20
Georgetown	60118	60567.00	1.50
Harvard-Yenching Library	1480950	1619661.00	32.00
Hawaii	382436	374628.36	6.97
Illinois-Urbana	358357	161412.00	2.65
Indiana	325114	277858.00	5.50
Iowa	182237	222265.00	4.25
Kansas	297541	138780.00	4.20
Kentucky	26437	12885.00	0.30
Library of Congress	2909178	1855476.72	50.00
Maryland	161030	0.00	2.20
McGill	92592	38500.00	1.10
Metropolitan Museum of Art	65307	N/A	

学校	馆藏卷数（卷）	购书经费（美元）	工作人员（人）
Michigan	836383	1171850.95	13.50
Minnesota	141593	143916.33	3.50
Nelson-Atkins Museum of Art	35176	19846.00	2.00
North Carolina	179890	290898.00	4.83
Northwestern	82489	164402.00	5.00
Notre Dame	27463	67700.00	1.00
Ohio State	302644	366262.43	6.86
Oregon	95819	67345.00	6.70
Penn State	40493	46919.68	2.00
Pennsylvania	302767	532697.54	4.65
Pittsburgh	480139	227924.00	10.90
Princeton	817665	1482362.99	18.82
Southern California	216888	175540.99	12.00
Stanford	815310	1317736.00	19.30
Texas, Austin	180632	105498.00	2.65
Toronto	577762	434177.00	18.42
Virginia	144030	88380.50	2.45
Washington	637255	576117.40	21.30
Washington, St. Louis	164368	94201.00	5.50
Wisconsin	333227	169583.00	4.25
Yale	840238	629244.22	9.50
馆数（家） 54	馆藏总卷数（卷） 20533189	总购书经费（美元） 19716801.56	工作人员总数（人） 428.09

资料来源：Council of East Asian Libraries

附录6: 美国地区研究中心名录

全球研究
1. Duke University（Center for International Studies）
2. Indiana University（Center for the Study of Global Change）
3. Michigan State University（Center for Advanced Study of International Development）
4. Pennsylvania State University（Center for Global Studies）
5. University of Chicago（Center for International Studies）
6. University of Illinois at Urbana-Champaign（Center for Global Studies）
7. University of Minnesota（Institute for Global Studies）
8. University of North Carolina at Chapel Hill（Center for Global Initiatives）
9. University of Washington（Center for Global Studies）
10. University of Wisconsin–Madison（Global Studies）

亚洲研究
1. Michigan State University
2. University of Minnesota（Consortium for the Study of the Asias）
3. University of Colorado（Center for Asian Studies）

东亚研究
1. Columbia University
2. Cornell University
3. Duke University
4. Harvard University
5. Ohio State University
6. University of California, Berkeley
7. University of California, Los Angeles, University of Southern California（联合研究中心）
8. University of Chicago
9. University of Hawaii
10. University of Illinois, Indiana University（联合研究中心）
11. University of Kansas
12. University of Michigan
13. University of Oregon
14. University of Pennsylvania
15. University of Pittsburgh
16. University of Washington
17. University of Wisconsin–Madison
18. Yale University

东南亚研究

1. Cornell University
2. Northern Illinois University
3. Ohio University
4. University of California, Berkeley,University of California, Los Angeles
   （联合研究中心）
5. University of Hawaii
6. University of Michigan
7. University of Washington
8. University of Wisconsin

南亚研究

1. Columbia University
2. Cornell University,Syracuse University（联合中心）
3. Duke University,North Carolina State University,University of North Carolina
   （联合中心）
4. University of California, Berkeley
5. University of Chicago
6. University of Michigan
7. University of Pennsylvania
8. University of Texas
9. University of Virginia
10. University of Washington
11. University of Wisconsin

中亚研究

1. Indiana University（Inner Asian and Uralic National Resource Center）

中东研究

1. University Columbia University
2. Georgetown University
3. Harvard University
4. New York University
5. Ohio State University
6. Princeton University
7. University of Arizona
8. University of California, Berkeley
9. University of California, Los Angeles
10. University of Chicago
11. University of Illinois
12. University of Michigan
13. University of Pennsylvania
14. University of Texas
15. University of Utah
16. University of Washington
17. Yale University

非洲研究

1. Boston University
2. Indiana University
3. Harvard University
4. Michigan State University
5. Ohio University
6. University of Florida
7. University of Illinois at Urbana-Champaign
8. University of Kansas
9. University of North Carolina at Chapel Hill
10. University of Pennsylvania, Bryn Mawr College, Haverford College, Swarthmore College（联合研究中心）
11. University of Wisconsin
12. Yale University

拉美研究

1. Brown University
2. Columbia University, New York University（联合研究中心）
3. Duke University, University of North Carolina（联合研究中心）
4. Georgetown University
5. Harvard University
6. Indiana University
7. San Diego State University, University of California, San Diego（联合研究中心）
8. University of California, Berkeley
9. University of California, Los Angeles
10. University of Florida, Florida International University（联合研究中心）
11. University of Illinois, University of Chicago（联合研究中心）
12. University of Michigan
13. University of New Mexico
14. University of Pittsburgh
15. University of Texas
16. University of Wisconsin-Madison（Latin American, Iberian and Caribbean Studies）
17. University of Wisconsin–Milwaukee Center for Latin America and Caribbean Studies（联合研究中心）
18. Vanderbilt University
19. Yale University
20. Tulane University

欧洲和俄国研究

1. Cornell University,
2. Syracuse University（联合研究中心）
3. University of California, Los Angeles
4. University of Pittsburgh
5. Yale University

东欧和俄国研究

1. Columbia University
2. Duke University, University of North Carolina（联合研究中心）
3. Georgetown University
4. Harvard University
5. Indiana University（Russian and East European Institute）
6. Ohio State University
7. Stanford University
8. University of California, Berkeley
9. University of Chicago（Center for East European and Russian/Eurasian Studies）
10. University of Illinois
11. University of Kansas
12. University of Michigan
13. University of Pittsburgh
14. University of Texas
15. University of Washington（Ellison Center for Russian, East European and Central Asian Studies）
16. University of Wisconsin（Center for Russia, East Europe and Central Asia）

西欧和欧洲研究

1. Indiana University
2. New York University, Columbia University（联合研究中心）
3. University of California, Berkeley
4. University of Florida
5. University of Illinois（European Union Center）
6. University of Minnesota
7. University of North Carolina
8. University of Pittsburgh
9. University of Washington（Center for West European Studies）
10. University of Wisconsin, Madison（Center for European Studies）

加拿大研究

1. University of Maine, State University of New York at Plattsburgh（联合研究中心）
2. University of Washington — Canadian Studies Center, Western Washington University — Center for Canadian American Studies（联合研究中心）

太平洋岛屿研究

1. University of Hawaii（Center for Pacific Islands Studies）

资料来源：Council of East Asian Libraries

图书在版编目（CIP）数据

书海同舟：中美高校图书馆合作发展论坛论文荟萃：
2011-2015 / 郑力人等主编. -- 北京：社会科学文献出
版社，2017.6
　ISBN 978-7-5201-0419-7

　Ⅰ.①书…　Ⅱ.①郑…　Ⅲ.①院校图书馆-馆际合作
-中国、美国-文集　Ⅳ.①G259.258.6-53
②G259.712.586-53

中国版本图书馆 CIP 数据核字（2017）第 043378 号

书海同舟
——中美高校图书馆合作发展论坛论文荟萃（2011-2015）

主　　编 / 郑力人　肖　珑　薛　燕　朱本军

出 版 人 / 谢寿光
项目统筹 / 李延玲
责任编辑 / 王玉敏　张　鹏

出　　版 / 社会科学文献出版社·国际出版分社（010）59367243
　　　　　地址：北京市北三环中路甲 29 号院华龙大厦　邮编：100029
　　　　　网址：www.ssap.com.cn
发　　行 / 市场营销中心（010）59367081　59367018
印　　装 / 北京盛通印刷股份有限公司

规　　格 / 开　本：787mm×1092mm　1/16
　　　　　印　张：27.25　字　数：331 千字
版　　次 / 2017 年 6 月第 1 版　2017 年 6 月第 1 次印刷
书　　号 / ISBN 978-7-5201-0419-7
定　　价 / 188.00 元

本书如有印装质量问题，请与读者服务中心（010-59367028）联系